高等职业教育“十三五”精品规划教材

统计基础与实务

韩千里　主　编
陈秀丽　梁　丰　刘　静　副主编

天津大学出版社
TIANJIN UNIVERSITY PRESS

内 容 简 介

本书是根据《教育部关于加强高职高专教育人才培养工作的意见》及教育部制订的《高职高专教育基础统计课程教学基本要求》编写的基础统计课程的教材，本课程是高职高专院校财经类专业的核心课程之一。

全书内容包括9个任务，分别为统计认知、统计资料的收集、统计整理与资料的表现、综合指标分析、动态分析——时间数列分析、统计指数分析、相关分析与回归分析、国民经济核算体系概述、SPSS的应用与统计分析。在各任务开篇有帮助学生入门的引导案例，任务末有小结，每一个任务最后有复习思考及任务演练，为便于学生检验和巩固所学内容，书末还附有各任务演练的参考答案。

图书在版编目（CIP）数据

统计基础与实务/韩千里主编. —天津：天津大学出版社，2016.8（2022.7重印）

高等职业教育“十三五”精品规划教材

ISBN 978-7-5618-5617-8

Ⅰ. ①统… Ⅱ. ①韩… Ⅲ. ①统计学—高等职业教育—教材 Ⅳ. ①C8

中国版本图书馆CIP数据核字（2016）第184452号

出版发行 天津大学出版社
地　　址 天津市卫津路92号天津大学内（邮编：300072）
电　　话 发行部：022-27403647
网　　址 publish.tju.edu.cn
印　　刷 天津泰宇印务有限公司
经　　销 全国各地新华书店
开　　本 185mm×260mm
印　　张 15.5
字　　数 382千
版　　次 2016年8月第1版
印　　次 2022年7月第7次
定　　价 32.00元

前　言

统计学是一门关于社会经济活动数量表现和数量关系的方法论科学，是收集、整理、分析、解释数据的科学。大数据时代统计学的作用越来越重要，是指导大数据研究的灯塔，是打开信息世界大门的一把钥匙。大数据时代，每个人都会“自发地”提供数据。我们的一些行为如使用智能手机、网购等都可能被记录下来形成大数据，通过处理分析，可以充分挖掘这些数据的商业价值，创造巨大的经济社会价值；大数据也可以成为一个国家、地区经济社会发展的“晴雨表”，政府、企业合理利用大数据，通过统计分析解读这些大数据，研判经济形势，使经济决策更科学、更合理，提高预见性。

我国更是将大数据提到前所未有的高度，通过了《促进大数据发展行动纲要》，并指出开发应用好大数据这一基础性战略资源，有利于推动大众创业、万众创新，促进传统产业升级改造，培育国际竞争新优势。

本书是根据《教育部关于加强高职高专教育人才培养工作的意见》及教育部制订的《高职高专教育基础统计课程教学基本要求》编写的基础统计课程的教材。该课程是高职高专院校财经类专业的核心课程之一。课程的教学目的在于使学生掌握统计学的基本知识和技能，能运用所学的统计理论、统计方法分析认识经济问题，为进一步学习其他相关专业课程奠定基本的数量分析基础。

高职教育的根本任务是培养高等技术应用性专门人才。本教材正是以高职高专教学改革思想为出发点，力求突出高职高专教育的特点和要求，本教材具有以下特点。

（1）易学易教。本书作者从事高职高专教育教学工作多年，深知高职高专院校的教学要求及学生的文化基础及接受、理解知识的能力，因此在编写教材过程中，避开了繁杂的统计理论，同时又兼顾到教材体系的完整性，形成学生易学、教师易教的特色。

（2）内容创新，编排科学。统计基础与实务和经济建设密切相关，所以本教材的内容紧跟时代，反映新观念、新技术、新方法，培养学生的创新精神。

（3）工学结合，以就业为导向。本教材以适应社会需要为目标，以培养技术应用能力为主线构建课程和教学内容体系，重视专业领域建设，注重校内学习与工作需要的一致性，坚持就业导向重于书本知识的原则，力求使毕业生在具有适度基础理论知识的同时，具备较强的技术应用能力、较宽的知识面、较高的素质，在就业市场中具有较强的竞争力，大幅提高就业率。

全书共 9 个部分，分别为统计认知、统计资料的收集、统计整理与资料的表现、综合指标分析、动态分析——时间数列分析、统计指数分析、相关分析与回归分析、国民经济核算体系概述、SPSS的应用与统计分析。在各任务开篇有帮助学生入门的引导案例，任务末有小结，每一个任务最后都有任务小结、复习思考、任务演练等，为便于学生检验和巩固所学内容，书末还附有各任务演练相关习题的参考答案。

本书主编韩千里，副主编陈秀丽、梁丰、刘静。韩千里负责全面编写，陈秀丽、梁丰、刘静参与了各个任务部分内容的编写。习题的答案及全书的校订工作由陈秀丽负责；梁丰负责全书中Excel相关内容的编写工作。

本教材按高职高专经济、管理类各专业教学要求进行编写，也可作为职工业余大学、成人高教自学、函授大学其他管理学科相关专业和干部培训的教材。

由于作者学识水平有限，书中难免存在疏漏和错误之处，在此恳请广大读者批评指正。

编　者

2016年5月

目　录

任务 1

统计认知

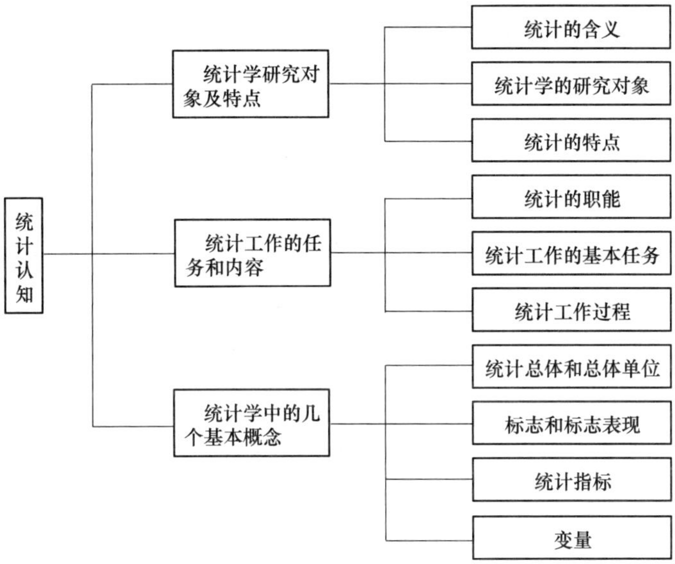

情景再现

中华人民共和国2014年国民经济和社会发展统计公报摘录

2014年，面对复杂多变的国际环境和艰巨繁重的国内发展改革稳定任务，党中央、国务院团结带领全国各族人民，牢牢把握国内外发展大势，坚持稳中求进工作总基调，全力推进改革开放，着力创新宏观调控，奋力激发市场活力，努力培育创新动力，国民经济在新常态下平稳运行，结构调整出现积极变化，发展质量不断提高，民生事业持续改善，实现了经济社会持续稳定发展。

年末全国大陆总人口为136 782万人，比上年末增加710万人，其中城镇常住人口为74 916万人，占总人口比重为54.77%。全年出生人口1 687万人，出生率为12.37‰；死亡人口977万人，死亡率为7.16‰；自然增长率为5.21‰。全国人户分离的人口为2.98亿人，其中流动人口为2.53亿人。

国民经济稳定增长。初步核算，全年国内生产总值636 463亿元，比上年增长7.4%。其中，第一产业增加值58 332亿元，增长4.1%；第二产业增加值271 392亿元，增长7.3%；第三产业增加值306 739亿元，增长8.1%。第一产业增加值占国内生产总值的比重为 9.2%，第二产业增加值比重为 42.6%，第三产业增加值比重为 48.2%。

就业继续增加。年末全国就业人员 77 253 万人，其中城镇就业人员 39 310 万人。全年城镇新增就业 1 322 万人。年末城镇登记失业率为 4.09%。全国农民工总量为 27 395 万人，比上年增长 1.9%。其中，外出农民工 16 821 万人，增长 1.3%；本地农民工 10 574 万人，增长 2.8%。

劳动生产率稳步提高。全年国家全员劳动生产率为 72 313 元/人，比上年提高 7.0%。

价格水平涨幅较低。全年居民消费价格比上年上涨 2.0%，其中食品价格上涨 3.1%。固定资产投资价格上涨 0.5%。工业生产者出厂价格下降 1.9%。工业生产者购进价格下降 2.2%。农产品生产者价格下降 0.2%。

70 个大中城市新建商品住宅销售价格月同比上涨城市个数上半年各月均为 69 个，下半年月同比上涨城市个数逐月减少，12 月份为 2 个，月同比价格下降城市个数增加至 68 个。

财政收入稳定增长。全年全国一般公共财政收入 140 350 亿元，比上年增加 11 140 亿元，增长 8.6%，其中税收收入 119 158 亿元，增加 8 627 亿元，增长 7.8%。

外汇储备略有增加。年末国家外汇储备 38 430 亿美元，比上年末增加 217 亿美元。全年人民币平均汇率为 1 美元兑 6.142 8 元人民币，比上年升值 0.8%。

资料来源：中华人民共和国国家统计局，2015-02-26。

思考：

以上资料是经过统计活动取得的成果，如果没有统计活动，人们就不能了解世界，这个世界将是杂乱无章的。你是否能体会到统计活动在人类生活中的重要意义？统计活动究竟是一种什么样的活动？如何有效地发挥统计活动的作用？统计有哪些研究方法等，这些都是本任务要论述的问题。

本任务的主要目标是从总体上对统计学基础提供基本的认识，使同学在学习中掌握什么是统计，统计干什么，统计学科有什么特点，统计研究的对象和方法以及本学科对现实的经济和管理工作有什么实际意义等有一个总体了解，具体要求如下。

知识目标

（1）掌握统计的含义和性质。

（2）掌握统计学研究对象和方法。

（3）掌握统计在现实工作中的作用。

（4）重点掌握统计学中的几个基本概念。

能力目标

统计学中的基本概念或者基本术语能在具体案例中应用，甚至在日常生活中应用。

思考导学

（1）统计是什么？

（2）统计干什么？
（3）统计在经济生活中有什么作用？
（4）怎样学习统计？

1.1 统计学研究对象及特点

1.1.1 统计的含义

统计一词在不同场合可以有不同的含义。一般情况下包括统计工作、统计资料和统计学。

统计工作，即统计实践，根据研究的问题、目的、任务，对统计资料的收集、汇总、整理、分析研究运用的全部工作过程，也是通常所说的几个阶段。而社会经济统计工作则是指收集整理，分析和提供关于社会、政治、经济、文化等现象的数字资料的总称。

统计资料是指统计实践活动过程所取得的各项数字资料以及与之相关的其他资料的总和，包括观察、调查的原始资料和经过整理、加工的系统资料。

统计学是关于认识客观现象总体数量特征和数量关系的科学。它是指统计理论和统计科学，即对统计实践活动的理论概括、总结和提高，得到统计工作规律性的原理和方法用以指导统计实践的一门科学。

统计学的三种含义又是密切联系的。

首先，统计工作与统计资料的关系是统计活动与统计成果的关系。一方面，统计资料的需求支配着统计工作的布局；另一方面，统计工作的好坏又直接影响着统计资料的数量和质量，统计工作的现代化是关系到向社会提供丰富资料的信息通道，是提高决策的可靠性和工作效率的重要环节。

其次，统计工作与统计学的关系是统计实践和统计理论的关系。一方面，统计理论是统计工作经验总结，只有当统计工作发展到一定程度，才可能形成独立的统计学；另一方面，统计工作的发展又需要统计理论的指导，统计学研究大大促进统计工作水平的提高。

我们学习的统计不是一个简单的报表、相关的数据统计，而是一个从资料的收集、资料的整理，到资料的分析，并得出科学结论的系统工程的过程。

小知识

“统计”词语的产生

统计已经有几千年的历史。不过在早期还没有出现“统计”这样的用语。统计语源最早出现于中世界拉丁语的 Status，意思指各种现象的状态和状况。由这一语根组成意大利语 Stato，表示“国家”的概念，也含有国家结构和国情知识的意思。根据这一语根，最早作为学名使用的“统计”，是在 18 世纪德国政治学教授亨瓦尔（G. Achenwall）在 1749 年所著《近代欧洲各国国家学纲要》一书绪言中，把国家学名定为“Statistika”（统计）这个词。原意是指“国家显著事项的比较和记述”或“国势学”，认为统计是关于国家应注意事项的学问。此后，各国相继沿用“统计”这个词，并把这个词译成各国的文字，法国译为Statistique，意大利译为Statistica，英国译为Statistics，日本最初译为“政表”“政算”“国势”“形势”等，直到1880年在太政官中设立了统计院，才确定以“统计”二字正名。1903年（清光绪廿九年）由钮永建、林卓南等翻译了四本横山雅南所著的《统计讲义录》一书，把“统计”这个词从日本传到中国。1907年（清光绪卅三年）彭祖植编写的《统计学》在日本出版，同时在国内发行，这是我国最早的一本“统计学”书籍。“统计”一词就成了记述国家和社会状况的数量关系的总称。

资料来源：贵州省统计局

1.1.2 统计学的研究对象

统计学的研究对象是统计研究所要认识的客体，具体地讲，社会经济统计学研究对象是社会经济现象总体的数量特征和数量关系，通过这些数量反映社会经济现象规律性的表现。

社会经济现象的数量方面所涉及的内容广泛，主要有：人口数量和劳动力资源，社会财富和自然资源，社会生产和建设，商品交换和流通，国民收入分配和国家财政收入、金融、信贷保险、城乡人民物质生活、文化生活科学技术与发展等，这些都是国民经济和社会发展的总体情况，是社会经济现象的基本数量特征和数量关系，构成对我国社会的基本认识。

研究社会经济现象数量方面，具体地说就是用科学方法去收集、整理、分析国民经济和社会发展的实际数据，并通过统计所特有的统计指标和指标体系，表明所研究的规模、水平、速度、效率和效益等，以具体反映社会经济发展规律在一定时间、地点条件的作用。

由于统计学是一门应用性很强的学科，而且所有学科都要研究和分析数据，因而统计学几乎与所有学科都有或多或少的联系，这种联系表现为，统计方法可以帮助其他学科探索学科内在的数量规律性，这种数量规律性的内在的联系只能由各学科的研究完成，如统计方法通过对吸烟者和不吸烟者的数据进行分析得出吸烟是肺癌的病因之一；近亲结婚后的下一代或下几代出现的畸形、弱智等，与之对应的相关法律是三代内不能通婚。但为什么吸烟能导致肺癌发生率较高、三代近亲不能通婚就需要医学做出解释了。而社会经济现象比自然现象更加错综复杂，研究不同层面、不同领域、不同部门等，各种不同方法的针对性也各不相同，如以横断面的统计数据看，可反映同一时间现象总体的规模和结构分布情况：2003年我国的总人口就已达到13亿人，全国国土面积960万平方千米，其中山地占33%，高原占26%，盆地占19%，平原占12%，丘陵占10%，人口密度为135.4人/平方千米（13亿人/960万平方千米），随着人口增加，每年可耕地减少，到2006年，我国人均耕地面积1.40亩（总人口/总耕地面积），等等，这些数据和方法都显示了我国地广人多的基本情况。当然，统计方法很多，以后将逐步讲述。

1.1.3 统计的特点

统计的特点就其性质而言，是一种认识活动，是通过资料的采集、整理、描述和分析对客观事物的数量进行观察和探索的过程。在其活动过程中一般表现出以下几个方面的特点。

1. 数量性

统计认识的对象是客观事物的数量方面，因此，统计活动的中心问题就是数据。统计就是用这些数据的各种组合来描述和反映客观事物的现状、关系和发展变化情况的。因此，数据就是统计的语言，统计数据对社会经济现象的反映表现在以下 3 个方面。

（1）数量的多少。它是从总量上反映事物发展的规模和水平，如企业的资产、企业的销售和盈利水平等。

（2）事物间的数量关系，即各种现象的函数关系和相关关系，如生产和销售、广告的投入和销售之间的关系等。

（3）现象之间的质与量的辩证统一关系。一定的质确定了一定的量，一定的量表现为一定的质，这就决定了社会经济统计在研究社会经济现象时，必是定性认识与定量认识相结合，如国内生产总值（Gross Domestic Product，GDP）与人均 GDP，企业的销售收入与人均销售之间的关系，等等。

2. 总体性

统计的目的主要是为了说明总体的情况，因此，它所观察和分析的是总体中每一个个体具有代表性的全部数据，然后通过一定的分类汇总，整理出最终可以反映整个总体的状态和特征的统计资料。如对某学科考核后，每个人的成绩反映的是个体差异，将每个人的考核成绩汇总后算出平均成绩，就能够从总体上反映全体学生对这门学科掌握的一般水平，具有代表性，“平均成绩”就属于总体特征，而每个数据在没有同其他数据进行比较时，是说明不了问题的，这就是说，统计研究就是通过对个体差异的观察与分析达到对总体数量特征的认识。

3. 具体性

社会经济统计的数量是具有一定的社会、经济等内容的数量，即具体事物的数量，不是抽象的数量，这是与数学所研究的数量有所区别的，所谓具体事物的数量是指一定时间地点、一定条件下某事物的数量表现，而且是与一定的质密切结合起来的，统计在研究某个具体事物的某个具体数量时，往往利用科学方法或数学模型等进行，但它是作为一种手段、一种工具来使用，而不是单纯的数字中的数量研究，如一个国家、地区、单位等，甚至可能是一个人。

4. 社会性

社会经济统计认识的数量是社会、经济、政治、文化、科学技术等现象的活动过程与结果。活动又具体表现为生产、分配、流通、消费等各种社会形式，这就是说，统计的研究对象、资料来源、服务对象是全社会的，而且，统计作为一种认识活动，作为大量观察的方法，它需要社会各方面的广泛响应、配合、支持与参与，因此，其本身就带有强烈的、浓重的社会色彩。

5. 变异性

变异性也叫作差异性，这是对统计对象的相互特征而言的。统计观察的总体是由个体组成的，而这些个体在数量上和质量上是千差万别的，是随着空间位置和时间的不同而变化的，统计数据是个体差异的忠实的客观记录，差异与变化正是我们对总体进行统计观察和研究的原因和依据，如我们研究一个学校的学生情况，每一个学生在数量方面（如年龄、身高、体重等）和属性方面（如性别、民族、政治面貌等）是千差万别的，我们正是对这些差别变化的数据进行分类汇总，最后才得到能够反映总体情况的各方面的综合数据。

1.2 统计工作的任务和内容

1.2.1 统计工作的基本任务

《中华人民共和国统计法》中明确规定：统计的基本任务是对国民经济和社会发展进行统计调查、统计整理、统计分析、提供统计资料、实行统计监督。

统计调查，即采集统计资料；统计整理是对采集的原始资料进行分类、加工、汇总找出其分布特征和规律；统计分析是对统计整理得到的综合资料进行描述、分析、推断和预测；提供统计资料，就是向全社会提供信息，进行统计咨询服务活动；实行统计监督即严密观测社会、经济、科技等发展动向并加以分析。

1.2.2 统计的职能

统计作为进行管理和调控的重要工具，同时具备三种职能，即信息、咨询和监督职能。

信息职能是通过统计系统，运用科学的调查方法，采集经济、社会、科技等方面的活动情况的统计数据，为国家、社会、世界提供统计信息。

咨询职能是通过大量的、丰富的统计信息，运用科学的分析方法，进行综合分析，向国家、社会及各部门提出建议。统计咨询是统计的一项重要职能，随着社会发展，人们文化素质的提高和电子计算机的应用，统计分析研究水平发生了质的飞跃，统计分析针对性和及时性强，量化分析水平高，对策和建议也比较符合实际的情况。

监督职能是通过信息反馈来检验决策是否科学可行。对决策在执行过程中出现的偏差，提出矫正意见，统计的监督作用日益重要。统计是观测社会、经济、科技发展变化的晴雨表，各级统计机构根据社会经济发展规律和党的方针政策密切注视国民经济发展态势，紧密围绕经济调控目标。时刻跟踪各项政策的执行情况，及时进行定量检查、监测和预警，运用现代经济计量的方法和统计分析手段，形成了严密的统计监督网。

在三大职能中，以提供信息为主，同时提供咨询，实行监督。为了有效地发挥统计工作的整理功能，必须不断提高统计数据的质量，保证统计数据的可靠性和时效性。

1.2.3 统计工作过程

统计工作过程是指统计组织机构进行统计任务活动的过程，主要分以下几个阶段。

1. 统计设计阶段

这一阶段是指整个统计工作活动过程的准备阶段，是整个统计工作的龙头，它主要解决两个问题：采集什么样的数据和如何采集这些数据，拟订出设计方案，并对可行性方案进行反复的论证和择优选用。

2. 统计调查阶段

这一阶段是从统计“信息源”（即基本统计调查单位）上采集基础数据阶段，它是根据统计方案的要求搜索所认识事物的原始统计资料，这是实际统计工作的起点，也是进一步进行统计资料整理和分析的基础。

3. 统计整理阶段

这一阶段是对调查所得的原始数据进行分组、汇总等一系列的加工整理工作，使之系统化、条理化，以便进行统计分析。

4. 统计分析阶段

统计分析是对经过加工整理的统计资料加以分析研究，计算出各种统计分析指标，通过定性和定量分析相结合，以揭示其中所包含的数量特征规律性和质的内涵。它是统计工作活动出产品、出成果的阶段，是进一步开发统计信息价值的阶段，是提供统计服务的一个重要基础。

还有统计预测阶段，这一阶段我们从略。

小知识

大数据时代的统计工作

在2012年12月27日举行的全国统计工作会议上，国家统计局局长马建堂首次对“大数据时代”进行解读，并就政府统计部门如何应对“大数据时代”的机遇和挑战提出明确的要求。国家统计局在业务工作中明确了应用大数据的工作重点，各项工作都在有条不紊地落实和推进之中：在专业突破方面，以价格统计和贸易统计为例，国家统计局正在研究采集互联网信息特别是电商交易数据和价格数据以补充完善调查样本，研究建立商场、超市和电商企业向统计部门提供完整电子化交易记录的制度。在企业电子化记录应用方面，国家统计局也已经加快研究开发企业电子化生产经营记录自动导入统计联网直报系统的技术，明年上半年将在联网直报平台正式加载自动导入软件。在应用政府部门电子化行政记录方面，统计部门将进一步加强与民政、工商等部门的协作配合，推进电子化行政记录和统计信息的共享。在居民收入、劳动工资等统计中，正在研究通过对税务、银行等部门行政记录的分析，评估居民收入、工资、家庭资产等统计数据，特别是评估与校验高收入阶层的相关数据。在利用大数据开展经济走势预测方面，国家统计局已经与网络公司、科研单位和咨询机构等开展合作，探索利用网络搜索数据建立相关统计分析和计量模型，进行经济形势分析预测。

资料来源：中国信息报

1.3 统计学中的几个基本概念

1.3.1 统计总体和总体单位

统计总体简称总体，它是客观存在的在同一性质基础上结合起来的许多个别事物的整体。

总体单位是构成总体的个别单位，简称个体。总体和总体单位可以是人，可以是物，也可以是事件或现象；总体也是调查对象的全部。例如调查对象为某班全体同学，则该班全体同学是总体，而该班的每一个同学就是总体单位；要调查研究我国的经济发展情况，全国所有的省、自治区、直辖市便构成一个总体，而每一个省、自治区、直辖市则是总体单位。

当然，总体和总体单位不是固定不变的，随着研究的目的不同，总体和总体单位也会发生改变，上面的例子是研究全国的经济发展情况，各省、自治区、直辖市是总体单位，如果研究一个省或自治区、直辖市，则该省或自治区、直辖市是一个总体，该省所属的每一个县（市），就是总体单位。而被研究的某个省就由原来的总体单位变成现在的总体了。

小思考

对某地区工商银行员工服务质量进行调查，请确定此调查的总体和总体单位。

1.3.2 标志和标志表现

1. 标志的概念和种类

标志是反映总体单位属性或特征的名称。这些属性或特征是统计总体各单位所共同具有的，例如，某班全部的同学是一个整体，每一个同学是总体单位，那么，说明总体单位的特征，即每个同学的特征如性别、年龄、民族、身高、体重等名称就是标志。又例如，要调查某市工业企业的生产经营情况，该市所有的工业企业是总体，每一个企业是总体单位，每个企业的所有制形式、经营方式、产品销售量、市场占有率、盈利水平等都是标志。

标志按其性质不同，通常分为品质标志和数量标志两种。品质标志是表明总体单位“质”的特征的，如前面所列举的性别、民族、所有制形式、经营方式等。数量标志是表明总体单位“量”的特征的，如前面所提到的身高、体重、产品销售量、市场占有率、盈利水平等。

2. 标志表现

标志表现有品质标志表现和数量标志表现之分，品质标志表现只能用文字来体现，如性别这一品质标志表现为男、女；民族这一品质标志表现为汉、回、满等 56 个民族；企业的所有制这一品质标志表现为公有制企业、非公有制企业等。而数量标志是可以用数字来表现的，数量标志的具体的数字表现称为标志值。前面的年龄是数量标志，具体表现为 17 岁，18 岁，19 岁，…，17 岁，18 岁，19 岁就是标志值；市场占有率是数量标志，其具体表现为 10%，12%，15%，…，10%，12%，15%则是标志值。

1.3.3 统计指标

1. 统计指标的概念

统计指标又称为指标，是反映总体现象数量特征的概念和具体数值，是用于说明总体综合数量特征和数量关系的数字资料。一个完整的指标包括6个要素：①时间；②空间；③指标名称；④计量单位；⑤计算方法；⑥指标数值。如某市某年度GDP 500亿元，某企业某月实现销售收入6 000万元，等等，以上指标涵盖：①时间（年度、某月）；②空间（某市、某企业）；③指标名称（GDP、销售收入）；④计量单位（亿元、万元）；⑤计算方法（汇总）；⑥指标数值（500、6 000）。

2. 统计指标分类

统计指标按其内容的性质不同，分为数量指标和质量指标两种。

数量指标是表明现象总体总规模、总水平或工作总量的，一般表现为总量指标或绝对数，例如某年度职工总人数、固定资产总额、企业增加值、企业销售收入、上缴税金总额等，这些指标都表现企业的总规模，企业的生产、经营总水平等。质量指标是反映总体内部的相对水平或工作质量的，一般用相对数或平均数表示，例如，企业职工人均收入、劳动生产率、产品的合格率、资金利税率等。

1.3.4 变量

一般情况下可变的数量标志就是变量，有时所有的统计指标（名称）也称为变量，变量的具体数值表现就是变量值（相应的称作指标值）。例如，以全体学生为统计总体，每一个同学为总体单位，调查该班学生英语考试成绩，则每一个人的成绩是数量标志，具体表现73分，82分，96分，…，98分，就是标志值，每个人的考试成绩之间有差异，我们称之为是变异的或可变的，所以每个人的成绩就是可变的数量标志，即变量，上面具体的考试分数就是变量值。指标也是这样，不同班级的数学总成绩、平均成绩等也会出现不同的数值。

变量又分为连续型变量和离散型变量两种。连续型变量是指变量值连续不断且可取小数的变量，如GDP、国民生产总值（Gross National Product，GNP）、销售收入、销售利润率、产品成本等；离散型变量是指变量值之间都以整数断开且只能取整数，如人数、企业数、汽车、洗衣机产量等这些根本不能取小数的变量都是离散型变量。

小思考

某大型投资公司2014年有员工600人，其中本科以上学历450人，占公司总人数的75%，全年实现利润1 500万元。其中销售部员工李元9月份工资6 500元。请指出此资料中的统计基本概念。

任务小结

本部分任务是从总体上研究统计的一般问题，包括统计学研究的对象及特点、统计工作的任务和内容、统计学中的几个基本概念，具体包括如下几个方面。

1．统计的含义

统计一词在不同场合有三种含义，即统计工作、统计资料、统计学。

（1）统计工作：即统计实践，它是对社会经济现象客观存在的数量方面进行收集、整理和分析的活动过程。

（2）统计资料：指统计实践活动过程所取得的各项数字资料及其相关的其他资料的总称。

（3）统计学：是关于认识客观现象总体数量特征和数量关系的科学。

统计的三种含义形成了两种关系，即统计工作和统计资料是统计活动与统计成果的关系，统计工作与统计学是实践与理论的关系，它们相互影响，关系密切。

2．统计学的研究对象

社会经济统计学的研究对象是社会经济现象总体的数量特征和数量关系，通过这些数量反映社会经济现象的规律性表现。

统计的特点主要表现在数量性、总体性、具体性、社会性、变异性。

3．统计工作的任务和内容

（1）统计工作的基本任务：《中华人民共和国统计法》中明确规定，统计的基本任务是对国民经济和社会发展进行统计调查、统计分析、提供统计资料、实行统计监督。

（2）统计的职能：信息职能、咨询职能、监督职能。

（3）统计工作的阶段或环节：统计设计、统计调查、统计整理、统计分析。

4．统计学中的几个基本概念

这部分内容是本章的重点，也是本章的难点，它是学好以后各章的基础和条件，应联系实际，加深理解，灵活掌握。

1）统计总体和总体单位

统计总体是客观存在的，是在同一性质基础上结合起来的许多个别事物（单位）所构成的整体，简称总体。

构成统计总体的个别事物（单位）称为总体单位。

对统计总体与总体单位的认识应服从于一定的统计研究目的，随着研究对象和研究目的的改变，总体和总体单位也会发生改变。

2）标志和标志表现

统计标志是反映总体单位特征的名称，它分为品质标志和数量标志：品质标志是反映总体单位“质”的特征的名称，只能用文字去表现；数量标志是反映总体单位“量”的特征的名称，可用数字去表现，数量标志具体的数字表现称为标志值。

3）变量

变量是可变的数量标志（或指标），变量的具体数字表现叫作变量值。变量又分为连续型变量和离散型变量，连续型变量其变量值可取小数，而离散型变量其变量值只能取整数。注意：关键是看可不可以取小数。

4）统计指标

统计指标是反映总体的数量特征的。按其说明总体现象的内容的性质不同可分为数量指标和质量指标。数量指标是反映总体总规模、总水平的指标，它的最大特征是通过加工汇总出来的，故表现为总量指标。质量指标是反映总体的相对水平或工作质量的，它的最大特征是对比出来的，故表现为相对指标和平均指标。总量指标、相对指标、平均指标统称综合指标，综合指标将在任务4中详细阐述。

案例分析及教学实践活动

统计活动：学生的日常消费情况

1. 观察学校餐厅饭、面、点心、各种菜肴的价格和各类食品的销售情况及其他消费情况。

2. 统计：

一个学生一天的消费情况

消费品名	预计	实际消费
早餐		
中餐		
晚餐		
零食		
饮水		
学习杂费		
通信费		
文化消费		
其他		

3. 连续记录一个月，通过每一天的记录，计算出你自己一个人一个月所需要的生活消费究竟是多少？

4. 观察、调查若干个同学，计算其一个月的生活必须消费。

5. 分门别类，判断哪些是生活必须消费，哪些是可有可无的消费，哪些是不必要的消费？

6. 观察、记录你周围的消费现象。

7. 通过以上的统计活动过程，应弄清楚：

（1）你学校所在地在什么地方，生活标准有多高？

（2）你在学校吃、用、穿和一些必要开支的大致比例应是多少？

（3）你所在学校的最低生活标准是多少，一般消费水平是多少？

（4）你在学校现在每月生活开支是多少，你觉得哪些开支是必要的？

（5）如果你学校所在地在成都或重庆，家里可能每月给你的生活费是 300 元、400 元、500 元，若家境并不十分好，你会怎么选择家里给你的生活费标准，为什么？

复习思考

1. 统计的含义及在不同场合三种含义的关系？
2. 什么是总体和总体单位，它们的关系是什么？试举例说明。
3. 统计工作的过程分为几个阶段，每个阶段从事什么职能？
4. 什么是标志，它的分类情况如何？
5. 什么是变量，它是怎样进行分类的？

任务演练

一、单项选择题（在备选答案中选出一个正确答案）

1. 下列属于品质标志的是（　　）。

A. 人口年龄　　B. 产品等级

C. 家庭收入　　D. 职工人数

2. 下列标志中，属于数量标志的是（　　）。

A. 性别　　B. 年龄

C. 专业　　D. 住址

3. 在职工生活状况研究中“职工收入”是（　　）。

A. 连续变量　　B. 离散型变量

C. 总体单位　　D. 变量值

4. 下列变量中属于连续变量的是（　　）。

A. 中等学校个数　　B. 国有企业数

C. 企业利润额　　D. 在校学生人数

5. 研究某市工业企业生产设备使用情况，则总体单位是（　　）。

A. 该市全部工业企业　　B. 该市每一个工业企业

C. 该市全部工业企业每一台设备　　D. 该市工业企业的全部生产设备

6. 对某省某市某分行所辖属的支行职工月收入进行研究，则统计总体是（　　）。

A. 该市分行

B. 该市分行所属全部支行

C．该市分行所属全部支行的全体职工

D．该市分行所属全部支行职工的全部月收入

7．研究某市教育系统职工文化程度状况，职工总人数是（　　）。

A．数量标志　　B．数量指标

C．变量　　D．质量指标

8．以各个工业企业为总体单位，所有企业的“全员劳动生产率”是（　　）。

A．品质标志　　B．数量指标

C．数量标志　　D．质量指标

9．调查某市职工家庭的生活状况，则总体是（　　）。

A．该市全部职工　　B．该市每个职工家庭

C．该市全部职工家庭　　D．该市职工家庭财产

10．某班5名学生的数学考试成绩分别为75、80、83、90、95，这5个数字是（　　）。

A．标志　　B．指标

C．数量　　D．变量值或标志值

二、多项选择题（在备选答案中，至少有两个正确答案）

1．研究某市的工业生产情况，则（　　）。

A．总体是该市全部工业企业

B．总体单位是该市每一个工业企业

C．该市各工业企业的工业总产值是数量标志

D．该市某企业“职工人数5 000人”是指标

E．该市“工业总产值50亿元”是指标

2．研究某企业职工的工资水平，“工资”对于各个职工而言是（　　）。

A．标志　　B．数量标志

C．指标　　D．数量指标

E．变量　　F．连续型变量

3．下列指标中属于质量指标的是（　　）。

A．全员劳动生产率　　B．工业产品总成本

C．职工平均工资　　D．产品合格率

E．产品单位成本　　F．工人出勤率

4．下列属于品质标志的有（　　）。

A．民族　　B．职业

C．职称　　D．文化程度

E．工作年限

5．国有各企业属于数量标志的是（　　）。

A．企业的职工人数　　B．企业的男职工人数

C．企业所属部门

D．企业现有设备台数

E．企业管理人员数

6．下列变量属于连续型变量的有（　　）。

A．人数

B．身高

C．体重

D．工厂数

E．利润率

F．机器台数

7．下列变量中属于离散型变量的是（　　）。

A．粮食产量

B．企业个数

C．职工工资

D．在校学生人数

E．大体身高

F．设备台数

8．下列各项中，属于统计指标的是（　　）。

A．我国现有的耕地面积

B．某台石油设备的使用年限

C．某同学某学期学习成绩

D．某地原煤生产量

E．某市供水量

三、判断题（在括号内正确的打“√”，错误的打“×”）

1．数量标志和数量指标在本质上是一样的。（　　）

2．数量指标一般表现为总量指标。（　　）

3．品质标志有时也可以用数量去表现。（　　）

4．变量值一定是标志值。（　　）

5．数量标志不是数字。（　　）

6．总体和总体单位随着研究的目的不同可以相互转化。（　　）

7．指标是反映总体数量特征的。（　　）

8．质量指标是通过对比得到的。（　　）

9．数量指标是通过质量指标汇总计算的。（　　）

10．品质标志和数量标志可以相互转化。（　　）

11．标志也可以反映总体的数量特征。（　　）

初试牛刀

1．统计指标在实际资料中的运用。

搜狐公司是中国领先的互联网媒体、搜索、在线游戏、社区及无线增值服务集团，以下是该公司 2014 年第四季度财报的重要业绩的节选。

总收入 4.77 亿美元，较 2013 年同期增长 24%，较上一季度增长 11%，高出公司预期上限 1 500 万美元。品牌广告收入为 1.48 亿美元，较 2013 年同期增长 20%，较上一季度下降 1%。其中，搜狐媒体平台，即不包括视频业务的其他搜狐媒体业务收入为 4 900 万美元，较

2013 年同期下降 5%。搜狐视频收入为 5 100 万美元，较 2013 年同期增长 64%。搜狗收入为 1.19 亿美元，较 2013 年同期增长 70%，较上一季度增长 12%。在线游戏收入为 1.84 亿美元，较 2013 年同期增长 7%，较上一季度增长 23%。归于搜狐公司的美国通用会计准则净亏损为 2 000 万美元，美国通用会计准则每股摊薄净亏损 0.52 美元；归于搜狐公司的非美国通用会计准则净亏损为 1 400 万美元，非美国通用会计准则每股摊薄净亏损 0.36 美元。

资料来源：搜狐公司网页——搜狐动态 2015

根据以上财报，你能判别哪些是数量指标，哪些是质量指标，为什么？请指出一个完整的指标具体是由哪些部分所构成的？

2．2010 年是人口普查年，请确定人口普查的总体、总体单位、标志（品质标志、数量标志）、指标（数量指标、质量指标）、变量（离散型变量、连续型变量）、变量值。要求分别列出 5 个以上的标志、指标、变量。

任务 2 统计资料的收集

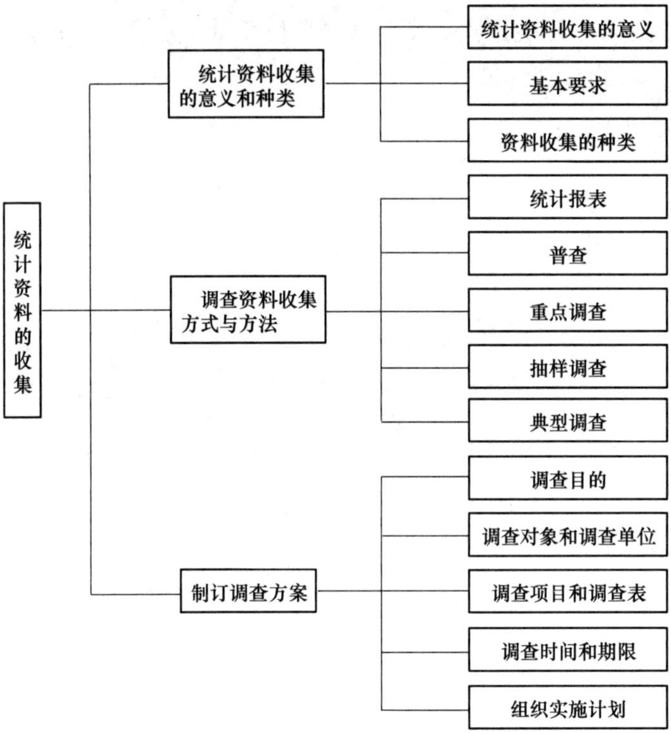

情景再现

“目前中国楼市的首要问题是空置率太高，空置面积达 10 亿平方米。”近日，国际货币基金组织（International Monetary Fund，IMF）副总裁朱民在 IMF 2015 春季年会期间表示。随后，IMF 驻中国代表在 4 月 28 日的研究报告中再度提及，“中国住房供应过剩遍及全国，在较小城市和中国东北部尤其明显。”IMF 连续关注中国住房空置率再度触动了房地产市场的敏感神经。然而作为衡量楼市泡沫的重要指标，中国住房空置率这个重要指标，相关部门的统计仍是一片空白。国家统计局新闻发言人盛来运说，从短期和表面上看，主要是空置的状态和时间很难给出标准，要清楚计算出来难度较大。从深层来看，主要是我们还没有征信制度支撑，调查缺乏客观科学的依据，未来寄望于不动产登记制度的实施。住建部门相关人士也表示，关于空置率，目前“没有准确官方定义”。全国到底有多少空置房呢？虽然权威部门并没有给一个权威说法，但民间对此问题的关注热潮却从没有减弱过，关于住房空置率调查的各种报道也不时见诸报端和网络。早在几年前就有消息称，根据国家电网公司在全国 660 个城市的调查，有高达 6 540 万套住宅电表连续 6 个月读数为零；在轰动一时的新浪“百城网友晒黑灯”活动中，万张“黑灯”照片在网络上发布，据网友提供的信息，全国不少小区的“黑灯率”在 50%以上；又据媒体报道，杭州水业集团的一份最新内部数据统计显示，杭州五城区 57 万户安装水表的住宅中，有 3 万户为“零水表”。杭州水业集团工作人员称，这 3 万个“零水表”主要分布在 20 多个小区，并且 6 个月度数都为零度的有 17 742 户……

资料来源：http://blog.sina.com.cn/s/blog_48f319170102vlrn.html

思考：

对于统计局而言都是老大难的住房空置率问题，民众却采用了多种调查方法，这些看似“简单易行”的方法所收集的有关住房空置的数据进而得出的“空置率”是正确的吗？你知道什么是数据收集、收集哪些数据以及怎样收集数据吗？通过本任务的学习，你将能解决这些问题。

本学科的主要任务是对数据资料的收集。资料的收集是传统意义上的统计调查。通过本任务的学习，要明确为什么要收集资料、收集哪些资料、怎样收集资料等，具体包括如下内容。

知识目标

（1）掌握资料收集的意义和要求。
（2）掌握资料收集的种类。
（3）掌握资料收集方案的设计。
（4）掌握各种资料收集（调查）的组织方式。

能力目标

（1）能根据不同的实际情况，设计调查方案。
（2）能根据不同的实际情况，熟练设计调查表（问卷）。
（3）能根据不同的实际情况，熟练地选择和运用不同的调查方式和调查方法。

思考导学

（1）什么是统计资料的收集？
（2）统计资料收集什么？
（3）在进行统计资料收集前，应该做什么？
（4）怎样收集统计资料？

2.1 统计资料收集的意义和种类

2.1.1 统计资料收集的意义

统计是一门方法性很强的学科，而资料的收集是按照统计研究的目的和任务，运用科学的方法，有组织、有计划地向客观实际搜索资料的过程，所以资料的收集又叫作统计调查。资料是统计资料的总称，就目前来看包括数据资料、文字资料、图情资料、视频资料等。大量的统计资料来源于两个方面：一个是原始资料，来自直接的调查和科学实验，也是统计数据资料的直接来源；另一个是次级资料，来自别人的调查或者有关人员使用过的资料，这是统计数据的间接来源，也即二手资料。次级资料是指那些本次统计调查任务需要收集的、已经进行了集中加工整理的、在一定程度上说明总体特征的资料。我们这里的重点是对原始资料的收集，例如，关于某公司下属 20 家企业当年的生产、销售、成本和盈利水平等的数值是原始资料，它有待进一步加工整理，才能反映该公司的特征。如果还需要收集该公司 20 家企业上一年度生产、销售、成本和盈利水平等资料，而这些资料是能够反映总体特征的，而且是经过加工整理的资料，因此是次级资料。根据研究的需要，次级资料既可以直接使用，也可以进行调整再加工后使用。

所以，资料的收集是整个统计工作中最基础的环节，也是最重要的环节，它直接关系到整个统计工作的质量。设想一下，如果我们收集的原始资料不准确，甚至是错误的，那么，后面的一切统计工作都变得毫无疑义，如果得到的结论和实际正好相反，其后果不堪设想。

2.1.2 基本要求

资料收集的基本要求是准确、及时、全面、系统，它是衡量统计工作质量的重要标志。

准确是指收集的资料能客观地反映现象本身的状态，具有较小的调查误差，准确性高，就能为认识研究现象的本质提供充分保证。

及时是指资料收集的时效性，资料收集过程所占用的时间越短，其效用越大，越能及时满足资料收集任务的时间要求，就越能使各工作环节顺利延伸。

全面有两个方面的内容，一是单位的全，二是项目（内容）的全。由于资料收集具有大量性特点，众多填报单位能否将应该填报的资料上报，而且众多项目是否完整，都会影响汇总资料的质量。

系统是指所收集资料本身的连续性和调查项目的连贯性两个方面的内容。大多数资料收集工作都需要经常、持续地开展进行，这样才能够系统地提供数据和保存数据。注意，在经常持续的调查工作中，要保证数据的可比性。

2.1.3 资料收集的种类

（1）按收集资料的组织形式不同，分为统计报表制度和专门调查。

统计报表制度是国家统计系统和专业部门为了定期取得系统全面的统计资料而采用的一种收集资料的方式。

专门调查是为了了解和研究某种情况或问题而专门组织的收集资料的方式。它包括抽样调查、普查、重点调查和典型调查等。

（2）按收集资料的对象包括的范围不同，分为全面调查和非全面调查。

全面调查是对调查对象中的所有的调查单位一一进行调查，包括全面统计报表和普查。

非全面调查是对调查对象的部分单位进行调查，包括抽样调查、重点调查和典型调查。

（3）按收集资料的时间是否连续，分为连续调查和非连续调查。

连续调查是调查时间不间断的调查。例如，每月统计商品销售额。

非连续调查是间隔一定时间所做的调查。例如，每隔十年进行的人口普查。

（4）按收集资料的方法不同，分为直接调查、凭证调查、采访调查、问卷调查。

直接调查又称为直接观察，是由调查人员到现场对调查单位直接查看、测量和计量。

凭证调查是以各种原始凭证为调查资料来源，按统一的表式和要求，向有关部门提供资料的方法。

采访调查是通过指派调查对被调查者询问、采访、提出所要了解的问题，以收集资料的方法。

问卷调查是以问卷形式提出问题，以回收的问卷来收集资料的方法。

2.2　调查资料收集方式与方法

2.2.1　调查资料收集方式

1．统计报表制度

统计报表制度是我国定期取得统计资料的主要方式，也是一种定期的统计报告制度，简称统计报表。统计报表是由政府统计机关或统计调查的组织机构，按照国家调查文件的统一规定，自上而下布置，自下而上逐级提供国民经济基本统计资料的调查资料的收集方式。

1）统计报表的分类

统计报表按其性质和要求不同，有以下几个种类。

（1）按收集资料的范围不同，分为全面统计报表和非统计全面报表。全面统计报表要求调查对象的每一个单位都要填报；非全面统计报表只要求调查对象中的一部分单位填报，它需要结合其他调查方式运用。目前，我国大多采用全面统计报表。

（2）按收集资料的内容不同，分为基本报表和业务报表。基本报表是反映国情国力和适应宏观管理、决策需要的统计报表；业务报表是适应有关业务主管部门生产管理需要的统计报表。

（3）按资料报送周期长短，分为日报、旬报、月报、季报、半年报和年报。

（4）按填报单位不同，分为基层报表和综合报表。基层报表是由基层企事业单位填报的统计报表；综合报表是由主管部门或统计部门根据基层报表逐级汇总填报的统计报表。

小知识

工业统计报表制度

（1）为了解全国工业生产经营活动的基本情况，为各级政府制定政策和计划、进行经济管理与调控提供依据，依照《中华人民共和国统计法》，制定本制度。

（2）本制度是国家统计调查制度的一部分，是国家统计局对各省、自治区、直辖市统计局的综合要求，各地区应按照全国统一规定的统计范围、计算方法、统计口径和填报目录，认真组织实施，按时报送。地方特殊需要的统计资料应通过地方统计调查收集，并尽量避免与国家统计调查内容相重复。

（3）本制度除“规模以下工业主要产品产量”外，其他报表统计范围均为规模以上工业法人单位。规模以上工业法人单位是指年主营业务收入2000万元及以上的工业法人单位。

（4）辖区内规模以上工业法人单位按照在地原则进行统计。

（5）本制度统计内容包括主要工业产品产量、规模以上工业主要产品生产能力、工业企业财务状况及产销总值等。

（6）本制度所有报表均由各省、自治区、直辖市统计局负责组织实施，调查方法为全面调查。

数据来源：国家统计局

2．普查

普查是专门组织的一次性的全面调查，如人口普查、物资普查、经济普查等。

（1）普查是全面调查，主要表现为：调查单位全，调查单位一个都不能少；调查项目全，调查的内容不能有遗漏。

（2）普查是一次性调查，一次性又称一时性，它是反映某一时点上存在的总状况。

普查的组织方式基本上有两种：一种是组织专门的普查机构和人员，对调查单位进行登记，如我国已进行的五次人口普查都是采用这种方式，第六次人口普查继续采用这种方式。另一种是利用调查单位的原始记录和核算资料，颁发一定的调查表格，由调查单位进行填报，如我国多次进行的物资库存普查就是采用这种方式。

由于普查的规模大、涉及面广、工作量大、参加人员多，为保证普查数据的准确性、时效性，除了制定详尽的调查方案外，还要注意以下几点。

（1）规定统一的标准时点。标准时点是指对被调查对象登记时所依据的统一时点。这个时点一经确定，所有调查的数据都要反映这个时点上的状况，以避免收集资料时因情况变动而产生重复登记和遗漏的现象。例如，我国第五次人口普查的标准时点是2000年11月1日0时，我国第六次人口普查的标准时点是2010年11月1日0时，就是要反映该时点上我国人口的实际情况。

（2）统一规定完成普查的期限。在普查范围内各调查单位或调查点尽可能同时进行普查，并尽可能在最短的期限内完成，以保证数据的准确性和时效性。例如，我国第五次人口普查，调查登记期限规定在10天内完成。

（3）统一规定普查的项目和指标。普查项目和指标一经确定，不准任意改变或增减，以免影响汇总综合，降低资料的质量。同一种普查，每次的项目和指标应力求一致，并按一定周期进行，以便更好地进行历次调查资料的对比分析及观察某种现象变化发展的情况。

目前，我国所进行的普查主要有人口普查、农业普查、工业普查、第三产业普查、经济普查、国土资源普查等。

小知识

人口普查：我国进行人口普查主要是为了全面了解国家在人口数量、结构、分布和居住环境等方面的变化情况。我国的人口普查每 10 年进行一次，最近的一次人口普查是在 2010 年进行的第六次全国人口普查，普查标准时点为 2010 年 11 月 1 日 0 时。

经济普查：我国进行经济普查主要是为了全面掌握国家第二、第三产业的发展规模、结构和效益等信息。我国的经济普查每 5 年进行一次，标准时点为普查年份的 12 月 31 日。除 2004 年条例发布第一次经济普查为 2004 年外，以后逢 3 和逢 8 年份为经济普查年。

农业普查：主要是为了全面收集农村、农业和农民的发展变化情况，掌握我国农业生产、农田水利和农村基础设施建设、农村劳动力转移等方面的基本信息。农业普查在我国每 10 年进行一次。第二次农业普查的标准时点是 2006 年 12 月 31 日，时期资料为 2006 年度。

3．重点调查

重点调查是在调查总体中，选择重点单位进行专门组织的一种非全面调查，调查的目的是了解总体的基本概况。

重点调查的关键是选择重点单位。所谓重点单位，是指在总体中具有举足轻重地位的那些单位，这些单位数量虽然在全部总体中只占较小的比重，但这些单位的标志值之和却占总体标志总量的绝大比重。如要了解我国钢铁产量的基本情况，只需要对宝钢、鞍钢、武钢、首钢等几十个大型钢铁企业的生产情况进行调查，虽然这些钢铁企业的数量只占全国所有钢铁企业数量的较小比重，但它们的产量却占全国钢铁产量的绝大部分比重。

小思考

春运期间，通过铁路枢纽客流量的调查来了解我国铁路客运量的基本情况和问题，这种调查属于哪种调查？

4．抽样调查

抽样调查是一种专门组织的非全面调查，它是按照随机原则从总体中抽取一部分单位进行观察，并且根据观察结果，从数量上来推断总体数量的一种非全面调查方式。

抽样调查与其他非全面调查比较，具有几个明显特点。一是随机原则。抽样调查是按随机原则抽取样本，不受调查者主观意图的影响，每个被调查者被抽中的机会完全相等。二是从数量上推断总体，其他的非全面调查一般不用来推算总体。三是抽样调查中所产生的抽样误差可以计算并可以加以控制，这是数学理论所证明的。

抽样调查一般适用于对总体不可能或不必要进行全面调查，而又必须掌握总体指标数值的情况。例如，对产品质量的检查常常是具有破坏性的，不可能进行全面调查；掌握居民收支情况的调查及对农作物产量的预测，也不必进行全面调查，但对以上调查又必须取得总体的数据，因而往往采用抽样调查方式来满足研究目的的需要。同时，运用抽样调查的数据还可以对全面调查的数据加以修正补充。例如在人口普查中，由于大量人口的流动，常会发生重复登记和遗漏现象，可通过抽样调查的数据对其进行校核修正，以有效地提高普查数据的质量。

小思考

为了解某城市老年人的身体健康状况，调查者A在公园中随机找了100名老年人进行抽样调查，调查者B在医院随机找了100名老年人进行抽样调查。请问调查者A、B所进行的抽样调查正确吗？为什么？如果错误的话，应该如何对该项目进行抽样调查呢？

5．典型调查

典型调查是在对被调查对象经过初步了解分析的基础上，有意识地从中选出若干具有代表性的单位进行调查，借以认识事物发展变化趋势的一种调查方式。典型调查也是一种专门组织的非全面调查。

典型调查的特点：一是调查单位是有意识选择出来的具有代表性的单位，它取决于调查者的主观判断和决策；二是深入细致的调查可以发现"典型"单位的特征、优势和不足；三是通过典型掌握事物的发展变化趋势。

典型调查一般可分为两种。一种是"解剖麻雀"式的典型调查。这种典型调查要求选出少数几个典型单位，通过对这几个典型单位的调查研究，用以说明事物的一般情况或发展变化规律，它主要用于调查单位之间差异较小的情况。另一种是"划类选典"式的典型调查。如果调查对象的各单位之间差异较大时，可将调查总体划分为若干类，再从每类中选择若干个典型进行调查，以说明各类的情况。

小思考

某地教育局在对所属的高等院校就业情况初步了解后，选择了就业率最高和最差的两所院校进行进一步调查。请问这属于哪种调查方法？

6．各种统计调查方式的结合应用

以上几种调查资料的收集方式各有其特点，都存在一定的优点和局限性。全面统计报表资料虽然比较系统、全面，但也存在工作量大、环节层次多，容易出现差错和不必要的浪费；普查收集资料全面、准确，但要耗费大量人财物，不易经常组织实施；抽样调查虽然能节约人财物，推算结果也具有科学性，但有较高的技术要求；重点调查能了解总体基本情况，典型调查能深入细致研究，但它们本质上是个别调查，只适宜作为其他调查的补充。可见，任何一种调查方式都不是完美无缺的，这就要求在统计实际工作中，把上述各种方式综合应用，

在方法上取长补短、优势互补，以采集高质量的统计数据。

我国目前采用的是以有限的统计报表为基础，以经常性抽样调查为主体，以必要的定期普查为龙头，辅之以重点调查、典型调查的统计调查体系，这正是多种统计调查方式综合应用的结果。

2.2.2　资料收集的基本方法

除了掌握资料收集的方式外，还必须明确采用哪种具体的统计资料的收集方法，只有这样才能得到所需要的统计资料。常见的统计调查资料收集方法主要有直接观察法、报告法、访问法、问卷法和文献法。

1．直接观察法

直接观察法是调查人员深入现场进行观察、计数或测量以取得所需数据的方法。例如，要了解企业期末库存商品的数量，调查人员需通过现场的点数、称量取得；还有在城市的部分街道安装摄像镜头对违反交通管理规定的车辆进行摄像取证的方法。无论是派调查员现场调查，还是利用仪器现场观测，都视为直接观察法。直接观察法可以保证资料的准确性，但需要花费较多的人财物和时间，故在应用上受到限制。

2．报告法

报告法是被调查单位利用各种原始记录和核算资料作为依据，向有关单位提供统计数据的方法。例如，我国现行的统计报表制度，就是采用报告法来提供统计数据的，即由报告单位根据各种原始记录和核算资料，按照统一的表格形式和填报要求，在规定的时间内，以一定程度向有关单位提供统计数据。采用这种方法也有很大的局限性，其统计数据资料不易监控，容易出现虚报、瞒报的现象，如 2009 年国家统计局发布的全国 70 个大中城市房价上涨 5%就成了一个笑话。

3．访问法

访问法是按事先拟定的调查事项，有计划地通过口头、网络、电话、邮寄和报纸杂志等形式，向被调查者了解情况、采集统计资料的调查方法。访问法的最大特点是在整个访问过程中，调查者和被调查者要直接沟通，因此，访问法要取得成功，不仅要求调查者做好各种调查准备工作，注意谈话方式和提问技巧，还要求被调查者密切配合。

在实际调查中，访问法有多种形式，概括起来主要有以下几种。

（1）面谈调查。按与被调查者接触方式的不同，面谈调查包括个别访问和座谈访问。个别访问是调查者按照调查提纲的要求，单独与被调查者面对面进行交谈，或当场填写访问问卷，借以收集资料的一种调查类型。如调查员直接调查消费者对某种产品或者服务的看法。座谈访问是根据调查提纲，选择部分有代表性的个人进行座谈，如围绕经济改革问题，在某电视演播室里几位经济学家根据主持人提出的问题，各抒己见。

（2）电话调查。电话调查是以电话为媒介，来采集所需要的数据，如美国的民意调查主要是通过电话调查方式进行的。这种调查方式的前提条件是电话的普及率要相当高，调查内容比较简短，其优点是回答率比较高。

（3）网络调查。网络调查是通过网络方式所进行的调查，它可以很快采集到网络使用者所提供的信息。这种调查方式既节省时间，又节省费用，更重要的是数据处理非常方便，也是目前我国乃至世界收集资料最常用的方法。

访问法的主要优点是能够把调查与讨论研究结合起来，不仅提出问题，还能探讨、研究解决问题的途径；不足之处是由于受访问人员的素质限制，被访问者的代表性不当等，都可能影响最终的调查结果。

4．问卷法

问卷法是根据调查目的，制定调查问卷，由被调查者依问卷提出的问题及给定的选择答案进行回答的一种专项调查形式。问卷法是国际通行的，也是近年我国经常使用的采集数据的重要方式。它主要有以下特点。

（1）通俗易懂，实施方便。由于问卷法将所需要调查的问题和可供选择的答案均已提供给被调查者，由其从中进行选择，因此，容易被调查者所接受。

（2）适用范围广。问卷法既适用于对社会政治经济现象进行调查，也适用于对社会广大群众关心的问题进行调查，还适用于对其他问题进行调查。

（3）节省调查时间，提高调查效率。由于在问卷中已将调查目的、内容、问题及可供选择的答案列出，因此，一般不需再详细说明，直接由调查者选择即可，从而能节省时间，加快调查速度。

问卷法的应用范围比较广泛，问卷的种类也比较多，具体划分方式主要有如下几种。

（1）按问卷中的问题是否有固定答案，分为开放式问卷和封闭式问卷。开放式问卷是问卷中的问题不标明选择答案，由填写人自由回答；封闭式问卷是问卷中要标明问题的选择答案，供填卷人进行选择。

（2）按问卷填写者的身份不同，分为自汇式问卷和他汇式问卷。自汇式问卷是由被调查者按调查项目自己填写的问卷；他汇式问卷是调查者按调查项目向被调查者提问，然后根据被调查者的回答填写问卷。

（3）按问卷传递方式不同，分为报刊问卷、邮政问卷、送发问卷、访问问卷和网络问卷等。

问卷调查的回收率和有效率一般都不可能达到100%，通常调查数量应多于研究数量。确定调查数量的公式为

$$\text{调查数量}=\frac{\text{研究数量}}{\text{回收率}\times\text{有效率}}$$

例：进行某项问卷调查，需要调查1 000人，若问卷回收率为50%，有效率为80%，则

$$\text{调查数量}=\frac{1\,000}{50\%\times 80\%}=2\,500\text{（人）}$$

即需要发放2 500份问卷，才能满足对数据采集的要求。

当前普遍进行的舆论调查、民意调查和商业调查等，一般都采用问卷调查完成。

5. 文献法

文献法是指通过查阅文献来收集资料的方法。文献一般分为文字文献、数字文献、图像文献和声音文献。报纸、杂志、图书、档案等是文字文献；统计年鉴、统计报表、会计报表等是数字文献；电影、电视、图片、VCD、DVD 等是图像文献；录音、唱片、CD 等是声音文献。随着科学技术的迅速发展，人们可以通过电子计算机上网查阅到越来越多的文献，这种查询不仅省时，而且方便，但在使用文献法收集资料时，一定要注意对文献质量的审核。

2.3 制订调查方案

2.3.1 调查方案制订

收集资料是一项非常烦琐、细致，也非常系统的工作，具有高度的科学性和一定的专业性。为什么要收集资料，调查谁，调查什么，收集什么资料，怎样去收集资料，调查的时间和空间怎样确定，调查的计划如何实施，等等，都是必须先要弄清楚的，也是使资料收集工作有计划、有组织、有系统进行的保证。为此，任何调查都必须设计好调查方案，一个完整的调查方案一般包括下述各项内容。

1. 确定调查目的

确定调查目的是指明确在收集资料过程中要解决哪些问题（为什么进行调查，调查的任务是什么，收集的资料要达到什么目的和要求），通过调查收集到什么样的资料。既要突出中心主体，又不能漏掉与调查中心主体相关的问题。

2. 确定调查对象和调查单位

调查对象是调查的总体，调查单位是调查总体的个别单位。确定调查对象和调查单位，也就确定了向谁调查、由谁来具体提供调查资料的问题。例如，调查目的是为了收集某市某年职业院校就业人数的资料，则该市所有职业院校为调查对象，而构成该市职业院校的每一个职业学院是调查单位。调查对象和调查单位的关系不是固定不变的，随着调查目的的不同，两者可以互相变换。

3. 确定调查项目和调查表

调查项目是指向调查单位进行调查的内容，又称调查标志。例如在 2010 年人口普查时，需要调查登记每一个人的姓名、性别、出生年月、民族、学历等标志即为调查项目。这些调查项目是通过调查表表现出来的。调查表分为单一表和一览表，单一表是一个调查单位一张表，如人口普查中关于每一个人信息的那张登记表；一览表是多个单位一张表，如人口普查中以家庭为单位所登记的那张表。下面表 2-1 是单一表，表 2-2 是一览表。

表 2-1　劳动情况年报表

表号：

填报单位：

指标名称	指称代码	计量单位	本年实际
甲	乙	丙	丁
一、从业人员年末人数	1	人	
年末职工人数	2	人	
工人人数	3	人	
技术人员数	4	人	
管理人员数	5	人	
大专及以上人员数	6	人	
中高级职称	7	人	
初级职称	8	人	
二、从业人员劳动报酬总额	9	万元	
职工工资总额	10	万元	
三、离岗职工人数	11	人	
离岗职工生活费	12	万元	
四、离退休人员数	13	人	
离退休职工保险费总额	14	万元	
离退休金	15	万元	
医疗费	16	万元	

单位负责人：　　　　填表人：　　　　报出时间：

说明：本表为年报表，在年末填报。

表 2-2　××人口调查登记表

区　　街　　号

与户主关系	姓名	性别	出生年月日	民族	文化程度	职业	备注

填表人：

在实际的工作中，调查表更多的是以调查问卷的形式使用，通过对问卷中问句的设计，对问句被选答案的设计，能够较为准确地反映我们需要的调查内容。

4. 确定调查时间和期限

调查资料的及时性要求在调查前应做好调查时间的规定，包括调查时间和调查期限。调查时间是调查资料所属的时间。如果调查的资料是时期现象，调查时间是资料所反映的那一阶段的时间；如果调查的资料是时点现象，调查时间是统一规定的调查时点，在一些调查中这一调查时点就是标准时间。如某公司 2015 年实现销售 5 000 万元，盈利水平达到 1 000 万元，其资料的时间为一年；2010 年人口普查的标准时间是 2010 年 11 月 1 日 0 点，用这一调查时点反映中华人民共和国在当时的总人口数。调查期限是进行整个调查资料收集工作所有时间，即本次调查从什么时候开始到什么时候结束。如我国国有资产流失严重，有关部门对国有企业进行资产清查从 2015 年 6 月开始到 2015 年 12 月结束，历时半年。

5. 确定调查的组织实施计划

调查的组织实施计划，是从组织上保证调查工作顺利开展的重要依据。计划的主要内容包括调查的领导机构，调查人员的确定，调查步骤，资金的预算，设备的配置，调查的方式方法，调查前的宣传、教育、培训，等等。

2.3.2 调查问卷设计

1. 调查问卷的结构

尽管实际调查中所使用的问卷各不相同，但通常一份问卷形式上都包括问卷名、开头部分、正文部分及附录等。

1）问卷名

问卷名即问卷的标题，它是对调查主题的概括说明，以使被调查者能够一目了然地获悉可能要回答哪方面的问题。在确定标题时，要尽量做到简洁、醒目，但仅仅写上“调查问卷”4 个字作为问卷标题，是不妥的，最好要引起被调查者的兴趣，如“成都市大学生手机使用状况调查问卷”“中国城市居民幸福感调查问卷”等。

2）开头部分

开头部分一般包括卷首语、填表说明和问卷编号等内容。

卷首语，又叫封面信。它是一封致被调查者的短信。篇幅不宜太大，200～300 字为宜。封面信主要是向被调查者解释和说明调查主办者的身份、调查的主要目的、调查的大概内容、调查目的和意义、调查对象选取的方法和对调查结果保密的措施。

填表说明即用来指导被调查者填写问卷的一组说明。它的作用与仪器的使用说明书相似。填表说明一般写在卷首语之后，并标有“填表说明”的字样，其作用是对填表的方法、要求、注意事项等做一个详细的说明。

问卷编号，主要用于识别问卷以便校对检查、更正错误。

例：问卷

亲爱的同志：

您好！我们组织这次“建设社会主义新农村调查活动”的目的是准确了解当地社会主义新农村建设的真实状况，并及时掌握广大农民群众对社会主义新农村建设的心声和期盼，从而为党和政府制定社会主义新农村建设的相关政策提供决策依据。

填写本表是不记名的，希望您在填表时不要有任何顾虑，实事求是地在____内填写和在□内酌情打 √。

谢谢您真诚的合作！

3）正文部分

正文部分是调查问卷的核心，包括了所要调查的全部内容，主要由问题和答案组成。

4）附录

附录主要对被调查者的有关情况加以登记（如被调查者的性别、年龄、婚姻状况、职业、教育程度等），为后续进行被调查者对比分析提供分组分类进一步的统计分析收集资料。该部分内容有时也出现在正文开头。

5）结束语

结束语是调查问卷最后一部分，一般是为了简短地向被调查者的合作再次表达谢意，如非常感谢您能在百忙之中抽出时间填写我们的问卷，谢谢您的积极参与！祝您学习和生活愉快！

2. 调查问卷设计原则

要设计出高质量的问卷，首先必须掌握如下几条基本原则。

1）合理性原则

问卷上所列问题应该紧密围绕调查的主题和目的，可要可不要的问题不要列入。对于任何一项问卷设计工作而言，调查目的就是其灵魂，它决定了问卷的内容与形式。严格地说，问卷中的每一个问题在今后的资料分析中需要做怎样的统计分析和处理，设计者事先都应该做到心中有数。如果做不到这一点，等到资料收集结束之后，才发现需要的资料没有，没用的数据却很多，此时将悔之晚矣。

2）逻辑性原则

问卷设计要有整体感，这种整体感即是问题与问题之间要具有逻辑性，做到结构合理。问卷中问题的前后顺序及相互间的联系不仅会影响被调查者对问题的回答结果，也会影响调查的顺利进行。如何安排问卷中问题的次序呢？一般是先易后难、先简后繁、先具体后抽象。

3）简明性原则

问卷设计时，不能仅从调查者角度出发，设计尽可能多的问题，认为题目越多越好，像有些问卷多达几十页，这只能会让被调查者望而生畏，一时勉强作答也只有草率应付，因而获得不了想要的效果。应尽量控制好问卷的长度，问题和整个问卷都不宜过长，且调查时间要简短，最好控制在 20 分钟以内。

4）通俗易懂

问卷调查的成功最终依赖于被调查者的密切配合，所以问卷设计应语气亲切，能让被调查者愿意并如实回答，应尽量避免使用抽象的语言或专业术语。

3. 调查问卷设计的技巧

1）问题的设计技巧

问题从形式上看可分为开放式问题和封闭式问题两类。开放式问题就是不为回答者提供具体答案，而是由回答者自由填答问题（如您喜欢哪一方面的书？_____________）。开放式问题的主要优点是，被调查者可以充分自由地按自己的方式发表意见，不受什么限制。但是开放式问题也有很大缺点，它往往要求回答者具有较高的知识水平和文字表达能力。被调查者填写开放式问题所花的时间和精力也比较多，因此一般放在问卷的最后。封闭式问题就是在提出问题时，还给出若干个答案，要求被调查者选择一个作为回答（如您喜欢哪一方面的书籍？A. 政治理论　B. 文学艺术　C. 科学技术　D. 其他）。封闭式问题易于被调查者填写，且所得资料特别适于进行定量分析，因此常见的调查问卷设计多以封闭式问题为主，这里也主要阐述封闭式问题的设计。

2）问题的设计原则

（1）问题应该易于了解。

在设计问题时，要始终考虑被调查者的语言能力，尽量选择每个人都容易理解的词语；避免使用回答问题的人所不熟悉的技术性很强的专业术语或仅在本专业内使用的“行话”。

如果需要使用这样的术语，应该向被调会者澄清或解释这些术语的定义。例如：

A．单身家庭　　B．核心家庭

C．主干家庭　　D．联合家庭

E．其他家庭

所列家庭都是社会学中专门术语，人们对什么是单身家庭、核心家庭、主干家庭、联合家庭和其他家庭不清楚，超出被调查者的能力范围。又如“您喜欢和哪类气质的人交往？”“气质”一词虽然很熟悉，但同时也很抽象，甚至调研设计人员自己也说不出确切的信息。

（2）问题应该易于界定。

问题的提出应尽量具体，以确保调查者能确切理解对他们的要求，并且每一位被调查者对问题理解是一致的。

例：您觉得您所在单位几年来情况怎样？

A．几乎没有什么变化　B．变化不大　　C．变化较大　　D．变化很大

这一问题没有明确说明询问的是单位的什么情况。是多方面情况，还是某一方面或某些方面的情况；是单位生产情况还是福利待遇情况或是干群关系、人际关系情况等。这些都不清楚。

如“你是否经常购买洗发液？”回答者不知经常是指一周、一个月还是一年，可以改问：“你上月共购买了几瓶洗发液？”像“普通”“经常”“一些”等程度副词以及一些形容词如“美丽”等，这些词语，每个人理解往往不同，在问卷设计中应避免或减少使用。

（3）避免使用引导性问题。

问题不要有诱导性、暗示性和倾向性，以保证回答客观、真实。如褒义词、贬义词、否定性问题都应尽量避免，在设计问题选项时尽量给出中间的“一般/无所谓”选项。

例：“你不赞成大学生高消费吗？”这类提法就具有诱导性，容易诱导被调查者回答失真。应改为：“你对大学生高消费有何看法？”又如“看了《武林志》《少林寺》等影片后更增强了您对武术的兴趣，是吗？”这种提问方式也带有明显的肯定倾向，易诱导回答者的回答。

（4）避免意义双关的问题。

如果在一项提问中包含了两项以上的内容，被调查者就很难问答。

例：你觉得你的知识水平和实践经验能否适应工作的需要？

A．能适应　　B．不能适应　　C．不知道

这里实际上询问了两个问题，即“你的知识水平能否适应工作需要”和“你的实践经验

能否适应工作需要”。因此那些认为自己在一方面适应在另一方面不适应的人就无法回答这一问题。

（5）避免使用双重否定。

应避免使用包含双重否定的句子结构，因为被调查者可能不知道他们应该如何回答该问题。例如：你赞不赞成政府不允许便利店出售酒的规定？

（6）困窘性、敏感性问题的处理。

涉及社会道德规范或个人隐私的问题，被调查者在选择答案时有这样一种趋势：他们宁愿选择更有益于他们的自尊，或跟社会理想准则更加一致的选项，也不愿把真实信仰表达出来，或者把他们的真实处境暴露出来。遇到困窘性的问题应采用迂回的问法，方能探知受查者真正的想法。例如：想探知受查者对逃漏税的意见，不直接问“您是否有逃漏税？”可用以下问句：

有些人经常逃漏税，您认为他们最主要逃漏税的原因为（　　）。（单选）

A．认为目前的税法不公　　　　B．心存侥幸的心理

C．认为国家没有妥善处理税款

您赞同他们的想法吗？（　　）

A．赞同　　　　B．不赞同

通常在调查一些如年龄、收入等敏感性问题时，为消除被访者顾虑和资料整理分析的需要，常常将答案设计成定距回答。

例如：您的月工资是（　　）。

A．2 000 元以下　　　　B．2 000～4 000 元

C．4 000～6 000 元　　　　D．6 000 元以上

3）答案的设计原则

开放式问题的选项一般只包括一个供被访者填写其回答的空白空间。一般研究人员留多大空间，受访者就填写多少字。而封闭式问题的回答选项比较复杂，其答案的设计必须经过多方面周密细致的考虑，遵循以下原则。

（1）协调性。

答案要与问题协调一致，切忌答非所问。在封闭式问题中，问题和答案是不可分割的整体，在提出合适问题的同时，还要为这个问题准备好与之相应的答案。答案与问题不协调是问卷设计中易犯的错误之一。

例：您会参加今年的研究生入学考试吗？（　　）

A．很困难　　　　B．较困难

C．一般　　　　D．较容易

E．很容易

上例中，问题是问被调查者会不会参加考试，而不是问困难与否，因此，合适的答案应该是“会”和“不会”。

（2）合适性。

答案的设计要符合实际情况，所列的选项要比较恰当，能够反映不同被调查者之间的差异。例如询问目前成都市大学生平均月消费的水平，答案设计为：

A. 1 000元以下　　B. 1 000～1 499元

C. 1 500～1 999元　　D. 2 000元及以上

由于实际回答集中在第一个选项，这样的结果就没有什么分析的价值了。因此，问卷设计的前期准备工作以及试调查是非常重要的，研究者可以因此减少许多失误。

（3）穷尽性。

穷尽性是指答案要包括所有可能的情况。即要将问题的所有答案尽可能地列出，才能使每个被访者都有答案可选，不至于因被访者找不到合适的可选答案而放弃回答。例如下列问题的答案就是穷尽的。

您的性别（　　）。

A. 男　　B. 女

你觉得如下问题选项设计的好吗？

请问您不购买××空调的原因是（　　）。

A. 不了解其性能　　B. 价格太贵　　C. 使用不方便　　D. 性能不好

E. 售后服务不佳　　F. 无质量保证

（4）互斥性。

互斥是指在两个概念之间不能出现交叉和包容的现象。在设计答案时，一个问题所列出的不同答案必须互不相容，互不重叠，否则被访者可能会做出有重复内容的双重选择，对资料的整理分析不力，影响调查效果。

你觉得如下问题选项设计的好吗？

您平均每月支出中，花费最多的是（　　）。

A. 食品　　B. 服装　　C. 书籍　　D. 报纸杂志

E. 日用品　　F. 娱乐　　G. 饮料　　H. 其他

（5）无偏性。

答案设计也要注意避免倾向性，如果答案中倾向于某一方向的选项设计得较多，而反方向的选项较少，回答者就会偏向于选择前一类答案。例如：问题“您是否赞成吸烟有害的说法”，答案是“非常赞成、比较赞成、有点赞成、不赞成”，显然“赞成”的选项多于“不赞成”，回答者可能被诱导选择“赞成”。如果将答案改成“非常赞成、比较赞成、中立、比较反对、非常反对”，或“非常赞成、赞成、中立、不赞成、很不赞成”，结果可能就不一样了。

2.3.3　调查方案设计实例：大学生网购情况调查方案

随着互联网的日益扩大，人们消费模式逐渐选择了不出户门的网上消费，网络购物作为一种新的购物模式正得到前所未有的飞速发展。从2002年的13亿元至2009年的2 670亿元，仅仅 8 年就膨胀了 205 倍，2012 年中国网络购物全年市场交易金额更是达到了 12 000 亿，4 年时间增长近 4 倍。

1．调查目的

（1）了解大学生对网上消费的态度及网上消费对大学生生活的影响。

（2）帮助大学生建立正确的消费观、价值观。

（3）通过网购调查，分析网络消费在大学校园的市场空间和发展前景。

2．调查内容

××在校大学生的网购商品种类、频率、消费额度、信任度等。（调查问卷见附录）

3．调查对象

××大学在校大学生。

4．调查方式和方法

（1）调查方式：抽样调查。

（2）调查方法：问卷调查。

5．调查步骤以及时间安排

第一阶段：（4 月 23 日—4 月 25 日）确定人员分工及调查项目、设计调查问卷。

第二阶段：（4 月 26 日—5 月 1 日）发放调查问卷进行问卷调查，回收问卷。

第三阶段：（5 月 2 日—5 月 6 日）统计调查资料、分析调查结果、撰写调查报告。

6．调查工作经费预算

（1）调查方案打印（1 份），2 元。

（2）调查问卷复印（100 份），20 元。

（3）调查报告打印（1 份），2 元。

7．调查组织结构和调查人员的具体事宜安排

略。

8．附录：在校大学生网上购物情况调查问卷

亲爱的同学：

你好！我们正在做一个关于大学生网上购物情况的问卷调查，本调查旨在了解大学生对网上购物的看法，发现其中的问题，并提出相应的对策，方便我们以后的学习和生活。谢谢合作！

（1）你的性别：（　　）。

A．男　　B．女

（2）你的年级：（　　）。

A．大一　　B．大二

C．大三　　D．大四

（3）你有过网购的经验吗？（　　）。

A．有　　　　B．没有（跳到 12 题）

（4）你选择网上购物的原因：（　　）。

A．省时省钱　　B．商品原因　　C．出于好奇　　D．从众心理

E．其他

（5）你对网上购物流程的熟悉程度如何：（　　）。

A．非常了解　　B．了解不多　　C．了解一点点　　D．不了解

（6）你在网上一般选择什么类型的产品：（　　）。

A．书籍　　B．衣服和食品　　C．电子产品　　D．生活用品

E．其他

（7）你在网上购物平均每次花费多少钱：（　　）。

A．100 元以下　　B．100～200 元　　C．200～300 元　　D．300 元以上

（8）你一般多久网购一次：（　　）。

A．每月一次　　B．每季一次　　C．每星期一次　　D．不确定

（9）你网上购物的支付方式一般是：（　　）。

A．第三方支付平台 B．网上支付　　C．电信支付　　D．货到付款

（10）你觉得网上购物可信吗？（　　）。

A．很可信　　B．比较可信

C．不太可信　　D．不可信

（11）你对网上购物的预期如何？（　　）。

A．发展空间很大　　B．不怎么看好

C．短期内不会有太大发展　　D．其他

（12）你认为网购需要改进的是什么？（　　）。

A．商品质量　　B．配送速度

C．信息描述　　D．支付手段

E．安全保障

（13）你身边网上购物的人多吗？（　　）。

A．很多　　B．有，但不多　　C．没有

（14）你未进行网上购物的原因：（　　）。

A．商品问题　　B．诚信

C．货款支付　　D．物流问题

E．售后服务　　F．安全

（15）预计你会在多久之内尝试网上购物：（　　）。

A．三个月之内　　B．半年之内

C．一年之内　　D．一年以上

E．不确定

（16）你觉得传统购物优于网上购物：（　　）。

A．是　　B．不是

C．不知道　　D．各有利弊

（17）浅谈网上购物的利与弊。

利：

弊：

问卷到此结束，再次谢谢您的合作！

参考资料：http://wenku.baidu.com/view/d333912d4b35eefdc8d333ef.html

小知识

统计数据的直接采集除了统计调查外，还有科学实验。科学实验是对社会现象的观察和对自然现象的探索的总称。科学实验是取得自然科学数据的主要手段，这种方法虽然源于对自然科学方面的研究，但对于经济研究和管理方面也能取得较好的效果。实际工作中，常用于两个以上总体数量特征的比较。

1．观察研究

观察研究是指由研究人员观察所发生的情况，最后得出研究结果。例如，有关吸烟影响健康状况的研究，是将50～59岁的男性吸烟者与50～59岁男性不吸烟者，分为两个组进行健康状况比较，采集数据显示吸烟者得心脏病、肺癌和许多疾病的比例均高于不吸烟者，由此可见，在控制了性别和年龄这些因素后，吸烟是致病的原因所在。

2．对照实验

常用对照实验测试新药的效果。将病人随机分为两组：处理组的病人接受治疗，对照组的病人不接受治疗。整个实验在双盲的情况下进行，即不管是病人，还是测定反应的医生都不知道谁在处理组谁在对照组。例如1945年美国进行了一项脊髓灰质炎疫苗对保护儿童、防御脊髓灰质炎效果的对照实验，研究人员在取得儿童父母同意后，将同一年级的儿童随机分成两个组，对处理组的儿童使用疫苗，对照组的儿童使用安慰剂，即注射生理盐水。整个实验处双盲状态，结果数据如下表所示。

随机对照双盲实验

	人数/人	发病人数/人
处理组	200 000	28
对照组	200 000	71

从表中数据可以看出，在随机对照实验中，疫苗使脊髓灰质炎比率从71/200 000，降低到了28/200 000，这个结果说明脊髓灰质炎疫苗对保护儿童、防御脊髓灰质炎的效果是明显的，这正是统计所要解决的问题。

2.4 实训应用：用 Excel 进行统计数据的收集

统计数据收集组织形式有很多，这里我们介绍抽样调查中的简单随机抽样和等距抽样。

实训项目：用 Excel 进行数据的收集。

实训目的：能够熟练运用 Excel 进行简单随机抽样。

实训要求：掌握随机原则，按随机原则对总体单位进行编号。

实训资料：市场营销专业两个班人数共计 100 人，视两个班的学生为一个总体，现需随机从中抽取 20 人进行调查，数据资料如表 2-3 所示。

表 2-3 某高校两个市场营销专业的序号数据

1	21	41	61	81
2	22	42	62	82
3	23	43	63	83
4	24	44	64	84
5	25	45	65	85
6	26	46	66	86
7	27	47	67	87
8	28	48	68	88
9	29	49	69	89
10	30	50	70	90
11	31	51	71	91
12	32	52	72	92
13	33	53	73	93
14	34	54	74	94
15	35	55	75	95
16	36	56	76	96
17	37	57	77	97
18	38	58	78	98
19	39	59	79	99
20	40	60	80	100

操作步骤：启动 Excel 2003，建立一个工作簿，准备进行数据收集。进行数据分析需要用到 Excel 扩展功能——“数据分析”，如果未安装“数据分析”，需要选择“工具”菜单栏中的“加载宏”并选择“加载宏”中的“分析工具库”这个选项，如图 2-1 所示，加载这个功能。加载成功后，可以从“工具”中看到“数据分析”这一功能，如图 2-2 所示。

操作一：对每个学生按随机原则进行编号，将编号输入工作表，选择“工具”菜单栏中的“数据分析”，打开“数据分析”对话框选择“抽样”，如图 2-3 所示，然后单击“确定”按钮，弹出“抽样”对话框。

操作二：在“抽样”对话框中输入总体单位编号所在区域$A$1:$E$20；“抽样方法”选项下有周期和随机两种，若采用随机抽样，只需要在“样本数”框中输入抽取的样本数 20，在输出区域输入$H2:H21$，如图 2-4 所示，然后单击“确认”按钮，可以得到随机抽样结果，如图 2-5 所示。若采用等距抽样，则在“间隔”框中输入 5，在输出区域输入$H2:$H21，便得到等距抽样结果，如图 2-6 所示。

图 2-1　选择“分析工具库”

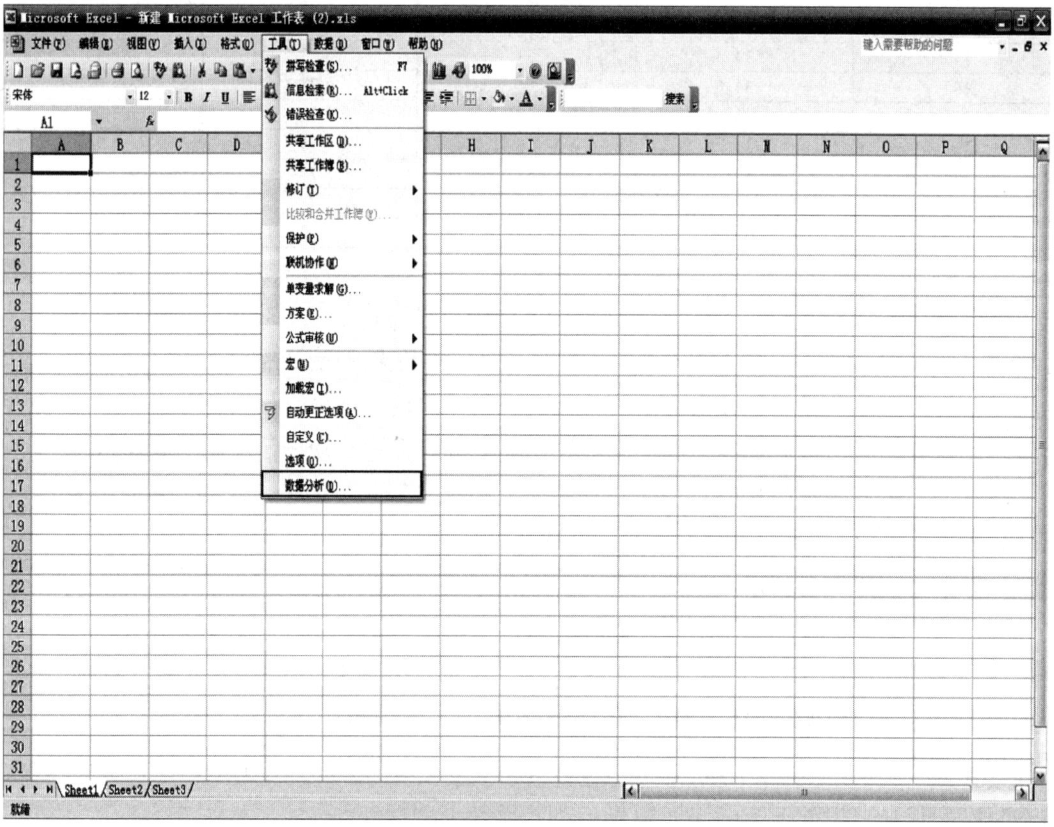

图 2-2　“数据分析”加载成功

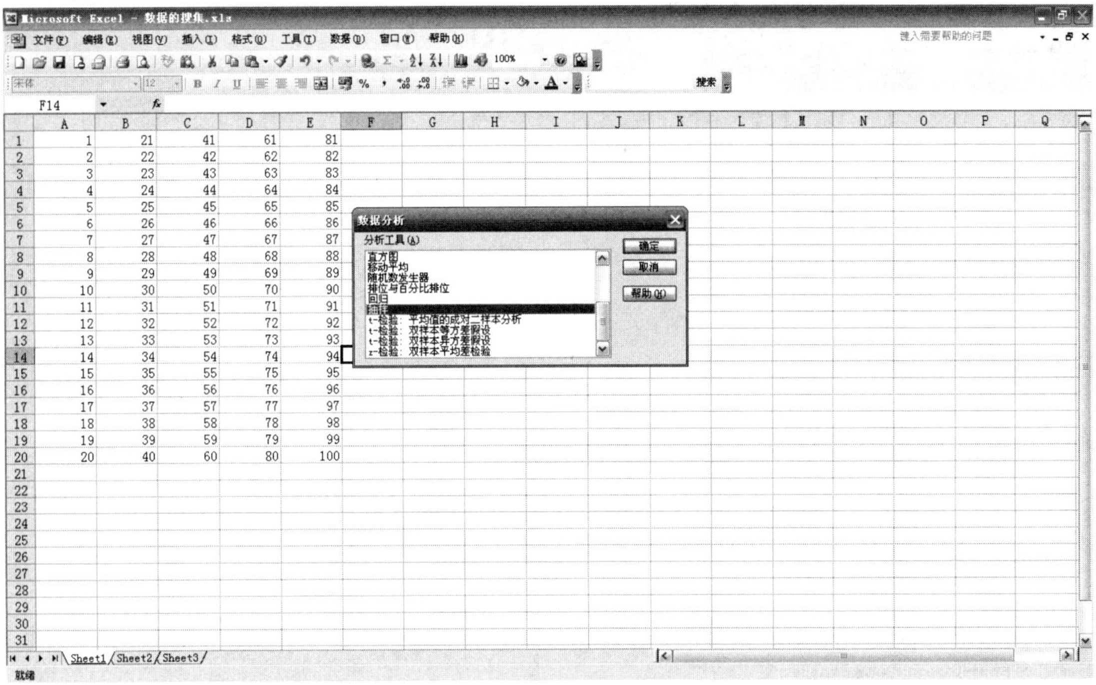

图 2-3　“数据分析”对话框

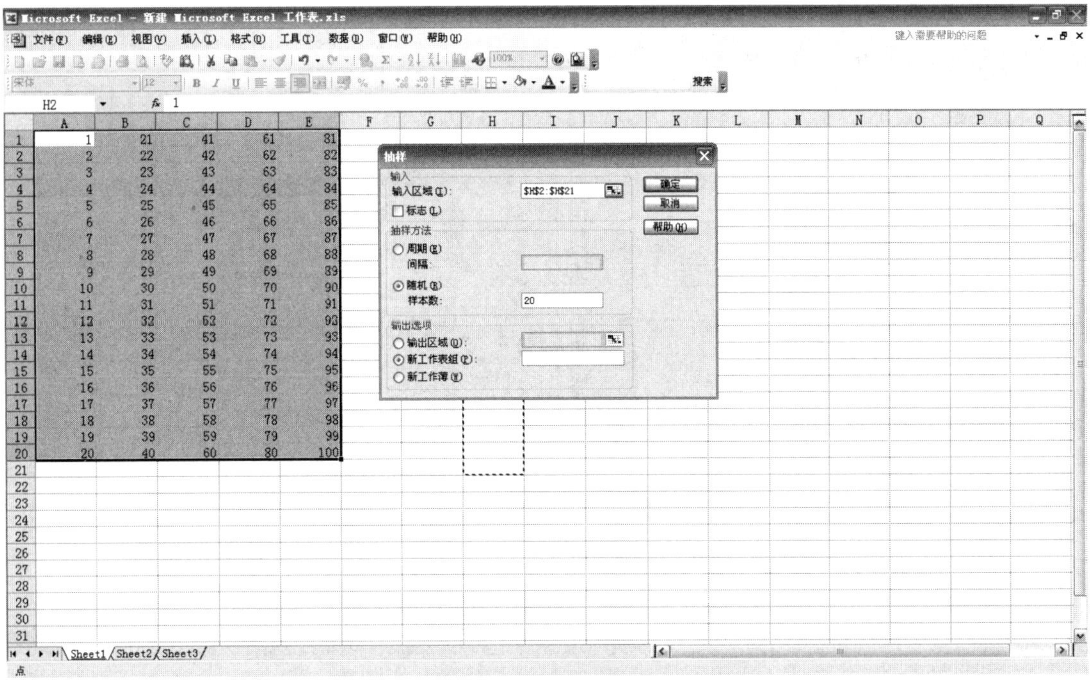

图 2-4　随机抽样分析

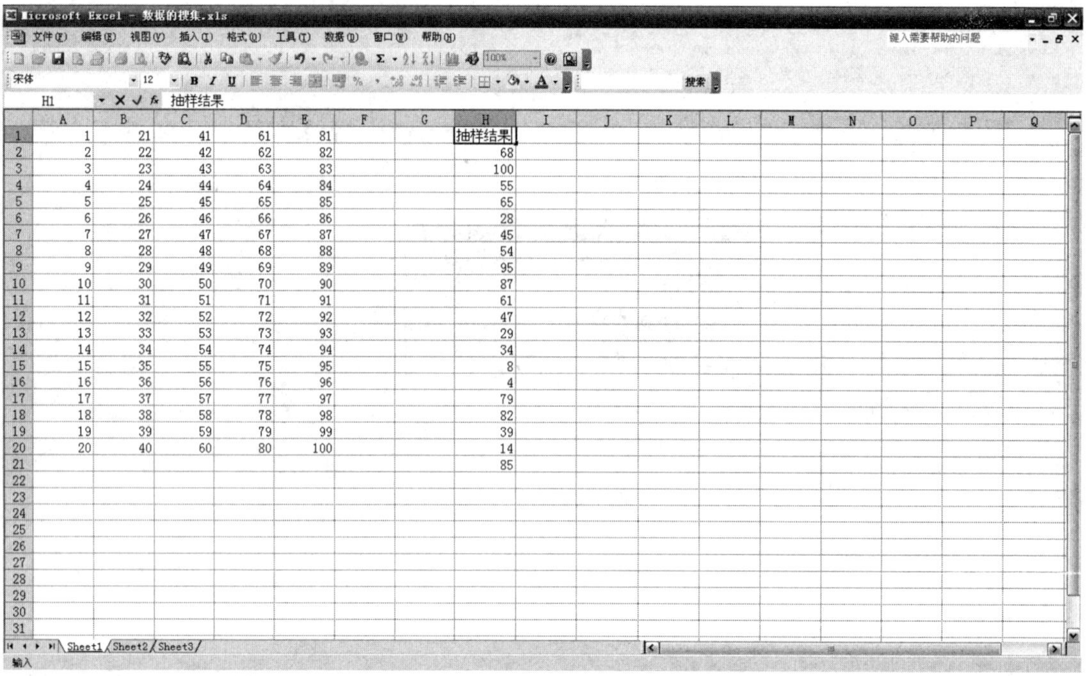

图 2-5　随机抽样结果

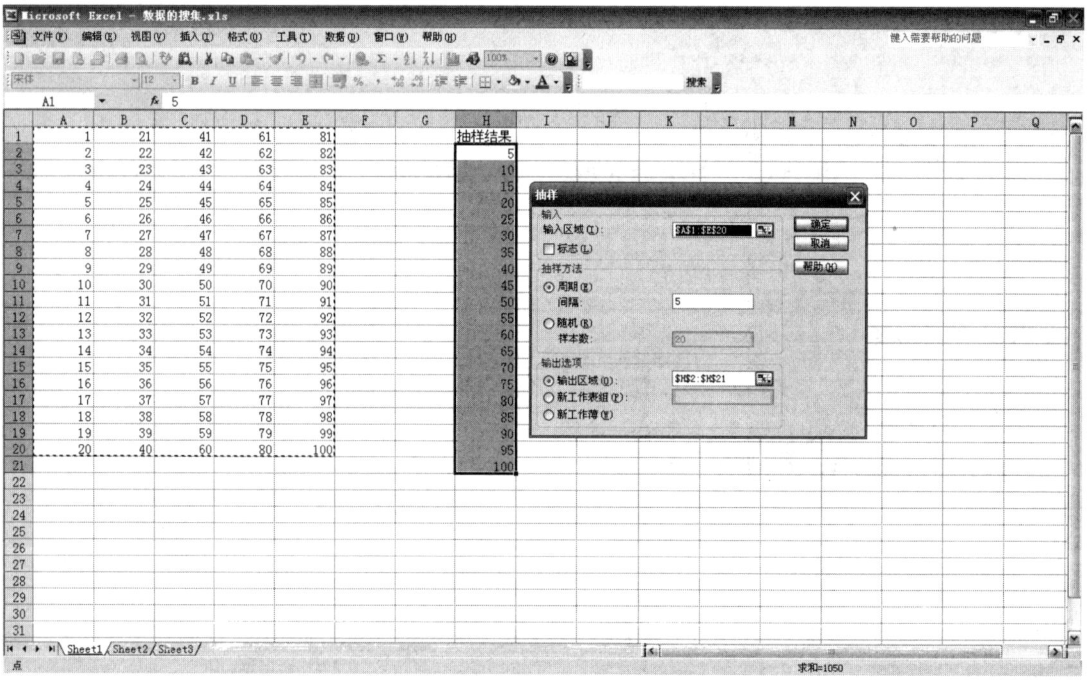

图 2-6　等距抽样结果

实战演练

某高校工商管理学院大一有 1 000 名学生，学生编号从 G01～G1000，顺次排列，现需随机从中抽取 100 人进行调查。

请用 Excel 完成以下任务：分别用简单随机抽样和等距抽样方法对数据进行抽样，并将抽样结果表示出来。

任务小结

资料的收集工作是按照预定的统计任务，运用科学的方法，有组织、有计划地向客观实际收集资料的过程。按调查的组织形式不同，可分为统计报表和专门调查；按调查对象包括的范围不同，可分为全面调查和非全面调查；按调查的时间是否连续，可分为连续调查和非连续调查；按调查的方法不同，可分为直接调查、凭证调查、派员调查和问卷调查。

统计调查方案是为保证数据采集工作有计划、有组织、有系统进行而制订的完整计划。其内容包括确定调查目的，确定调查对象和调查单位，确定调查项目和调查表，确定调查时间和期限，确定调查的组织实施计划，等等。

收集调查资料的方式有统计报表、普查、抽样调查、重点调查和典型调查。统计报表是政府统计机构或其他组织机构，按统一规定，自上向下布置，自下向上逐级提供统计数据的方式；普查是专门组织的一次性全面调查；抽样调查是按随机原则从总体中抽取一部分单位进行观察，并从数量上推断总体的调查方式；重点调查是在调查总体中选择少数重点单位进行专门调查的方式；典型调查是从调查总体中有意识地选择若干有代表性的单位进行专门调查的方式。

收集统计资料的基本方法，包括数据的直接来源和间接来源两类。数据直接来源有直接观察法、报告法、访问法、问卷法和文献法。直接观察法是调查人员深入现场进行观察、计数或测量，以取得所需数据的方法；报告法是被调查者利用各种原始记录和核算资料，向有关单位提供统计数据的方法；访问法是按事先拟定的调查事项，有计划地通过口头、网络、电话等方式，向被调查者了解情况，采集统计数据的调查方法；问卷法是根据调查目的，制订调查问卷，由被调查者按问卷提出问题及给定的选择答案进行回答的一种调查方法；文献法是通过查询文献来收集资料的方法。

情景演示

关于在校学生娱乐和消费情况的问卷调查

随着时代的发展，进入 21 世纪后，大学生们的生活变得越来越丰富多彩，但不可否认的是，课余生活增多的同时，花费也远远高过了十多年前的学生们。如何均衡安排娱乐和消费是我们要考虑的问题。某校组织学生来研究这个问题，以本院学生为对象，进行问卷设计。

调查问卷如下。

学生日常娱乐与消费情况的调查问卷

亲爱的同学：

您好！我们是××学院××专业××级的学生，结合《统计基础与实务》课程相关知识，就同学们在娱乐和消费方面的情况进行一次问卷调查。请给予大力支持，实事求是回答下列问题，在您认为恰当的选项上划“√”即可。

1．你每个月的生活费支出是多少？（　　）

A．600 元以下　　B．600～800 元　　C．800～1 000 元　　D．1 000 元以上

2．你每周在校外用餐的次数是：（　　）

A．从不　　B．1～2 次　　C．3～4 次　　D．每天

3．你是否热衷于课外娱乐活动？（　　）

A．非常喜欢　　B．一般喜欢　　C．不很热衷　　D．完全没有兴趣

4．你喜欢参与哪种形式的活动？（　　）

A．阅读　　B．电影、音乐会　　C．上网　　D．泡吧、跳舞

5．你能接受哪种价位的娱乐活动？（　　）

A．50 元以内　　B．100 元以内　　C．200 元以内　　D．任意数目

谢谢合作

2010 年 10 月 20 日

本次调查计划需调查研究 630 人，若问卷回收率为 70%，有效率为 90%，则

$$调查数量=\frac{630}{70\%\times 90\%}=1\,000（人）$$

即本次问卷调查需要发放 1 000 份问卷，才能满足调查研究的需要。

对回收的问卷要认真进行实践汇总，并计算相关指标以探索规律。

复习思考

1．资料收集的意义和基本要求是什么？

2．为什么要制定资料调查方案，一个完整的调查方案包括哪些内容？

3．什么是专门调查，它包括哪种调查方式？

4．什么是全面调查和非全面调查，它们各包括哪些调查方式？

5．指出统计报表和普查的共同点和不同点是什么？

6．什么是抽样调查，抽样调查的特点是什么？

7．常见的收集统计资料的基本方法有哪些？

8．调查表（问卷）怎样反映被调查的内容？

任务演练

一、单项选择题（在备选答案中选一个正确答案）

1. 原始统计数据是指（　　）。

A. 统计预测数据　　B. 统计年鉴上发布的数据

C. 从各调查单位收集，尚待整理的数据　　D. 统计部门掌握的数据

2. 国有工业企业生产设备普查的调查对象是（　　）。

A. 每个国有工业企业　　B. 每台生产设备

C. 全部国有工业企业　　D. 全部国有工业企业的所有生产设备

3. 调查单位是指（　　）。

A. 调查对象中的每一个个体单位　　B. 报告单位

C. 企事业单位　　D. 组成调查对象的全部单位

4. 在国有工业企业设备普查中，每一个国有工业企业是（　　）。

A. 调查对象　　B. 调查单位

C. 填报单位　　D. 调查项目

5. 下列调查属于全面调查的是（　　）。

A. 重点调查　　B. 典型调查

C. 抽样调查　　D. 普查

6. 在统计调查中，调查单位和填报单位（　　）。

A. 是完全一致的　　B. 填报单位大于调查单位

C. 有时一致，有时不一致　　D. 完全不一致

7. 在 2000 年 11 月 1 日 0 时进行的第五次全国人口普查，这个标准时点是指（　　）。

A. 调查工作的时限　　B. 调查资料所属时间

C. 调查登记的时间　　D. 调查期限

8. 调查首钢、宝钢等十数个大型钢铁企业，可以了解我国钢铁生产的基本情况，这种调查属于（　　）。

A. 典型调查　　B. 抽样调查

C. 重点调查　　D. 普查

9. 有意识选择 3 个农村点调查农民收入情况，这种调查方式属于（　　）。

A. 典型调查　　B. 重点调查

C. 抽样调查　　D. 普查

10. 某电灯泡厂为了解该厂全部灯泡的质量情况，要进行灯泡的质量调查，这种调查应该选择（　　）。

A. 抽样调查　　B. 重点调查

C．典型调查　　D．普查

11．抽样调查抽取的调查单位必须遵循的原则是（　　）。

A．可靠性原则　　B．灵活性原则

C．准确性原则　　D．随机性原则

12．某调查员于7月15日到某工厂了解该厂上半年利润情况，调查时间为（　　）。

A．7月15日　　B．上半年

C．7月15日和上半年　　D．没有调查时间

13．调查人员深入现场进行观察，计数或测量以取得所需数据的方法是（　　）。

A．问卷法　　B．访问法

C．直接观察法　　D．报告法

14．原始资料和次级资料的关系是（　　）。

A．没有直接联系

B．次级资料是历史上的原始资料整理而来

C．相互汇总关系

D．原始资料需要次级资料加工过渡

15．城市职工家庭生活状况调查，一般采用（　　）。

A．普查　　B．重点调查

C．典型调查　　D．抽样调查

二、多项选择题（在备选答案中，至少有两个正确答案）

1．统计调查按调查的范围不同，可分为（　　）。

A．全面调查　　B．普查

C．抽样调查　　D．非全面调查

E．重点调查

2．非全面调查的形式有（　　）。

A．普查　　B．重点调查

C．典型调查　　D．抽样调查

E．非全面统计报表

3．普查是（　　）。

A．非全面调查　　B．全面调查

C．一次性调查　　D．经常性调查

E．专门调查

4．统计报表的数据来源有（　　）。

A．原始记录　　B．基层单位的内部报表

C．统计预测资料　　D．统计分析资料

E．统计台账

5. 乡镇企业抽样调查中，抽取的每一个乡镇企业是（　　）。

A. 调查主体　　B. 调查对象

C. 调查单位　　D. 调查项目

E. 填报单位

6. 全国人口普查中（　　）。

A. 全部人口是调查对象　　B. 每一户是调查单位

C. 每一个人是调查单位　　D. 年龄是数量数据

E. 男性是数量数据

7. 统计调查的数据采集方法主要是（　　）。

A. 直接观察法　　B. 报告法

C. 访问法　　D. 文献法

E. 问卷法

8. 统计数据的间接来源有（　　）。

A. 上网查询　　B. 查阅公开出版物

C. 直接观察　　D. 向有关机构咨询

E. 典型调查

9. 统计调查方案的主要内容有（　　）。

A. 调查的目的和内容　　B. 调查对象、调查单位和报告单位

C. 调查项目和调查表　　D. 调查时间和调查期限

E. 调查工作的组织实施计划

三、判断题（在括号内正确的打“√”，错误的打“×”）

1. 统计调查的时间有双重含义：资料所属时间和调查工作期限。（　　）
2. 调查单位和填报单位在任何情况下都不一致。（　　）
3. 重点调查的重点单位是有意识选择的。（　　）
4. 抽样调查单位的抽取不能有任何主观意愿。（　　）
5. 全面调查包括普查和全面统计报表。（　　）
6. 问卷法中调查数量应多于研究数量。（　　）

初试牛刀

成都号称“美食之都”。其中，最能反映成都美食特色的小吃全国闻名，年龄大一点的人，只要提到四川成都，就会说到夫妻肺片、赖汤圆、龙抄手……如数家珍。近年来，这些著名的小吃逐渐被人们淡忘，问题究竟出在哪儿？如何重新振兴成都的小吃？为此，请你设计一个关于成都小吃方面的市场调查方案和市场调查问卷。

任务 3 统计整理与资料的表现

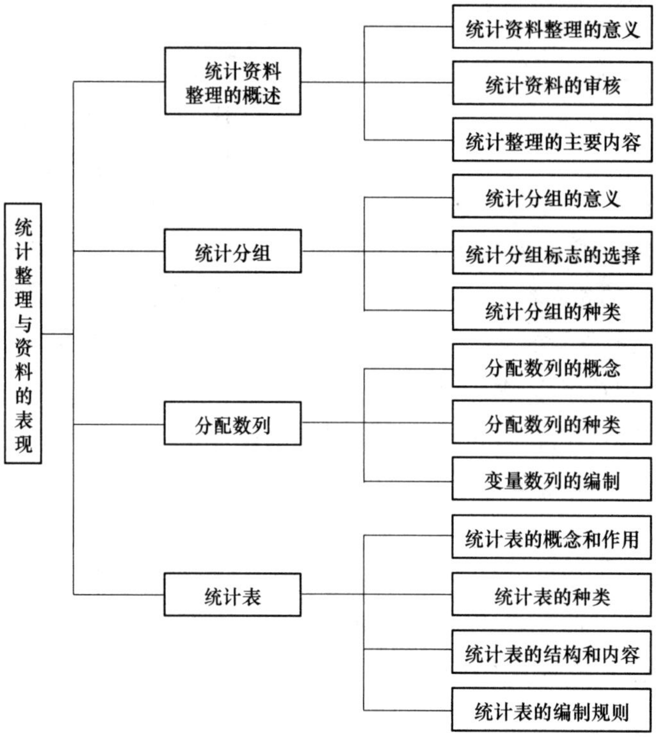

开篇案例

关于《隐形眼镜在大学生中的市场前景的调查问卷》的调查结果研究报告

隐形眼镜目前的市场占有率仍很低，有很大的市场发展潜力。迈入大学校门的大学生，在经过了十多年的苦读后，大多与眼镜结下难解之缘。所调查的对象中，近视率为 66.7%，其中有一个班的近视率高达 86.7%。通过调查，在近视患者中，佩戴眼镜情况，如下统计表与统计图所示。

大学生佩戴眼镜情况统计表

种类选择	频数 f/人	比重/（%）	向上累计频数/人	向上累计频数/（%）
未配眼镜	113	11.3	113	11.3
框架眼镜	800	80.0	913	91.3
隐形眼镜	87	8.7	1 000	100.0
合计	1 000	100.0	—	—

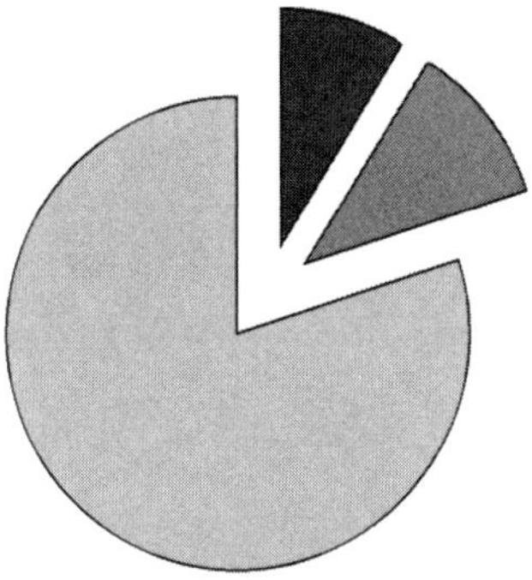

大学生佩戴眼镜情况饼形图

调查显示，有90%以上的大学生没有选择配隐形眼镜，其中，80%的大学生选择了框架眼镜，10%以上的大学生尚未配眼镜；只有不足10%的大学生选择了配隐形眼镜。

隐形眼镜目前的市场占有率低，主要有三个原因。一是怕伤眼睛，50%以上的被调查者都持这种态度；二是价格过高，有35%的人持这种看法。框架眼镜平均在130元左右，也有少数人的框架眼镜在200元左右。而隐形眼镜的价格在230元以上，还需要清洗液、药片、隐形眼镜片盒等长期消费。三是怕麻烦。有12.9%的人认为隐形眼镜每天至少得取下来清洗一次，比较麻烦。

思考：

以上数据是怎样由一份份独立的调查问卷整理得到的？文中的图表是怎样绘制的？面对无序的、杂乱的原始资料，如何进行整理和分析呢？通过本任务的学习将会解决以上问题。

统计是从数据上认识客观世界的科学，统计调查出来的资料是个别的、散碎的，不说明任何现象和规律。本章是将统计调查收集来的大量数据资料进行加工、汇总，使之条理化、系统化，得到能反映现象综合特征资料的全过程。通过本章学习应达到以下目标。

知识目标

（1）了解什么是统计资料整理，整理什么。

（2）掌握统计分组的概念、种类及如何选择分组标志。

（3）掌握分组方法和汇总技术。

（4）重点掌握变量数列的编制方法。

(5) 掌握统计表的概念、结构、内容，并熟练绘制各种统计表、统计图。

能力目标

(1) 根据实际情况，进行熟练的分组。

(2) 熟练地编制各种变量数列。

(3) 熟练地绘制各种统计表。

(4) 熟练地运用计算机绘制统计图。

思考导学

(1) 为什么要进行统计资料的整理?

(2) 统计资料要整理什么?

(3) 怎样对统计资料进行整理?

(4) 统计整理后的数据是什么形式?

3.1 统计资料整理的概述

3.1.1 统计资料整理的意义

1. 统计资料整理概念

统计整理是根据统计研究的目的和任务，将统计调查得到的大量的原始资料进行分组、汇总，使之条理化、系统化，得到能说明总体特征的综合资料的工作过程。

2. 统计整理的类型

统计资料的整理有两种：一种是对原始资料进行整理；另一种是对已经加工的现成资料（次级资料）进行再整理。综合整理是根据统计整理的任务和要求，对已有的汇总资料做进一步的加工、调整、补充，将表明现象不同侧面的有关资料整理成范围口径一致、互相配套和互相衔接的完整资料，汇总整理是综合整理的基础，这里主要讲述以原始资料为加工对象的汇总整理。

3.1.2 统计整理的主要内容

统计资料的整理是一项十分复杂而且细致的工作，必须有组织、有计划地采用科学的方法进行，通常包括如下几个方面。

(1) 设计统计整理方案，又称设计统计汇总方案，明确规定统计分组的方法和设置汇总的统计指标。

(2) 对资料进行审核，主要是审核原始资料的准确性、完整性、及时性。

(3) 统计分组。采用科学的方法，对审核后的原始资料进行分组。

(4) 统计汇总。对统计分组后的资料进行汇总和计算，计算出各组指标和综合指标。

(5) 编制分配数列，确定其分布特征。

(6) 编制统计表，绘制统计图。

3.1.3　统计资料的审核

统计资料的审核是保证统计整理质量的重要手段，它包括汇总前的审核和汇总后的审核，审核的主要内容如下。

（1）资料的完整性。主要审核所有的调查单位是否有遗漏，调查的项目和各项指标是否填写齐全。

（2）资料的及时性。审核资料的及时性是要检查资料是否符合调查规定的时间、资料的报送时间等。因为若调查单位的资料不能及时取得，势必影响整个统计工作的过程，影响统计研究的时效性。

（3）资料的正确性。资料的正确性是审核的重点，也是关键。对资料正确性的审核是采用逻辑检查和计算检查方法进行的。逻辑检查是审核原始资料的内容是否合理，被调查的项目之间有无矛盾等，如人口调查中某人年龄 5 岁，文化程度本科，这显然不符合逻辑；计算检查是检查计算表中的各项数字有无差错及各项指标的计算方法、计算口径、计算范围、计量单位等是否正确，如某企业各月的利润额和全年利润额之间的关系。

3.2　统计分组

3.2.1　统计分组的意义

1．统计分组的概念

统计分组就是根据统计研究的目的和任务，按照一定的标志将总体均分为若干个性质不同的类型或组。

统计分组就总体而言是“分”，是把总体分为有一定差异、性质又不相同的各个组；就个体而言是“合”，是把同质或相近的单位合并起来。

2．统计分组的作用

1）划分社会经济现象的类型

运用统计分组可以将复杂的社会经济现象划分成若干性质不同的类型，从这些不同类型的社会经济现象中，可以反映出不同的特征，以揭示其本质和规律性，例如，我国的工业企业可划分为国有企业、集体企业、股份合作企业、私营企业、外资企业等经济类型。

2）研究总体的内部结构

对于社会经济现象总体，按一定的标志进行分组，就可以研究总体的内部结构及各部分所占比重的变化，可反映总体的性质、特点和发展变化规律，例如，要研究人口就业结构的变化情况，可以按照三大产业对就业情况进行分类，并分别计算出它们的比重，说明中国三大产业就业结构的变化，如表 3-1 所示。关于各国的产业结构、经济结构是否合理等问题也可以用以上方式来初步判断。

表 3-1 中国人口就业结构的变化情况 (%)

产业类别＼年份	2008	2009	2010	2011	2012
第一产业	39.6	38.1	36.7	34.8	33.6
第二产业	27.2	27.8	28.7	29.5	30.3
第三产业	33.2	34.1	34.6	35.7	36.1

3）揭示现象之间的依存关系

社会经济现象不是孤立的，现象之间是相互联系、相互依存、相互制约的，如机械化、自动化程序与劳动生产之间的依存关系；商品销售量与流通费用率之间存在一定的依存关系；销售收入与销售利润之间的依存关系，如表 3-2 所示。

表 3-2 企业销售收入与销售利润的关系 (万元)

企 业 编 号	销 售 收 入	销 售 利 润
1	5	0.6
2	5	0.8
3	5	1
4	10	1
5	12	1.1
6	12	1.3
7	15	1.8
8	15	2.2

由此可以看出，一般而言，企业销售收入规模越大，销售利润的规模也越大，可见它们之间的依存关系。

3.2.2 统计分组标志的选择

统计分组的关键是正确选择分组标志，这也是统计分组的核心问题。分组标志的选择是否恰当直接关系到统计分组是否正确，关系到能否实现统计研究的目的和任务。任何社会经济现象都有很多标志，要从许多标志中选择反映总体性质特征的标志，须遵循以下的原则。

（1）根据研究的目的和任务选择分组标志。总体单位有许多标志，究竟选择什么标志作为分组标志，需要根据统计研究的目的和任务来决定。例如，在对某职业院校在校学生这一总体中，每一个在校学生都是总体单位，学生有年龄、民族、性别、身高、学习成绩等许许多多的标志，如果要了解学生的学习情况，应选择学习成绩作为分组标志，而不能选择其他的标志。

（2）选择能反映现象本质的标志作为分组标志。在统计总体中，各单位具有许许多多的标志，有些标志是主要的，能反映事物本质特征，有些则是次要的标志。例如，要研究企业经济效益的好坏，可供选择的标志很多，诸如工业资产值、利税额、劳动生产资金的利用率、人均利税额等，但更能综合反映企业经济效益好坏的标志则是人均利税额。

（3）根据现象所处的历史条件和经济条件选择分组标志。社会经济现象是不断发展变化的，条件变化了，事物的特征就会发生变化，与此对应的最能反映本质特征的标志也将随之变化。例如，研究企业规模，在以手工操作为主的条件下，可选择职工人数作为分组标志。而在现代化大生产条件下，则需要选择以设备为基础的工业产品生产能力或固定资产原值等标志来进行分组。

3.2.3 统计分组的种类

（1）按使用的分组标志特征的不同，分为品质标志分组和数量标志分组。

按品质标志分组，是按照事物质的属性的特征来分组，有比较简单的，如人口总体中按“性别”分为男、女两组；民族按56个组来划分，这些组在性质上的差异比较明确和稳定；也有复杂的，如工业企业按产品形态和行业分组，人口按行业和工种分组，这些组的界限不易进行明确的划分。

按数量标志分组，是以反映事物数量差异的数量标志为分组的依据。例如，人口总体按“年龄”分组，工业企业总体按“产品产量”分组，居民按“收入水平”分组等。按数量标志分组并非单纯确定各组的数量界限，而应通过数量差异区分各组的不同类型和性质，任何经济现象的质和量都是不可分割的，质规定着量，一定的量表现着一定的质。

（2）按照采用的分组标志多少的不同，分为简单分组和复合分组。

简单分组，即在一定分组中，对研究总体按一个标志进行的分组。例如，将一个学校的学生按性别分组或按年龄分组就是简单分组。简单分组操作容易，在现象总体结构简单的条件下，一般是采用简单分组。但有时只凭一个标志分组是远远不够的，必须从多角度选择多种分组标志进行多方面的分组才能达到统计分组的目的，此时，有必要对总体同时选择两个或两个以上的标志进行多次简单分组，这种多次简单分组称为平行分组或平均分组体系。例如，为了解认识运动员的自然构成，可以按照性别、年龄、身高、体重等标志进行多次分组。

① 按性别分组：男、女。

② 按身高分组（厘米）：150以下、150～160、160～170、170～180、180以上。

③ 按年龄分组（周岁）：8以下、8～12、12～14、14～16、16～18、18～25、25以上。

④ 按体重分（千克）：40以下、40～50、50～60、60～70、70～80、80以上。

平行分组的特点是每个分组只能固定一个因素对差异的影响，而不能固定其他因素对差异的影响。

复合分组，即对被研究对象按两个或两个以上的标志进行的重叠分组。例如，工业企业先按企业的规模大小分组，再按所有制形式分组形成的双层重叠的组别，具体表现如下。

大型企业：公有经济、私营经济、其他经济。

中型企业：公有经济、私营经济、其他经济。

小型企业：公有经济、私营经济、其他经济。

这种划分的结果就形成了几层重叠的组别，这样可以全面、深入、系统地分析问题和认识问题。

3.3 分配数列

3.3.1 分配数列的概念和种类

1．分配数列的概念

在统计分组基础上，将总体的所有单位按组归类排列，形成总体中各个单位在各组间的分布，称为统计分布。统计分布的实质是，把总体的全部单位按某种标志所分的组进行分配后所形成的数列，所以，又称分配数列或次数分布数列。

分配数列一般有两个构成要素：一个是统计分组后的各组；另一个是总体单位在各组的分配次数，又叫作频数。各组次数占总次数之比称比重，又叫作频率。分布数列是统计整理的重要形式。

2．分配数列的种类

根据分组标志特征不同，分配数列可分为品质分配数列和变量分配数列两种。

（1）品质分配数列：按品质标志分组后所形成的分配数列称为品质分配数列，简称品质数列，它由各组的名称和相应的单位数组成，如表 3-3、表 3-4 所示。

表 3-3　某企业职工的文化程度情况

文化程度	职工人数/人	比重/（%）
小学	200	8
中学	750	30
高中（中专）	1 300	52
大学	250	10
合计	2 500	100

次数　　　　频率

表 3-4　某企业某产品的质量情况

按质量分组	产量/件	比重/（%）
合格品	1 300	91.5
不合格品	120	8.5
合计	1 420	100.0

次数　　　　频率

（2）变量分配数列：按数量标志分组后所形成的分配数列叫作变量分配数列，简称变量数列。它也包括两个要素：一个各组的具体数值，即变量值；另一个是分配在各组的总体单位数，即次数或频数，如表 3-5 所示。

表 3-5　某企业的日产量情况

日产量/件	工人数/人	比重/（%）
55	200	20
65	300	30
75	400	40
85	100	10
合计	1 000	100

3.3.2　变量数列的编制

在统计工作中，根据数量标志的变化范围和总体单位数的分配情况不同，变量数列又分为单项式变量数列和组距式变量数列两种。

1. 单项式变量数列

单项式变量数列又称单项数列，它是用一个变量值代表一个组而编制的变量数列，如表 3-6 所示。

表 3-6　某工厂工人看管机器台数情况

工人看管机器台数	工人数/人	比重/（%）
4	12	6
5	22	11
6	32	16
7	64	32
8	28	14
9	26	13
10	16	8
合计	200	100

单项数列一般适用离散型变量，且变动值变动范围较小，总体又比较小的情况下采用。

2. 组距式变量数列

组距式变量数列，简称组距数列，就是用变量值变动的一定范围（或组距）代表一个组而编制的变量数列，如表 3-7 所示。

表 3-7　某单位职工工资收入资料

月工资/元	职工工人数/人
600 以下	100
600～800	320
800～1 000	560
1 000～1 200	840
1 200～1 400	312
1 400～1 600	200
1 600～1 800	120
1 800～2 000	60
2 000 以上	28
合计	2 540

在组距数列中，应掌握一些基本概念。

（1）上限：各个组的最大值称各组的上限，表 3-7 中各组的上限分别为 600、800、1 000、1 200、1 400、1 600、1 800、2 000，最后一组无上限。

（2）下限：各个组的最小值称各个组的下限，表 3-7 中各组的下限分别为 600、800、1 000、1 200、1 400、1 600、1 800、2 000，第一组无下限。

（3）组距：各组组距是各个组的上限与下限之差，即组距=上限–下限，如果各个组的组距全部相等，称为等距数列；若各个组的组距不全相等，称为异距数列。

(4)闭口组：既有下限，又有上限的组称为闭口组，表3-7中的2、3、4、5、6、7组两端都是封口的，是闭口组。

(5)开口组：第一组是下开口组，表3-7中600以下；最末组是上开口组，表3-7中的2 000以上。

(6)组中值：

$$闭口组=\frac{上限+下限}{2}$$

$$开口组：第一组组中值=上限-\frac{相领组组距}{2}$$

$$最末组组中值=下限+\frac{相领组组距}{2}$$

表3-7中各组的组中值分别如下。

第一组组中值=$600-\frac{800-600}{2}$=500。

第二组到第七组分别为：700、900、1 100、1 300、1 500、1 700、1 900。

最末组组中值=$2\,000+\frac{2\,000-1\,800}{2}$=2 100。

(7)全距=最大变量值-最小变量值。

编制组距式变量数列是一个非常灵活的操作过程，不存在固定模式，一般按以下步骤进行。

① 将原始资料数值按大小排列。

② 确定组数或组距。组数的多少与组距的大小成反比，组距越小，组数越多；反之，则少。为计算方便，组距宜采用5、10、100等整数。

③ 确定组限和组限的表示方法。

a．根据变量值的分布情况来确定。若变量分布比较均匀，则使用等距数列；若变量值分布不均匀，则使用异距数列。当变量值有极端值时，应编制开口式组距数列，无极端值采用闭口式组距数列。

b．在一般情况下，第一组下限应小于变量值中的最小值，最末组的上限应大于变量值的最大值。

c．划分连续型变量时，相邻组的组限必须重叠，如按工资分组、按身高分组等，各组间不存在变量值的间断，因为这样划分组限才不至于出现总体单位可能出现的遗漏。

d．划分离散型变量的组限时，相邻的组限可以间断（不重叠），因为变量值只能用整数表示，如企业按照工人人数分组为：499以上；500～999人；1 000～1 999人；2 000人以上，但在统计工作中，为了统一和方便，避免组距和组中值计算的麻烦，对离散型变量也可采用重叠分组。

当变量值既是一个组的上限，又是另一组的下限时，按规定应归并在下限的那一个组。

对某集团公司下的30家分公司销售收入的计划完成程度的资料如下：

114%　98%　81%　95%　84%　93%　86%　91%　102%　100%　103%　105%
100%　104%　108%　113%　107%　108%　106%　109%　112%　105%　117%　125%
115%　120%　119%　118%　116%　129%

要求编制组距数列，具体步骤如下。

① 将30家分公司销售收入的计划完成程度从低到高排列：

81%　84%　86%　91%　93%　95%　98%　100%　100%　102%　103%　104%
105%　105%　106%　107%　108%　108%　109%　112%　113%　114%　115%　116%
117%　118%　119%　120%　125%　129%

② 确定组数、组距和组限：

$$全距=129\%-81\%=48\%$$

组数和组距的确定主要考虑两点：一是把100%以下和100%以上的公司区分开来，所以首先以100%为限；二是公司销售收入的计划完成程度相对集中于100%～130%。组限确定也主要要考虑两点：一是组限值取10的倍数；二是注意个别公司计划完成程度很低，所以采用开口式组距数列。

鉴于以上综合考虑，其组距数列如表3-8所示。

表3-8　某集团公司下30家分公司销售收入完成情况

销售收入计划完成程度	企业数/家	比重/（%）
100%以下	7	23.3
100%～110%	12	40.0
110%～120%	8	26.7
120%～130%	3	10.0
合计	30	100.0

3.4　统计表

3.4.1　统计表的概念和作用

（1）统计表的概念：统计表是由纵横交错的线条组成的表格。广义上的统计表是指一切表格，狭义上的统计表是指统计工作各环节所用的表格，如调查表、整理表（汇总表）、分配数列、分析表等。

（2）统计表的作用：统计表在实际中运用非常广泛，其主要作用表现在如下几个方面。

① 统计表能清晰地表现统计资料的内容，使其更加条理化。

② 采用统计表格表述统计资料比用叙述方式表述统计资料简单易懂，使人一目了然。

③ 统计表便于比较各项目之间的关系，而且便于统计计算和分析。

④ 利用统计表易于检查数字资料的完整性和正确性。

⑤ 便于统计资料的积累。

3.4.2 统计表的结构和内容

1. 统计表的结构

从形式上来看，统计表由总标题、横行标题、纵栏标题和数字资料四部分组成，如表 3-9 所示。

表 3-9 2001 年社会消费品零售总额

总标题

按经济成分分组	企业数/个	消费品零售额/亿元
国有经济	891	197.41
集体经济	1 169	137.64
私营经济	793	37.92
其他经济	3 754	743.17
合计	6 607	1 116.14

纵栏标题

横行标题

数字资料

主词

宾词

总标题是表的名称，它简明扼要地说明全表的内容，一般位于表的上端中央；横行标题是各横行的名称，一般在表的左侧，用以列示总体各组的名称；纵栏标题是纵栏的名称，一般在表的上方，用以说明总体各组的各项数字资料的名称；数字资料是统计指标的数值，一般位于表的右下方，列在各横行标题和纵栏标题的交叉处。

2. 统计表的内容

统计表从内容上来看，包括主词和宾词两部分。统计表的主词就是统计表所要说明的总体内容即各组的名称，通常列在统计表的左边；统计表的宾词是用来说明主词的各种指标，包括指标的名称和指标数值，通常列在统计表的右侧，如表 3-9 所示。

3.4.3 统计表的种类

统计表按主词是否分组或分组的程度不同可分为简单表、分组表、复合表。

（1）简单表：主词未经任何分组的表，其主词栏仅罗列总体单位的名称或按时间先后顺序排列的统计表。例如，统计表主词按时间先后顺序排列的简单表，如表 3-10 所示。

表 3-10 某企业 2010—2014 年销售情况表

年份	销售收入/万元
2010	5 000
2011	5 500
2012	6 500
2013	7 600
2014	9 000

再如，主词由地区、国家、城市等目录的区域表，主词由研究总体单位组成的一览表，如表 3-11 所示。

表 3-11 某地区 12 个企业劳动生产率和固定资产利用效益情况表

企业	经济类型	职工人数/人	固定资产原值/万元	产值/万元	人均固定资产/万元	人均产值/万元
1	国有	540	459	963.9	0.85	1.785
2	国有	500	360	864.0	0.72	1.728
3	国有	480	384	844.0	0.80	1.760
4	集体	420	336	621.6	0.80	1.480
5	其他	400	288	518.4	0.72	1.296
6	集体	360	270	445.5	0.75	1.238
7	其他	360	198	277.2	0.55	0.77
8	国有	350	238	368.9	0.68	1.054
9	集体	340	221	309.4	0.65	0.91
10	集体	250	160	192.0	0.64	0.768
11	其他	240	144	165.6	0.60	0.69
12	其他	200	116	110.2	0.58	0.551
合计	—	4 440	3174	5 680.7	0.715	1.28

（2）分组表：分组表是主词一个标志进行分组的表，利用分组表来揭示现象的不同类型，反映总体的内部构成，分析现象之间的依存关系，表 3-12 是分组表的一个例子。

表 3-12 某地区工业企业按固定资产原值分组的劳动生产率和固定资产利用效益

按固定资产原值分组/万元	企业/个	职工人数		人均产值/百元	每百元固定资产产值/元
		人数/人	比重/（%）		
200 以下	4	1 050	23.7	70.9	121
200～350	5	1 875	42.1	121.0	167
350～500	3	1 520	34.2	175.8	222
合计	12	4 445	100.0	128.0	170

（3）复合表：主词按两个或两个以上的标志进行复合分组的统计表。在一定分析任务要求下，复合表可以把更多的标志组合起来，更深入地分析社会经济现象的特征和规律性。

表 3-13 是复合表的例子。

表 3-13　某地区工业企业按经济类型和固定资产原值分组的劳动生产率和固定资产利用效益

按经济类型和固定资产原值分组/万元	企业数/个	人均固定资产/百元	每百元固定资产产值/元	人均产值/百元
国有	4	77.1	211.0	162.7
200～350	1	68.0	155.0	105.4
350～500	3	79.1	222.0	175.8
集体	4	72.0	158.9	114.5
200 以下	1	64.0	120.0	76.8
200～350	3	73.8	166.4	122.9
其他	4	62.2	143.6	89.3
200 以下	3	57.3	120.7	69.1
200～350	1	72.0	180.0	129.6
合计	12	71.5	179.0	128.0

这里所列举的简单表、分组表和复合表，是按同一个原始资料设计的，请注意它们之间的关系，特别是指标计算上的联系。

3.4.4　统计表的编制规则

统计表的编制无论是主词的内容，还是宾词的配置都要目的明确，内容鲜明，使读者能从表中看出研究现象的具体内容和情况。因此，在制表时，首先要强调目的要求，做法简明、紧凑、重点突出，避免过分烦琐。其具体编制应注意下面几点。

（1）统计表的各种标题，特别是总标题的表达应该十分简明、确切，概括地反映出表的基本内容。总标题还应该标明资料所属的时间和空间。

（2）统计表中必须注明数字资料的计量单位，当全表只有一种计量单位时，可以把它写在表头的右上方（如会计有关的表格），如果表中需要分别注明不同单位时，横行的计量单位可以专设一栏，纵栏的计量单位要计在纵栏的标题上。

（3）表中数字应该填写整齐，对准位数。当缺乏某项资料时用符号“……”表示；不应有数字时用符号“—”表示。

（4）统计表一般采用的是“开口”式，表的左右两侧不封口。

（5）统计表中如果栏数较多，习惯上对主词各栏采用甲、乙、丙……次序编栏；对宾词各栏采用 1、2、3……次序编栏，若各栏统计指标之间有一定的计算关系，还可以用等式表示。

（6）如果有需要说明的统计资料，应在表下方注明，编制完毕经审核后，加盖公章，填表人签名，主管负责人亦应有签字。若有数据必须修改，修改处应加盖修改人印章，以示负责。

（7）统计表中主词各行和宾词各栏，一般应以先局部后整体的原则排列，即先列各个项目，后列总计。当没有必要列出所有项目时，可以先列总计，而后列出其中一部分重要项目。

编制实用、美观的统计表，关键在于实践，通过经常观摩、描摹、动手绘制，才能熟练掌握。本课程诸多习题、计算的过程及其结果，要求用统计表体现，是统计表技法实践的好机会，只有多练、多看、多用，才能达到运用自如。

3.5 实训应用：用 Excel 制作频数分布表、统计表和统计图

Excel 可以完成很多数据分析功能，这章实训主要介绍统计整理方面的功能，包括数据排序、频数分布函数、统计图等。

（1）数据排序。用 Excel 可以对数据表的行或列数据进行升序或者降序排列，从而可以使数据的规则能显著地表现出来。

（2）频数分布函数。频数分布函数是编制次数分布的主要工具，通过它可以对数据进行分组与归类。

（3）统计图。Excel 有很多丰富的统计图，如直方图、折线图、曲线图、饼状图，可以直观、形象地描述数据现象的规律。

1．用 Excel 制作频数分布表和直方图

实训项目：制作频数分布表和直方图。

实训目的：掌握 Excel 在统计整理中的应用，能够熟练进行数据排序、编制频数分布表并绘制统计图。

实训要求：掌握统计分组及分配数列中的变量数列的编制。

实训资料：某班级 30 名同学的统计学期末考试成绩，如表 3-14 所示。

表 3-14 某班级统计学期末考试成绩

序号	成绩	序号	成绩
1	81	16	77
2	80	17	75
3	83	18	93
4	83	19	94
5	85	20	72
6	62	21	73
7	66	22	74
8	67	23	75
9	66	24	63
10	55	25	69
11	52	26	86
12	53	27	89
13	71	28	85
14	72	29	55
15	72	30	87

操作步骤：启动 Excel 2003，建立一个工作簿，准备进行统计分组，分组有两种方法：一种是用“直方图”工具，另一个是用 FREQUENCY 函数，这里主要介绍第一种方法。

在任务 2 中我们已经安装了“数据分析”，所以这里直接应用这一功能。

操作一：在空白工作表 Sheet1（A2～A31）的列中输入某班级 30 名同学的统计学期末考试成绩，选中“数据”→“排序”，按“升序”排列，如图 3-1、图 3-2 所示。

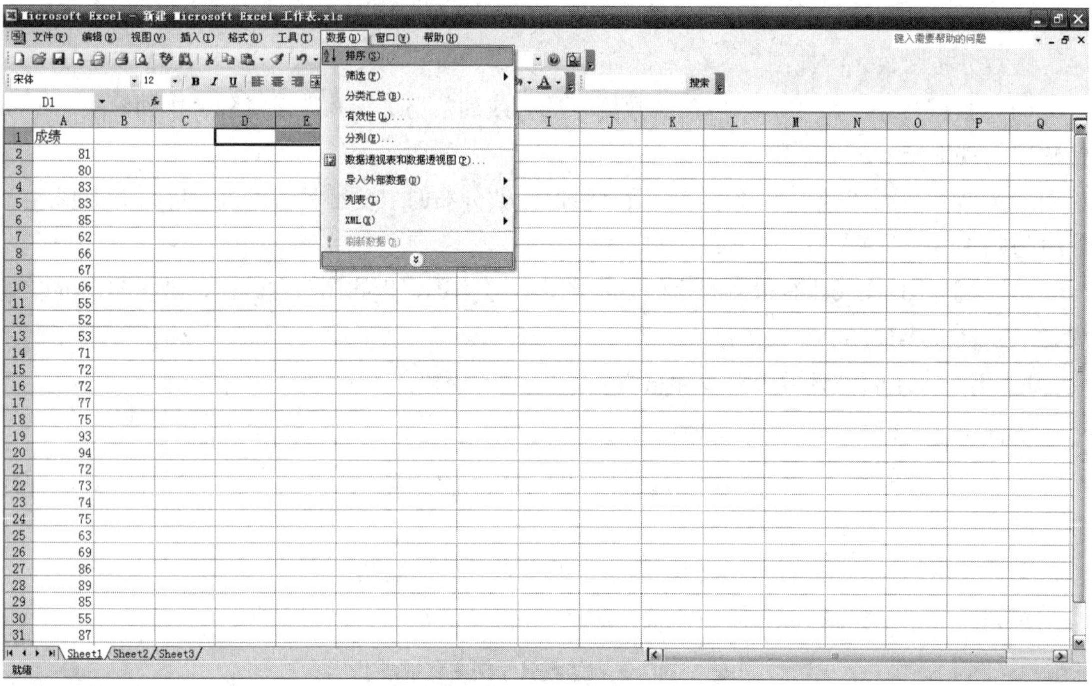

图 3-1　输入全班成绩

图 3-2　成绩数据升序排列

操作二：在“工具”菜单中单击“数据分析”，在对话框中选择“直方图”如图 3-3、图 3-4 所示。

图 3-3　“数据分析”命令

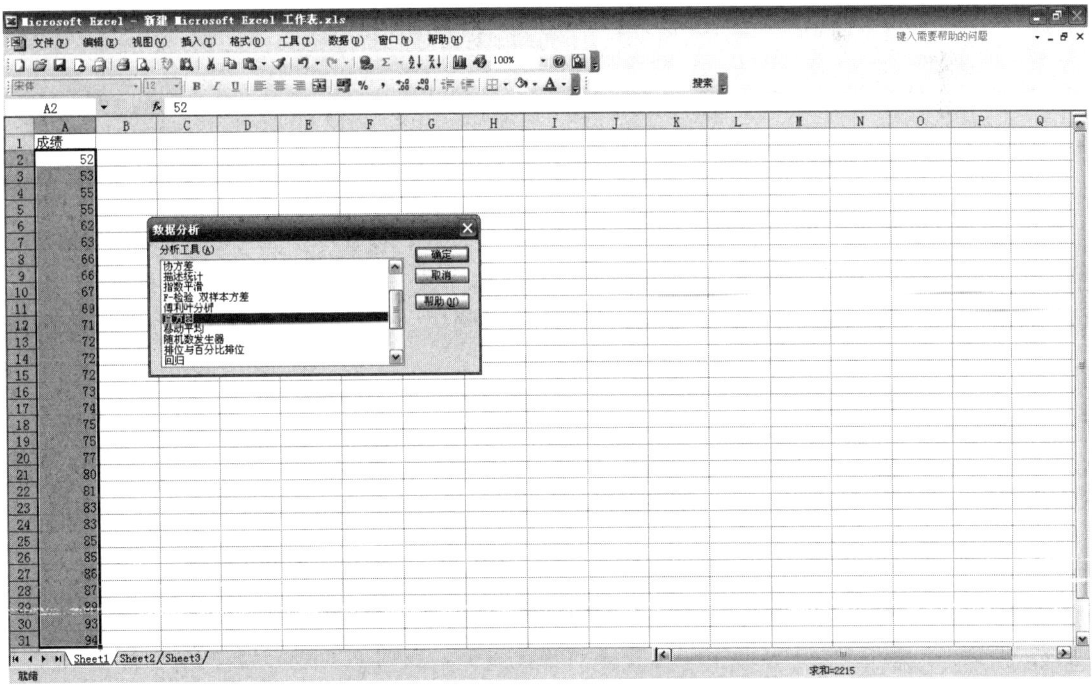

图 3-4　选择分析工具——“直方图”

操作三：在输入区域输入$A$2:$A$31，在接收区域输入$B$2:$B$6。接收区域指的是分组标志所在的区域，分组标志只能输入每组的上限值，这里输入 60、70、80、90、100，如图 3-5 所示。

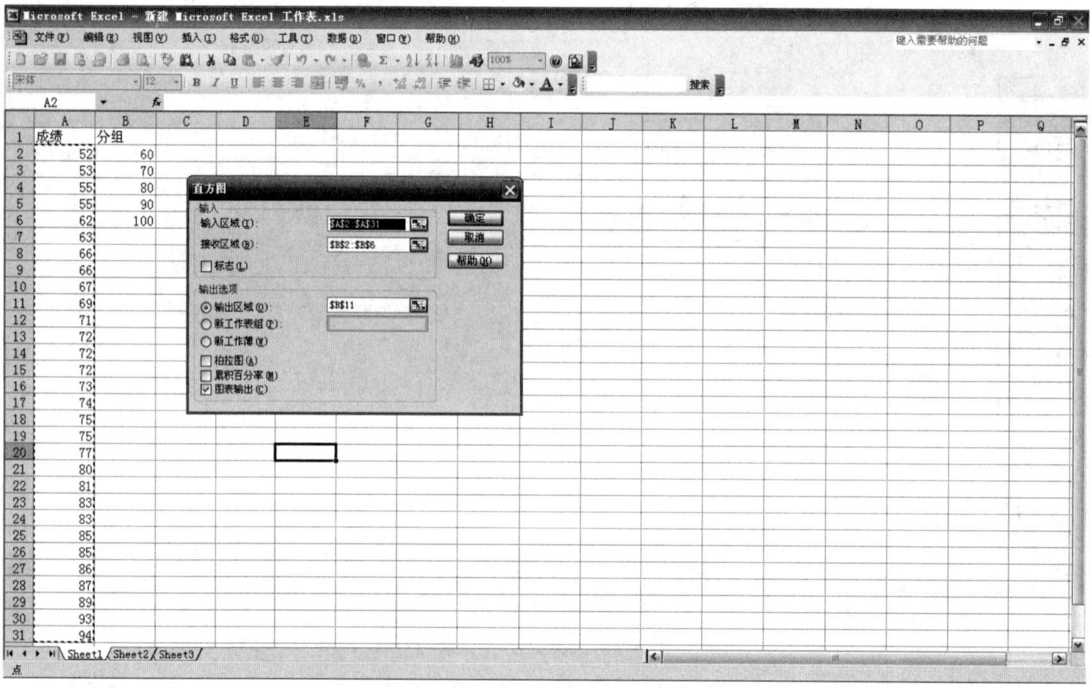

图 3-5 “直方图”对话框

操作四：选择图表的输出区域，可以选择一个区域也可以输入一个单元格，如选 B11 单元格，这里选“图表输出”，单击“确定”按钮，可以得到直方图；选择“累计百分率”，将在直方图上添加累积频率折线；选择“柏拉图”，得到按降序排列的直方图。这里的图 3-6 得到的输出结果是一个条形图，不是直方图，这里需要进行修正。修正操作步骤为：单击图 3-6 的任一个条形图，再单击右键，在弹出的菜单中选择“数据系列格式”，再选择“选项”，把“分类间距”调整为 0，最后单击“确认”按钮，可以得到图 3-7 所示的直方图，将图表标题修改后就可以得到图 3-8。

2．用 Excel 整理品质数据并编制频数分布图表

实训项目：整理品质数据并编制频数分布图表。

实训目的：掌握 Excel 在统计整理中的应用，熟练运用 Excel 进行数据分类并编制频数分布表。

实训要求：掌握统计分组及分配数列中品质数列编制的基础知识。

实训资料：某班级 43 名同学的体育成绩统计数据，成绩的等级分为“优”“良”“中等”“及格”“差”5 个等级，如表 3-15 所示。

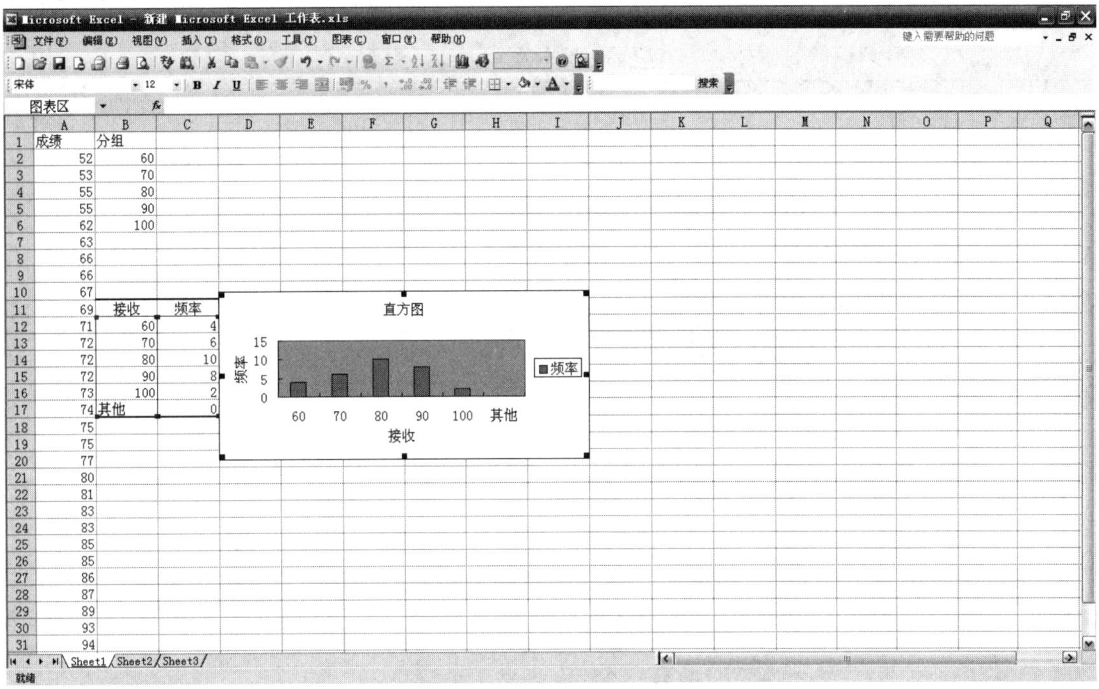

图 3-6　频数分布结果

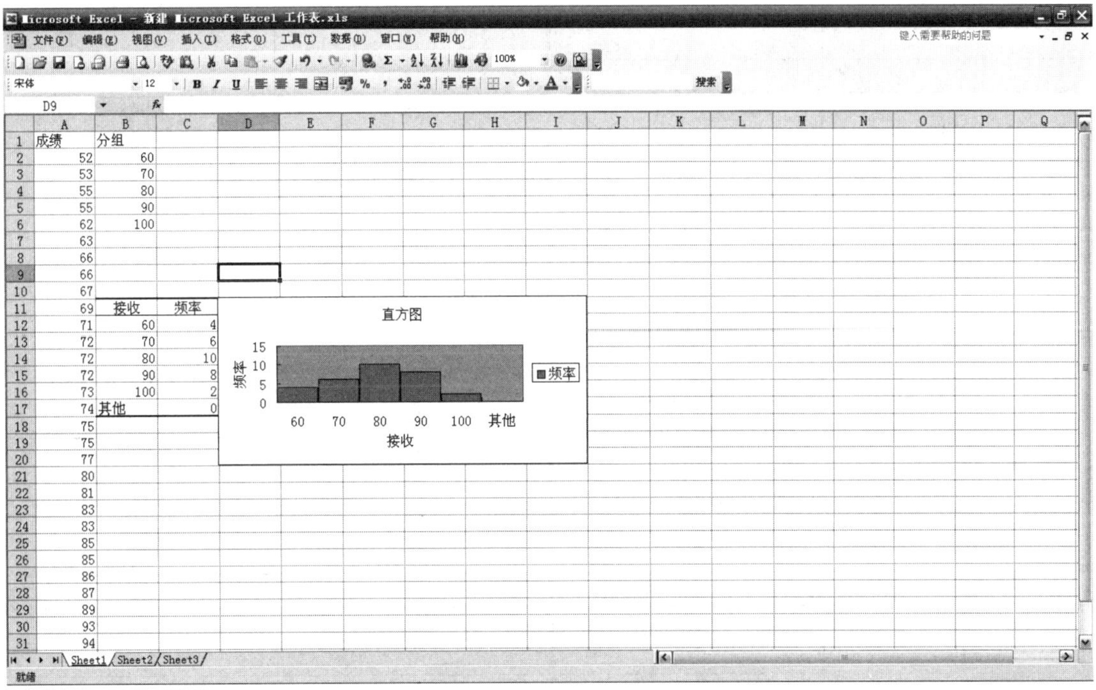

图 3-7　在“数据系列格式”中调整后的直方图

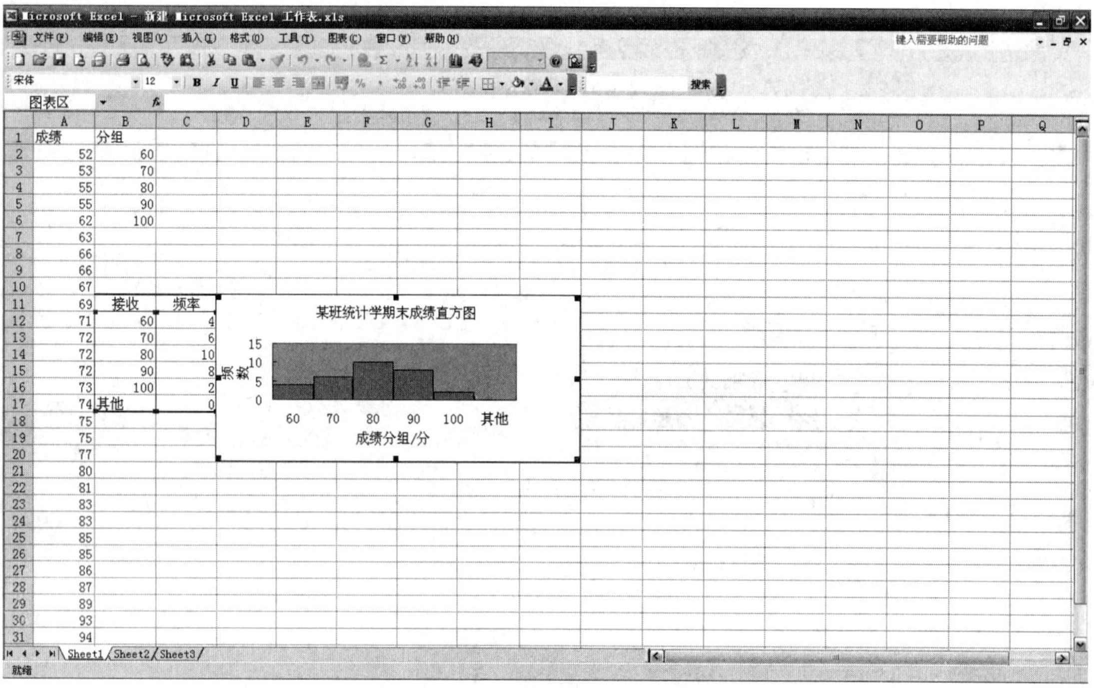

图 3-8　修正后的标准直方图

表 3-15　某班级 43 名同学的体育成绩统计数据

序　　号	成　　绩	序　　号	成　　绩
1	优	23	中等
2	良	24	良
3	中等	25	中等
4	及格	26	优
5	差	27	差
6	优	28	及格
7	良	29	中等
8	良	30	及格
9	中等	31	优
10	良	32	良
11	中等	33	中等
12	中等	34	中等
13	中等	35	中等
14	及格	36	良
15	良	37	及格
16	及格	38	良
17	差	39	优
18	及格	40	中等
19	中等	41	差
20	中等	42	中等
21	中等	43	差
22	良		

操作步骤：启动 Excel 2003，建立一个工作簿，准备进行分类。现在采用第二种方法 FREQUENCY 函数整理数据。由于 Excel 无法对文字进行识别，所以先要将文字转化为数字代码，转化的代码如下：1——优；2——良；3——中等；4——及格；5——差。

操作一：在工作表（A2～A44）区域内输入某班体育成绩的数据资料，再将相应的代码数据输入（B2～B44）数据区域，将对应的分组代码 1、2、3、4、5，输入（C2～C6）数据区域，将 D2～D6 数据区域设为输出区域。然后单击“插入”菜单或单击工具栏的“fx”按钮，选择“插入函数”命令，选择“或选择类别”中的“统计”项，在“选择函数”中选“FREQUENCY”选项，如图 3-9 所示。

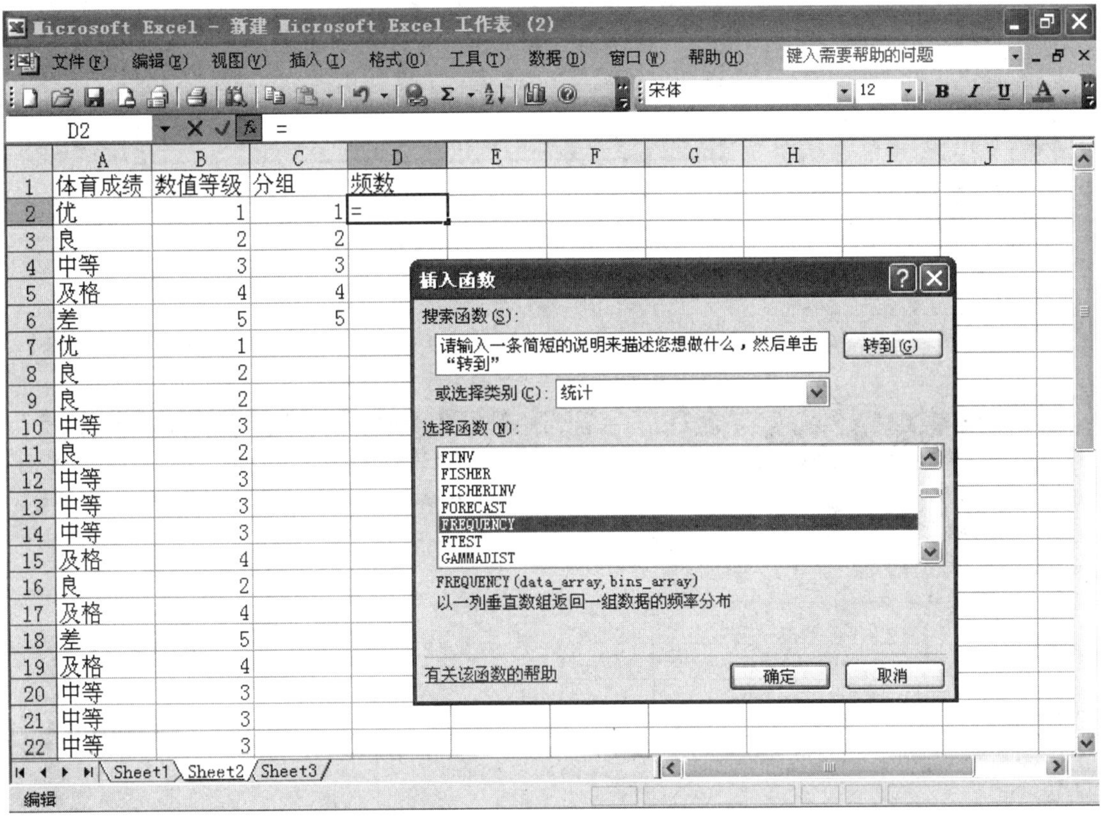

图 3-9 某班体育成绩数据输入

操作二：在“FREQUENCY”对话框中有“Data_array”和“Bins_array”两个文本框。“Data_array”是用于计算频率的数据，可输入原数据区域，本例中输入 B2～B44。“Bins_array”是数据输入区间，可输入分组标志，本例中为 1、2、3、4、5，数据两端必须加大括号，数据间用分号间隔，如图 3-10 所示。

操作三：按“Ctrl+Shift+Enter”组合键，在 D2:D6 的区域内得到频数分布结果如图 3-11 所示。注意，由于频输分布是数组操作，这里不能直接单击“确定”按钮。

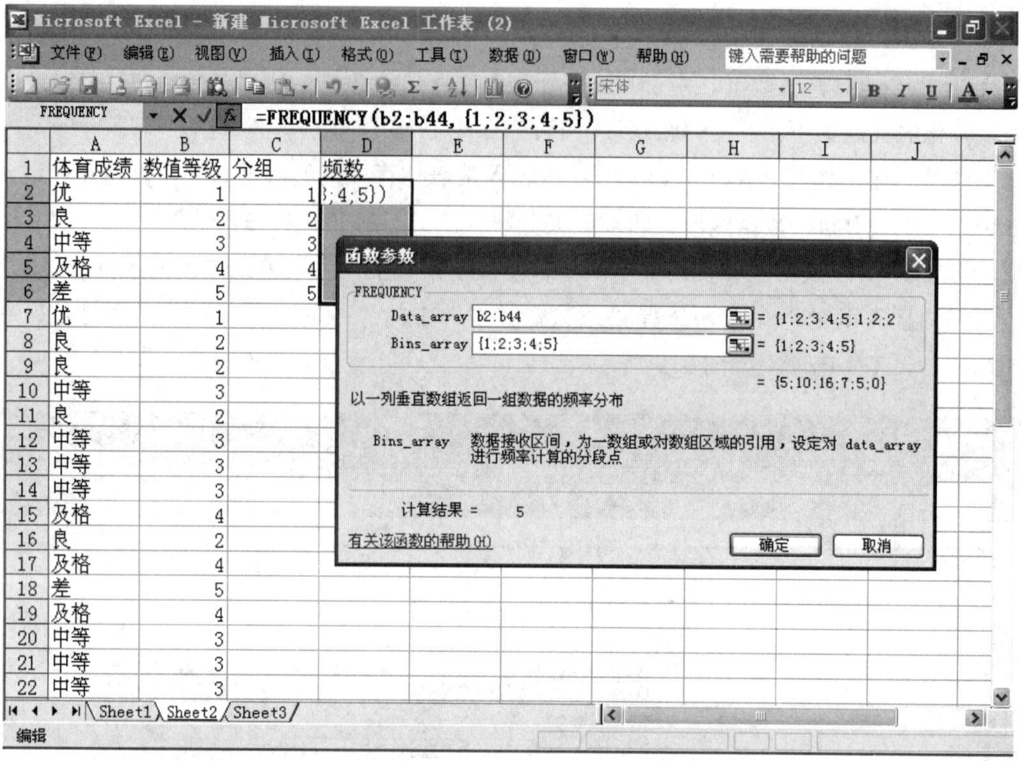

图 3-10 FREQUENCY“函数参数”对话框

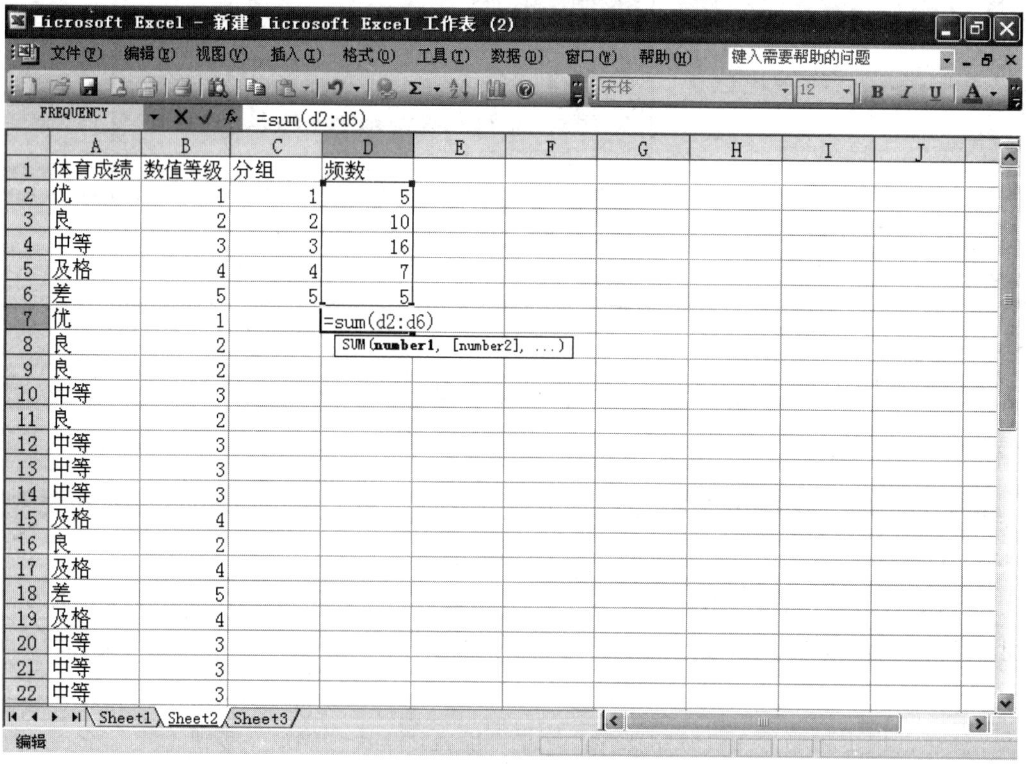

图 3-11 频数分布结果

3. 用 Excel 绘制统计图

实训项目：绘制柱形图、饼图。

实训目的：掌握 Excel 在统计整理中的应用，熟练运用 Excel 绘制统计图。

实训要求：掌握绘制统计图的一般原则和步骤。

实训资料：表 3-16 是我国 2000—2004 年国内生产总值构成统计表中的数据资料。

表 3-16　我国 2000—2004 年国内生产总值构成统计表　（%）

年份	第一产业	第二产业	第三产业
2000	16.4	50.2	33.4
2001	15.8	50.1	34.1
2002	15.3	50.4	34.3
2003	14.4	52.2	33.4
2004	15.2	52.9	31.9

操作步骤：启动 Excel 2003，新建一个工作簿，准备绘制统计图。

操作一：把原始数据输入到工作表中，如图 3-12 所示。

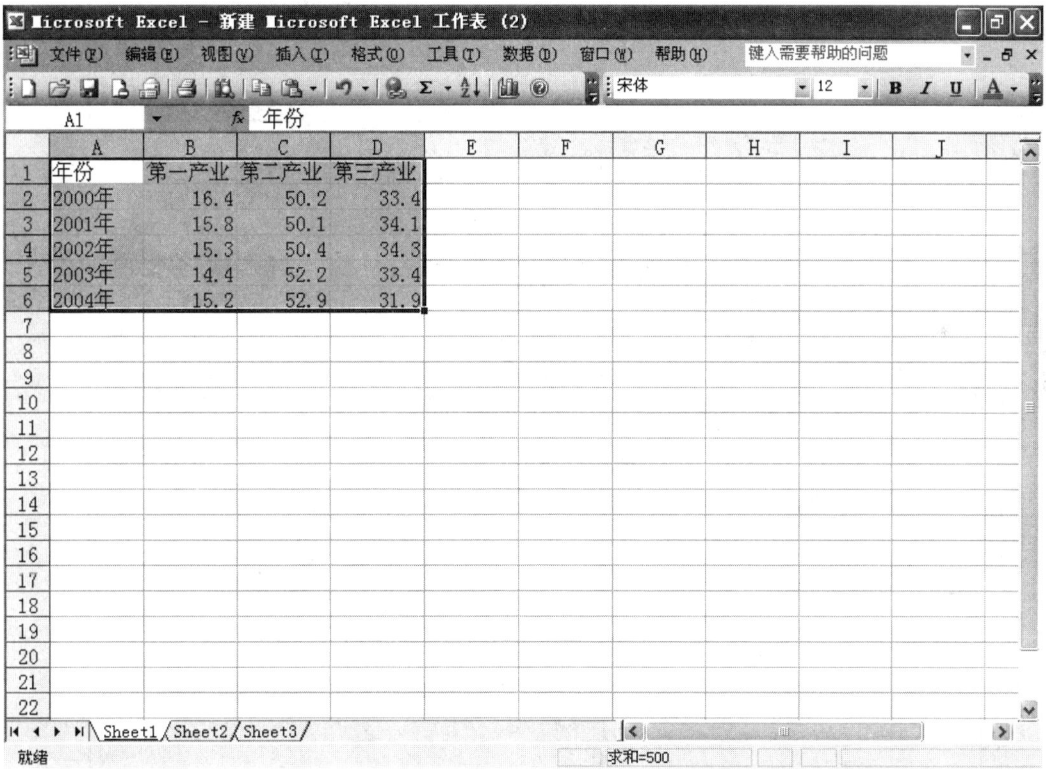

图 3-12　我国 2000—2004 年国内生产总值构成

操作二：选中某一个单元格，单击“插入”菜单，选中“图表”命令，弹出“图表向导”对话框，如图 3-13 所示。在“图表类型”中选择“柱形图”选项，并在右侧的“子图表类型”中选择第三种堆积图，然后单击“下一步”按钮，如图 3-14 所示，得到“图表源数据”。

操作三：在“图表源数据”对话框中单击“数据区域”那行空白框右边的标记，选定数据区域为$A1:$D6，在“系列产生在”中选择列，如图 3-14 所示，然后单击“下一步”按钮。

图 3-13 “图表向导”对话框

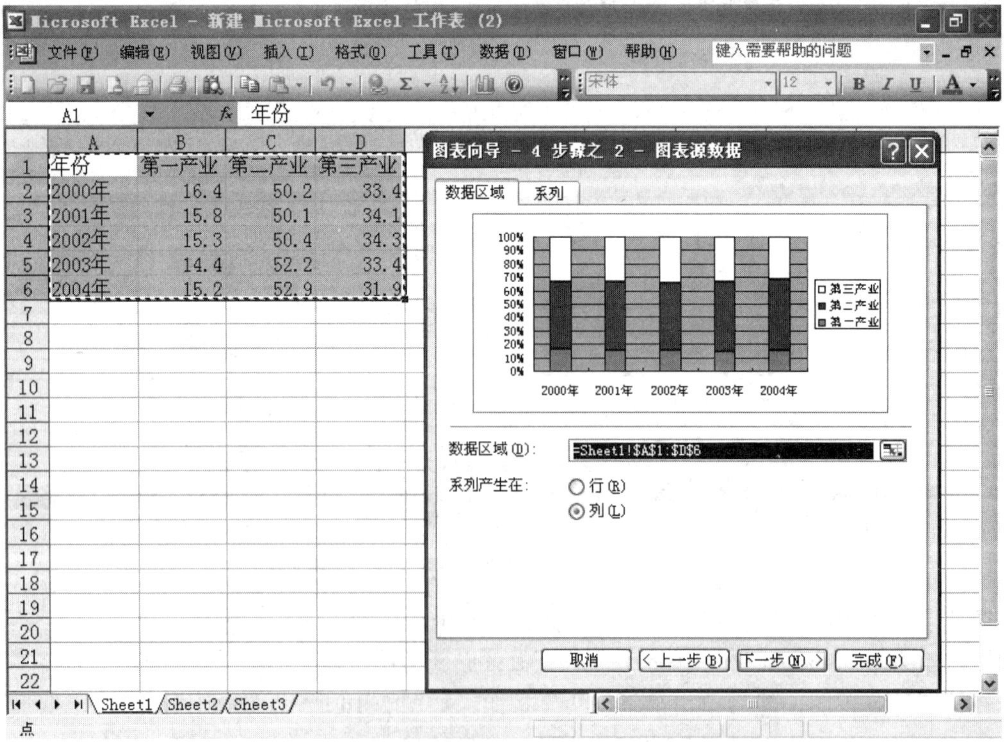

图 3-14 “图表源数据”对话框

操作四：上面操作单击“下一步”按钮后出现“图表选项”对话框，在对话框中的“图表标题”中填入“2000—2004 年我国 GDP 的构成情况”，单击“下一步”按钮后得到柱形图的输出结果，如图 3-15 所示。

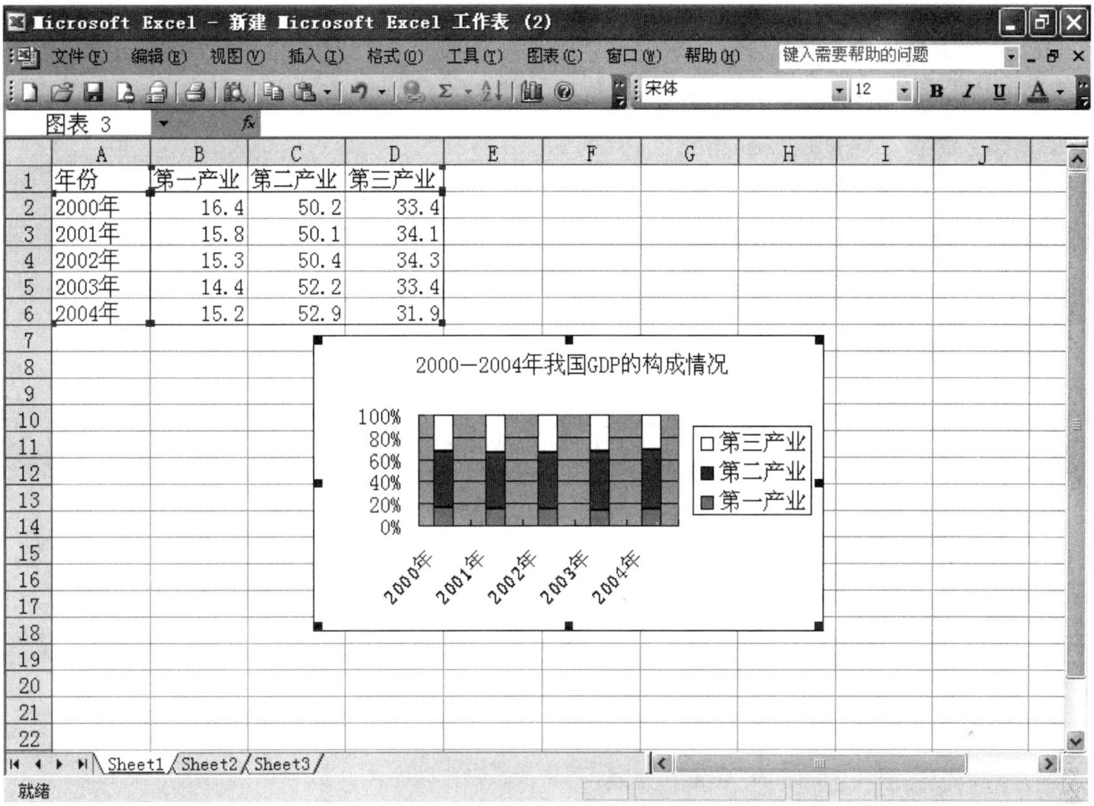

图 3-15　柱形图的输出结果图

4．实战演练

（1）以下是某高校经济学院某专业全班 62 名同学的《财务管理》期末考试成绩：

50　96　75　73　76　77　92　88　87　85　77　60　65　76　77　88　83　85　87　81　85　86　89　90　90　93　56　59　51　66　67　79　73　81　84　87　84　89　93　93　83　85　81　71　74　84　81　82　83　90　91　93　92　83　78　72　55　54　87　81　87　65

请用 Excel 完成以下任务：用 Execl 制作全班同学期末考试成绩的频数分布表和直方图。

（2）以下是某城市国内生产总值的构成情况数据资料。

表 3-17　某城市 2005—2009 年国内生产总值构成统计表　　（%）

年　份	第一产业	第二产业	第三产业
2005	16.4	50.2	33.4
2006	14.8	50.1	35.1
2007	14.3	50.4	35.3
2008	13.4	50.2	36.4
2009	12.0	50.9	37.1

请用 Excel 完成以下任务：用柱形图表示该城市产业结构的变化情况。

任务小结

本任务共四块。

第一块：统计整理的概述。主要包括：①统计整理的意义；②统计整理的内容；③统计资料的审核；④统计资料的汇总。本部分较为系统地讲述统计整理的意义、作用、内容，资料的审核方法和资料的汇总方法。

第二块：统计分组。主要包括：①统计分组的意义；②分组标志的选择；③统计分组的种类。系统讲述了统计分组的概况、作用或任务；如何选择分组标志，若干个标志中怎样确定分组标志，随着条件变化分组标志应如何变化；如何进行品质分组和变量分组，如何进行简单分组和复合分组。

第三块：分配数列。主要包括：①分配数列的概念和种类；②变量数列的编制方法。系统阐述分配数列的概念、结构，品质数列和变量数列的区别，单项数列编制，特别是组距数列的编制方法。组距数列的编制是本章的重中之重，它可以适用于较为广泛的社会经济现象，如何将大量的原始资料整理成表格，如何确定组数、组距、组限等。

第四块：统计表。主要包括：①统计表的概念和作用；②统计表的结构和内容；③统计表的种类；④统计表的编制规则。具体讲述了总标题、横行标题、纵栏标题、数字资料、主词和宾词在统计表中的表现；简单表、分组表、复合表的具体的区别方法；在编制统计表中的一系列规则。

总之，本章实践性、操作性强，应多练习，从易到难，从简单到复杂，这是一个职校学生学习乃至较高层次学习必须掌握的技能。

案例分析

一、企业或调查咨询公司在进行市场调查时，大量运用分组法设计调查问卷，并用结构相对数反映调查结果。

如在调查问卷中设计如下问题，供被调查者选择。

1．你的年龄：（　　）。

A．30 岁以下　　　　B．30～50 岁　　　　C．50 岁以上

2．你目前的家庭收入：（　　）。

A．上等（人均收入 5 000 元以上）

B．中上等（人均收入 4 000～5 000 元）

C．中等（人均收入 3 000～4 000 元）

D．中下等（人均收入 2 000～3 000 元）

E．下等（人均收入 2 000 元以下）

3．你对××产品的质量：（　　）。

A．非常满意　　B．比较满意

C．满意　　D．不满意

E．极不满意

4．你对进一步提高××产品质量有何建议？

经过对 1 000 名消费者进行调查，对第三个问题的汇总如下。

你对××产品质量调查结果汇总表

满意程度	人数/人	比重/（%）	累计比重/（%）
非常满意	134	13.4	13.4
比较满意	266	26.6	40.0
满意	400	40.0	80.0
不满意	160	16.0	96.0
极不满意	40	4.0	100.0
合计	1 000	100.0	—

汇总结果表明：消费者对某产品满意、比较满意、非常满意的人数分别占总调查人数的 40%、26.6%、13.4%，三者累计占总人数的 80%，这表明消费者对该产品的满意程度较高，但仍有 20%的消费者不满意或极不满意，应结合有关提高质量的建议，寻找不满意的原因，以改进该项产品的整体质量。

二、根据总体内部结构认识特征，分析现象的性质和所属的类型。

总体的内部结构是总体中各部分占总体的比重，不同的内部结构显示总体各部分不同的特征。

甲、乙两金融企业职工素质对比表

文化程度结构			职称结构		
文化水平	甲企业比重/（%）	乙企业比重/（%）	职称档次	甲企业比重/（%）	乙企业比重/（%）
本科以上	11.1	14.7	高级职称	1.2	1.0
专科生	30.2	35.8	中级职称	14.5	16.3
中专生	23.6	24.2	初级职称	43.5	42.2
高中以下	35.1	25.3	无职称	40.8	40.5
合计	100.0	100.0	合计	100.0	100.0

从表中可以表明，从文化程度结构看，甲、乙两企业职工中具有本科以上学历者占比重均不足 15%；从职称结构盾，两企业具有高级职称者所占比重只有 1.2%和 1%，作为金融企业，明显存在着高学历者所占比重过小，高层次人才匮乏的问题，若比较甲、乙两企业的情况，可看出，乙企业职工整体素质略好于甲企业。

三、将不同时间的同一总体的内部结构进行对比，分析总体结构变化的过程，揭示现象总体由量变逐渐转化为质变的规律性。

某企业产品结构变化表

	第一年		第二年		第三年	
	销售收入/万元	比重/（%）	销售收入/万元	比重/（%）	销售收入/万元	比重/（%）
高科技产品	100	20	220	40	350	58.7
一般产品	400	80	330	60	250	41.3
合计	500	100	550	100	600	100

表中显示了某企业产品结构变化的过程，该企业经过三年的努力，使本厂的高科技产品销售收入由 100 万元增加到 350 万元，高科技产品销售收入比重由 20%上升到 40%，再到 58.7%，说明该企业高度重视新产品技术改选和更新换代，正由一般企业向高科技企业转变。

复习思考

1．什么是统计分组，统计分组的作用是什么？
2．统计分组的关键是什么，怎样选择分组标志？
3．什么是简单分组和复合分组？
4．统计分组可以进行哪些分类？
5．单项式分组、组距式分组分别在什么条件下运用？
6．统计表在结构和内容上分别包括哪几个方面？

任务演练

一、单项选择题（在备选答案中选定一个正确答案）

1．统计整理的资料（　　）。
A．只包括原始资料　　B．只包括次级资料
C．包括原始资料和次级资料　　D．是统计分析结果

2．按某种标志将总体划分为不同的部分的统计方法是（　　）。
A．统计调查　　B．统计整理
C．统计分析　　D．统计分组

3．在确定连续型变量时，要求相邻的组限（　　）。
A．重叠　　B．间断
C．不等　　D．变化

4．统计分组的关键是（　　）。
A．确定组数　　B．确定组限
C．确定组距　　D．选择分组标志

5．国民收入水平分组是（　　）。

A．品质标志分组　　B．数量标志分组
C．复合标志分组　　D．混合标志分组

6．用离散型变量分组时，相邻组的上、下限（　　）。
A．应重合　　B．可间断
C．应相等　　D．应连续

7．在全距一定的情况下，组距大小与组数多少（　　）。
A．成反比　　B．成正比
C．无关系　　D．无法判断

8．全国总人口按年龄分为五组，这种方法属于（　　）。
A．简单分组　　B．复合分组
C．品质标志分组　　D．平行分组

9．统计分配数列（　　）。
A．都是品质数列　　B．都是变量数列
C．是品质数列或变量数列　　D．以上三种都不是

10．区别简单分组与复合分组的依据是（　　）。
A．分组对象的复杂程度不同　　B．分组数目的多少不同
C．分组标志多少不同　　D．分组的目的和任务不同

二、多项选择题（在备选答案中，至少有两个正确答案）

1．统计资料整理的内容一般包括（　　）。
A．统计审核　　B．统计分组
C．统计汇总　　D．进行统计分析
E．编制统计表

2．统计资料的审核主要是审核资料的（　　）。
A．完整性　　B．及时性
C．准确性　　D．代表性
E．科学性

3．统计汇总的组织形式一般有（　　）。
A．逐级汇总　　B．集中汇总
C．手工汇总　　D．计算机汇总
E．逐级汇总和集中汇总相结合

4．某单位 100 名职工按工资额分为 300 元以下、300～400 元、400～600 元、600～800 元、800 元以上等五组。这一分组（　　）。
A．是等距分组
B．分组标志是连续型变量
C．末组组中值为 850 元

D．某职工工资 600 元，应统计在“600～800 元”一组

E．相邻的组限是重叠的

5．组中值是组距数列中各组标志值的中点数值，其可供选用的计算方法有（　　）。

A．组中值=本组（上限+下限）÷2

B．组中值=上限$-\frac{邻组组距}{2}$

C．组中值=下限$+\frac{邻组组距}{2}$

D．组中值=1/2 上限或下限

E．组中值=$\sqrt{上限+下限}$

6．统计分组的作用（　　）。

A．选择分组标志

B．划分社会经济类型

C．反映总体的内部结构

D．揭示现象之间的依存关系

E．科学地确定组限

7．统计表构成部分有（　　）。

A．总标题

B．横行标题

C．纵栏标题

D．统计分组

E．数据资料

8．统计表内的构成部分有（　　）。

A．总标题

B．主词

C．宾词

D．数据资料

E．分组标题

9．统计表按主词是否分组或分组的程度不同，可分为（　　）。

A．简单表

B．分组表

C．复合表

D．统计报表

E．调查表

10．下列分组中是按品质标志分组的有（　　）。

A．职工按工资分组

B．科技人员按职称分组

C．人口按性别分组

D．企业按所有制分组

E．企业按劳动生产率分组

三、判断题（在括号内正确的打“√”，错误的打“×”）

1．统计分组的核心是确定统计分组数。（　　）

2．简单分组后所形成的统计表是简单表。（　　）

3．连续型变量在进行分组时，必须是重叠分组。（　　）

4．用一个标志值去代表一个组所形成的数列称之为单项数列。（　　）

5．分配数列分为品质数列和变量数列。（　　）

6．按数量标志分组后所形成的数列是变量数列。（　　）

7．品质分组后所形成的数列是品质数列。（　　）

8．离散型变量也可以进行“重叠”分组。（ ）
9．统计分组可划分社会经济现象的类型。（ ）
10．统计报表也是统计表。（ ）
11．品质数列也可计算组中值。（ ）
12．组限有时也是组距。（ ）
13．简单分组简单，而复合分组一定复杂。（ ）
14．统计表中的数值可以带单位，也可以带符号（如百分号）。（ ）

四、综合技能题

1．某班学生年龄如下，试按年龄编制单项数列，并计算频率（即比重）。

18	16	17	18	16	18	19	17	18	20
17	18	18	19	17	19	20	17	18	17
18	18	18	17	19	16	20	17	18	19
18	19	18	17	18	17	20	19	20	16
18	18	18	18	17	18	19	18	20	19

2．某地 20 个企业的有关资料如下。

企业序号	工人数/人	实际产值/万元	计划完成/（%）
1	450	340	103
2	560	400	100
3	640	430	93
4	780	720	102
5	830	650	98
6	760	900	115
7	810	660	91
8	1 230	1 780	124
9	1 210	970	92
10	200	150	106
11	120	100	100
12	170	140	104
13	230	180	96
14	1 320	1 350	100
15	1 050	1 670	115
16	1 160	1 050	100
17	960	810	90
18	1 000	1 250	110
19	670	530	93
20	1 400	1 420	107

根据以上资料，完成下述要求：

（1）按计划完成程度分组，整理出一份统计分组表；

（2）按工人数分组，整理出一份统计表，以表明企业规模与工人劳动生产率的关系。

3．某地区 30 个工业企业情况如下。

编号	部门	所有制	职工人数/人	编号	部门	所有制	职工人数/人
1	工业	国有	200	16	工业	国有	380
2	商业	国有	220	17	商业	国有	400
3	交通	个体	230	18	商业	集体	410
4	工业	集体	230	19	工业	集体	410
5	交业	集体	240	20	工业	集体	420
6	交通	个体	280	21	交通	个体	420
7	工业	国有	290	22	商业	个体	420
8	工业	个体	300	23	工业	国有	450
9	商业	国有	310	24	交通	国有	480
10	交通	国有	320	25	工业	集体	500
11	工业	个体	340	26	交通	国有	520
12	商业	国有	356	27	工业	集体	520
13	工业	集体	360	28	工业	国有	600
14	商业	集体	360	29	商业	国有	800
15	工业	集体	370	30	工业	国有	900

根据以上资料，整理编制以下统计表。

（1）主词用一个品质标志（所有制），宾词用一个品质标志与一个数量标志（分三组）的简单分组统计表（填下表）。

简单分组统计表

所有制分组	企业数（个）	部门			职工人数/人		
合计							

（2）主词用两个品质（所有制及部门分类）分组，宾词用一个数量标志（分三组）的复合分组统计表（填下表）。

复合分组统计表

所有制及部门分组	企业数/个	职工人数/人			
					合计
合计					

4．30个煤矿管理局的资料如下。

序号	设计年产量/万吨	生产工人数/人	总产值/百万元	序号	设计年产量/万吨	生产工人数/人	总产值/百万元
1	125	345	25	16	575	1 140	115
2	205	435	41	17	780	1 300	157
3	185	515	37	18	65	230	13
4	250	622	50	19	75	250	15
5	150	417	30	20	80	262	16
6	315	750	63	21	60	245	12
7	280	655	55	22	90	280	18
8	320	815	64	23	790	1 225	159
9	372	925	75	24	840	1 440	163
10	340	878	68	25	920	1 521	185
11	350	759	71	26	950	1 500	190
12	370	840	74	27	1 050	1 624	210
13	160	445	32	28	210	955	42
14	430	832	86	29	200	562	40
15	720	1 200	148	30	600	1 050	180

根据上述资料，将表中资料按设计生产能力（100万吨以下、100～500万吨和500万吨以上）分组，以研究该煤矿管理局的规模和劳动生产率之间的关系。

煤矿管理局工人劳动生产率统计表

按设计生产能力分组/万吨	煤管局数/个	生产人数/人	工业总产值/万元	劳动生产率/（万元/人）
合计				

计算结果表示：____

____

____

5．某市某年年出口创汇大户出口实绩（万美元）列举如下：

1 101	1 052	865	721	2 032
1 218	1 046	721	546	623
2 495	1 051	1 113	1 104	1 084
707	878	678	2 564	620
575	943	828	2 035	2 375
4 342	751	505	798	728
1 103	1 285	2 856	3 200	518

要求：

（1）按出口额分为2 000万美元以上、1 000～2 000万美元和500～1 000万美元三组。

（2）汇总各组和总体企业数的出口金额。

（3）把汇总结果编制成一张统计表，并使用Excel绘制成各种统计图。

任务 4 综合指标分析

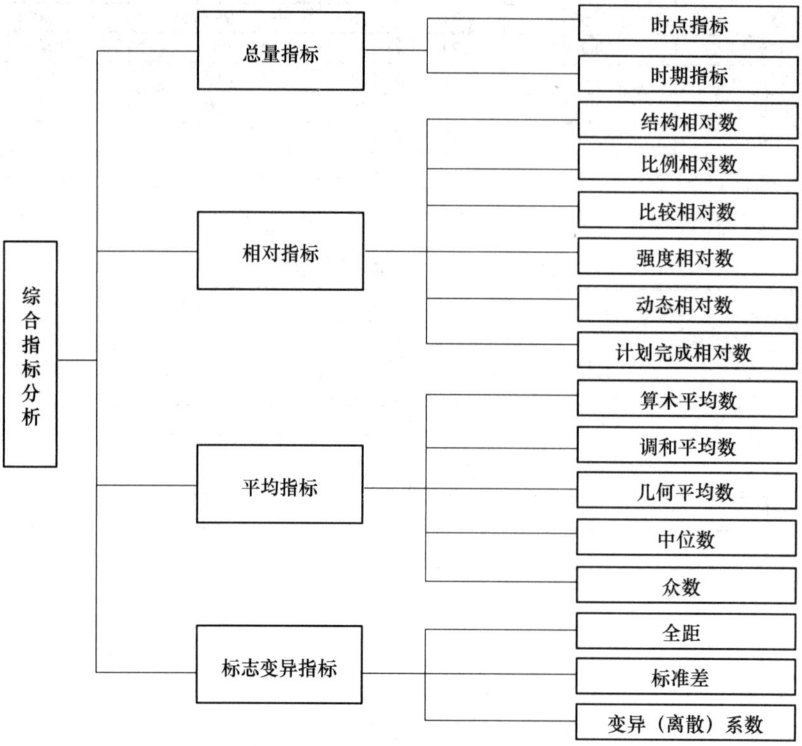

情景再现

2015 年一季度国民经济开局平稳

今年以来，面对错综复杂的国际形势和国内经济下行压力加大的困难局面，党中央、国务院坚持稳中求进工作总基调，主动引领经济发展新常态，以提高质量效益为中心，把调结构转方式放在更加突出的位置，着力深化改革开放，着力激发市场活力，着力加强民生保障，国民经济运行总体平稳，结构调整稳步推进，新生动力加快孕育。

初步核算，一季度国内生产总值 140 667 亿元，按可比价格计算，同比增长 7.0%。分产业看，第一产业增加值 7 770 亿元，同比增长 3.2%；第二产业增加值 60 292 亿元，增长 6.4%；第三产业增加值 72 605 亿元，增长 7.9%。从环比看，一季度国内生产总值增长 1.3%。

1．农业生产形势稳定

根据全国 11 万多农户种植意向调查，2015 年全国稻谷意向种植面积增长 0.2%，小麦增长 0.7%，玉米增长 1.9%，棉花减少 11.2%。目前，主产区苗情正常。一季度，猪牛羊禽肉产量 2 315 万吨，同比下降 1.4%，其中猪肉产量 1 557 万吨，下降 3.1%。

2．工业生产增速有所回落

一季度，全国规模以上工业增加值按可比价格计算同比增长 6.4%。分经济类型看，国有控股企业增加值同比增长 1.7%，集体企业增长 2.4%，股份制企业增长 7.4%，外商及港澳台商投资企业增长 4.3%。分三大门类看，采矿业增加值同比增长 3.2%，制造业增长 7.2%，电力、热力、燃气及水生产和供应业增长 2.3%。分产品看，564 种产品中有 333 种产品产量同比增长。一季度规模以上工业企业产销率达到 97.2%。规模以上工业企业实现出口交货值 26 287 亿元，同比增长 2.9%。3 月份，规模以上工业增加值同比增长 5.6%，环比增长 0.25%。

1—2 月份，全国规模以上工业企业实现利润总额 7 452 亿元，同比下降 4.2%。规模以上工业企业每百元主营业务收入中的成本为 85.55 元，主营业务收入利润率为 4.9%。

3．固定资产投资增速有所放缓

一季度，固定资产投资（不含农户）77 511 亿元，同比名义增长 13.5%（扣除价格因素实际增长 14.5%）。其中，国有控股投资 23 611 亿元，增长 14.4%；民间投资 50 349 亿元，增长 13.6%，占全部投资的比重为 65%。分产业看，第一产业投资 1 553 亿元，同比增长 32.8%；第二产业投资 31 361 亿元，增长 11.0%；第三产业投资 44 597 亿元，增长 14.7%。从到位资金情况看，一季度到位资金 102 672 亿元，同比增长 6.8%。其中，国家预算资金增长 11.0%，国内贷款下降 3.7%，自筹资金增长 11.3%，利用外资下降 33.5%。一季度新开工项目计划总投资 58 372 亿元，同比增长 6.1%。从环比看，3 月份固定资产投资（不含农户）增长 1.04%。

一季度，全国房地产开发投资 16 651 亿元，同比名义增长 8.5%（扣除价格因素实际增长 9.5%），其中住宅投资增长 5.9%。房屋新开工面积 23 724 万平方米，同比下降 18.4%，其中住宅新开工面积下降 20.9%。全国商品房销售面积 18 254 万平方米，同比下降 9.2%，其中住宅销售面积下降 9.8%。全国商品房销售额 12 023 亿元，同比下降 9.3%，其中住宅销售额下降 9.1%。房地产开发企业土地购置面积 4 051 万平方米，同比下降 32.4%。3 月末，全国商品房待售面积 64 998 万平方米，同比增长 24.6%。一季度，房地产开发企业到位资金 27 892 亿元，同比下降 2.9%。

4．市场销售稳定增长

一季度，社会消费品零售总额 70 715 亿元，同比名义增长 10.6%（扣除价格因素实际增长 10.8%）。其中，限额以上单位消费品零售额 32 472 亿元，增长 7.8%。按经营单位所在地分，城镇消费品零售额 60 709 亿元，同比增长 10.4%，乡村消费品零售额 10 007 亿元，增长 11.6%。按消费形态分，餐饮收入 7 458 亿元，同比增长

11.3%，商品零售 63 257 亿元，增长 10.5%，其中限额以上单位商品零售 30 534 亿元，增长 7.8%。3 月份，社会消费品零售总额同比名义增长 10.2%（扣除价格因素实际增长 10.2%），环比增长 0.71%。

一季度，全国网上商品和服务零售额 7 607 亿元，同比增长 41.3%。其中，网上商品零售额 6 310 亿元，增长 41.0%，占社会消费品零售总额的比重为 8.9%；网上服务零售额 1 297 亿元，增长 43.0%。

5．对外贸易顺差大幅增加

一季度，进出口总额 55 433 亿元人民币，同比下降 6.0%。其中，出口 31 493 亿元人民币，增长 4.9%；进口 23 940 亿元人民币，下降 17.3%。进出口相抵，顺差 7 553 亿元人民币。3 月份，进出口总额 17 555 亿元人民币，同比下降 13.5%。其中，出口 8 868 亿元人民币，下降 14.6%；进口 8 687 亿元人民币，下降 12.3%。

6．价格水平低位运行

一季度，居民消费价格同比上涨 1.2%。其中，城市上涨 1.2%，农村上涨 1.0%。分类别看，食品价格同比上涨 1.9%，烟酒及用品下降 0.5%，衣着上涨 2.9%，家庭设备用品及维修服务上涨 1.2%，医疗保健和个人用品上涨 1.7%，交通和通信下降 1.8%，娱乐教育文化用品及服务上涨 1.2%，居住上涨 0.7%。在食品价格中，粮食价格上涨 2.8%，油脂价格下降 5.1%，猪肉价格下降 1.7%，鲜菜价格上涨 1.4%。3 月份，居民消费价格同比上涨 1.4%，环比下降 0.5%。一季度，工业生产者出厂价格同比下降 4.6%，3 月份同比下降 4.6%，环比下降 0.1%。一季度，工业生产者购进价格同比下降 5.6%，3 月份同比下降 5.7%，环比下降 0.3%。

7．居民收入继续增加

根据城乡一体化住户调查，一季度全国居民人均可支配收入 6 087 元，同比名义增长 9.4%，扣除价格因素实际增长 8.1%。按常住地分，城镇居民人均可支配收入 8 572 元，同比名义增长 8.3%，扣除价格因素实际增长 7.0%；农村居民人均可支配收入 3 279 元，同比名义增长 10.0%，扣除价格因素实际增长 8.9%。全国居民人均可支配收入中位数 5 216 元，同比名义增长 11.1%。2 月末，农村外出务工劳动力总量 16 331 万人，同比减少 602 万人，下降 3.6%。外出务工劳动力月均收入 3 000 元，同比增长 11.9%。

8．结构调整稳步推进

产业结构更趋优化。一季度，第三产业增加值占国内生产总值的比重为 51.6%，比上年同期提高 1.8 个百分点，高于第二产业 8.7 个百分点。工业内部创新升级步伐加快。一季度，高技术产业增加值同比增长 11.4%，装备制造业增长 7.7%，增速分别比规模以上工业快 5.0 和 1.3 个百分点。城乡居民收入差距进一步缩小。一季度，农村居民人均可支配收入实际增速快于城镇居民人均可支配收入 1.9 个百分点，城乡居民人均可支配收入倍差 2.61，比上年同期缩小 0.05。节能降耗继续取得新进展。一季度，单位国内生产总值能耗同比下降 5.6%。

9．货币信贷平稳增长

3 月末，广义货币（M2）余额 127.53 万亿元，同比增长 11.6%，狭义货币（M1）余额 33.72 万亿元，增长 2.9%，流通中货币（M0）余额 6.2 万亿元，增长 6.2%。3 月末，人民币贷款余额 85.91 万亿元，人民币存款余额 124.89 万亿元。一季度新增人民币贷款 3.68 万亿元，同比多增 6 018 亿元，新增人民币存款 4.15 万亿元，同比少增 1.64 万亿元。一季度，社会融资规模为 4.61 万亿元，同比减少 8 949 亿元。

总的来看，一季度国民经济运行总体平稳，尽管经济增速有所放缓，但就业形势、居民消费价格和市场预期基本稳定，结构调整稳步推进，转型升级势头良好，新生动力加快孕育，积极因素不断累积。下一阶段，要认真贯彻落实党中央、国务院各项决策部署，把稳增长、保就业、提效益作为紧要之务，坚定信心，真抓实干，更加扎实地推进经济发展，更加坚定地深化改革开放，更加充分地激发创新活力，促进经济社会平稳健康发展。

资料来源：国家统计局

思考：

面对纷繁复杂的经济社会现象，我们应该利用哪些指标进行分析呢？通过本任务的学习，您将能解决这些问题。

从现在开始，以后的任务就是会利用统计指标去分析现象，统计指标归纳起来有三类，包括描述现象总规模的总量指标、描述现象的数量对比关系的相对指标及反映现象集中趋势的平均指标，合称综合指标。

知识目标

（1）掌握总量指标（绝对数）的意义和种类。
（2）掌握时期指标和时点指标的区别。
（3）掌握相对指标（相对数）的意义和种类。
（4）掌握各种相对指标的性质及计算方法。
（5）掌握平均指标（平均数）的含义和种类。
（6）掌握算术平均数、调和平均数的计算和应用条件。
（7）掌握标准差的计算。
（8）了解众数、中位数的含义。

能力目标

在对经济活动和实际资料的分析中：
（1）能准确区分时期指标和时点指标；
（2）掌握各种相对数的计算与运用；
（3）掌握各类平均数的计算与运用；
（4）能进行标准差、标准差系数的计算和应用。

思考导学

（1）总量指标是什么？研究说明什么？

（2）相对指标是什么？有什么用？

（3）平均指标做什么？怎么做？

（4）以上综合指标在实际工作和经济生活中应该怎么用？

4.1 总量指标

4.1.1 总量指标的概念

总量指标又称绝对指标或者统计绝对数，它是反映社会经济现象在一定的时间和空间条件下的总规模、总水平的指标。如2015年某地区国内生产总值1 000亿元，年末人口数500万人，等等。

总量指标是统计指标的基本数据，它是计算其他指标的基础，是我们从数量上认识事物的起点，当我们对研究对象的数量方面进行观察时，首先需要了解的就是它的总体规模和水平以及它的总量情况。如果总量指标的质量不能保证，就会影响统计相对数和平均数的质量。所以在进行总量指标（绝对数）统计时，应注意正确地使用计量单位和界定现象的范围。

4.1.2 总量指标的种类

1. 按总量指标所反映的内容的不同分类

总体单位总量：它是总体单位数的总和。如表4-1中企业数1 000个。

总体标志总量：它是总体单位某一数量标志值的总和。如表4-1中总的职工人数为200 000人，总产值50 000万元。

一般而言，对于一个确定的调查现象，总体单位总量只有一个，但总体标志总量确有很多个。

表4-1 某地区2015年工业企业生产经营状况统计表

经济类型	企业数/个	职工人数/人	总产值/万元
国有	300	80 000	10 000
集体	250	50 000	20 000
其他	450	70 000	20 000
合计	1 000	200 000	50 000

2. 总量指标按其反映时间状况的不同分类

时期指标：它是反映社会经济现象在一段时期内发展过程的总量，它是一个流量指标，如工（农）业增加值、货物流通量、工资总额、利息支出（收入）总额、GDP等。

时点指标：它是反映社会经济现象在某一时点上的存在状态，它是一个存量指标，如人口数、土地面积、存（贷）款余额、商品库存量等。

时期指标和时点指标的区别：时期指标在不同时间内的数值可以相加，数值的大小与时间长短有着直接的联系，其指标数值是连续统计的；时点指标在不同时点上的数值则不能相加，数值的大小与时点间隔长短没有直接关系，其指标数值是间断统计的。正确区分时期指标和时点指标在统计指标的分析上有极其重要意义。

小思考

表 4-1 中的指标，哪些是时期指标？哪些是时点指标？

4.2　相对指标

4.2.1　相对指标的概念和作用

相对指标又称相对数，它是两个有联系的指标数值之比，用以反映现象间的联系和对比关系。如李克强总理在 2015 年政府工作报告中提到的 2014 年一年来，我国经济社会发展总体平稳，国内生产总值比上年增长 7.4%，居民消费价格上涨 2%，消费对经济增长的贡献率达到 51.2%，服务业增加值比重由 46.9%提高到 48.2%等，这些都是相对指标。

相对数是质量指标，用以对经济、管理等各种经济活动及其活动结果进行各种质量分析，只有把有联系的指标加以对比，才能更好地对现象的发展变化做出准确的判断。在经济、管理工作中常用的相对数有结构相对数、比例相对数、比较相对数、强度相对数、动态相对数和计划完成程度相对数，天下所有的相对数都可以涵盖其中。

统计相对数是统计分析中广泛应用的一类重要指标，其主要作用如下。

（1）统计相对数能够表明现象的相对水平、普遍程度以及比例关系等。例如，国民经济发展速度、投入与产出的比例关系、产业结构等都可以应用相对指标加以分析和研究。

（2）统计相对数比统计绝对数能更清楚地反映事物之间的对比关系。如对于工作质量的好坏、程度的大小、进度的快慢等类问题，利用统计相对数才能做出清楚说明。

（3）统计相对数能将现象从具体差异中抽象出来，使一些不能直接对比的统计绝对数转变成直接对比关系。例如，比较两个营业额不同的商店的流通费用额节约情况，仅以费用额支出多少进行评价难以说明问题，因为流通费用额的大小直接受营业额多少的影响，而采用统计相对数—流通费用率进行对比，则可以做出正确判断。

4.2.2　相对数的表现形式

统计相对数的表现形式有两种：一种是无名数，另一种是有名数。

无名数是一种抽象化的数值，也是统计相对数最常见的计量形式，多以系数、倍数、成数、百分数、千分数等表示。系数和倍数是将基数抽象化为 1 而计算出来的统计相对数；当对比的两个数相差不多时，用系数表示，如恩格尔系数、基尼系数等；当比数较基数大很多时，用倍数表示，如某地区收入水平的贫富悬殊相差十倍。成数是将基数抽象化为 10 而计算出来的统计相对数，如受不利气候影响，我省夏粮预计比去年减产 1 成，也就是减少了 1/10。

百分数是将基数抽象化为 100 而计算出来的统计相对数，如“十一五”提出保八是指在此期间我们的经济增长速度每一年不能低于 8%。千分数是将基数抽象化为 1 000 而计算出来的统计相对数，它适应于比数较基数小很多的情况，如人口出生率、人口死亡率等。

有名数是统计相对数的另一种表现形式，主要用来表现强度相对指标的数值。它是将统计相对数中的分子、分母指标数值的计量单位同时使用以表明事物的密度、强度和普遍程度。由于是用双重计量单位表示，因此又叫复名数。如人口密度单位为人/平方千米，人均国内生产总值单位为元/人等。

4.2.3 各种相对数的性质、计算方法和用途

1．计划完成相对数

计划完成相对数是同一时期实际完成数与计划任务数之比。一般以百分数表示，故又称计划完成百分数或者计划完成%。其基本公式是

$$计划完成相对数=\frac{实际完成数}{计划任务数}\times 100\%$$

计划完成相对数的用途主要是用以检查计划的完成情况和计划的执行进度情况。

由于计划指标的表现形式有三种：绝对数、相对数和平均数，所以上述基本公式的应用有三种情况。

1）根据绝对数计算计划完成相对数

（1）计划完成程度的检查。这种情况是实际完成数与计划任务数属于同一时期，而且时期长度相等。其公式是

$$计划完成程度=\frac{实际完成数}{计划规定数}\times 100\%$$

例：某年某企业销售收入计划完成 400 万元，实际完成 410 万元，则

$$销售收入计划完成程度=\frac{410}{400}\times 100\%=102.5\%$$

$$超额完成计划(\%)=102.5\%-100\%=2.5\%$$

$$超额完成绝对差额=410-400=10（万元）$$

计算表明该年度该企业销售收入超额 2.5%完成计划，实际比计划多完成了 10 万元。

（2）计划执行进度的检查。这种情况是实际完成数与计划任务数的时期长度不相等，实际完成数是分阶段统计的。其公式是：

$$计划执行进度=\frac{期初至报告期止累计完成数}{计划期总数}\times 100\%$$

例：某年某商场全年销售计划为 1 000 万元，假如截至第三季度末实际完成 740 万元，则

$$计划完成进度=\frac{740}{1\,000}\times 100\%=74\%$$

计划完成进度应与时间进度一致。时间已经过了75%，还有25%的时间，但是，计算表明还有计划数的26%要由第四季度去完成，即计划执行情况不太好。

2）根据相对数计算计划完成相对数

在经济管理中，有许多计划任务是用相对数表示的，如计划成本降低率、计划劳动生产率提高率等。对这些计划任务完成程度的考核有两种方法。

（1）对比法，是用实际完成数与计划任务数对比来考核计划完成程度。

这种形式的计算，一般适用于考核各种社会经济现象的增长率、降低率的计划完成情况。它们不能直接对比，因为是在原来基础上的提高或降低，因此，在计算时，计划数和实际数都是要把增长百分数前添上“+”号，在降低百分数前添上“−”号，然后在此基础上加100%（或1），才能加以对比。

例：某企业某年规定总产出比上年提高8%，实际执行结果是比上年提高12%，则

$$\text{该企业总产出计划完成\%}=\frac{1+12\%}{1+8\%}=103.7\%$$

计算结果表明，该企业总产出实际比计划超额完成3.7%，即103.7% −100% =3.7% 。

例：某企业某年生产某产品，计划单位成本要降低8%，实际降低了9%，则

$$\text{产品单位成本计划完成\%}=\frac{1-9\%}{1-8\%}=98.91\%$$

计算结果表明，该产品单位成本计划超额完成了1.09%，即成本节约了1.09%（98.91%−100%=−1.09%）。

（2）差额法，是用实际完成数与任务计划数相减，来说明计划完成的情况。如上面两个例子用差额法计算则为：12%−8%= 4%，计算结果表明该企业总产出实际比计划多提高 4 个百分点；9%−8%=1%，计算结果表明，该产品单位成本实际比计划多降低 1 个百分点。

上面两种方法的计算结果不同，说明的问题也不同。前者说明的是计划完成程度，后者是检查和评价是否完成计划。

小知识

百分数与百分点

百分数是表示一个数是另一个数的百分之几的数，也叫百分率或百分比；百分点表示相对指标的变动幅度，是由相对指标相减获得的，1个百分点=1%。

在“2015年1—4月，全国完成固定资产投资119 979亿元，与去年同期相比增长了12%，增速比一季度回落1.5个百分点。”表述中，12%即为百分数，它是由2015年1—4月全国完成固定资产投资额与2014年1—4月全国完成固定资产投资额相比获得的，而1.5即为百分点，它是由2015年1—4月全国完成固定资产投资额与2014年1—4月全国完成固定资产投资额相减获得的。

3）根据平均数计算计划完成相对数

$$计划完成相对数=\frac{实际平均水平}{计划平均水平}\times 100\%$$

例： 某企业生产某种产品，计划每个工人平均日产量为 50 件，实际每人日均产量为 60 件，则

$$劳动生产率计划完成\% = \frac{60}{50}\times 100\% = 120\%$$

计算结果表明超额 20%完成计划，每一个人的日产量比计划多完成了 10（60–50）件。

对计划完成程度的评价，要根据计划指标的性质和内容决定。反映工作成果的指标是以最低限度提出的，如产品产量、商品销售额等，它们的计划完成相对数等于或大于 100%，表示完成或超额完成计划；反映人、财、物耗费的指标是以最高限度提出的，如生产成本、商品流通费用水平等，它们的计划完成相对数小于 100%时，是节约成本费用，表示超额完成计划。

4）长期计划完成情况检查

长期计划完成情况的检查，是指对国民经济 5 年计划或 10 年计划完成程度的考核，其中主要是对 5 年计划完成程度的考核。由于 5 年计划指标有两种规定，所以考核计划执行情况就有两个方法，即水平法和累计法。

（1）水平法，在 5 年计划中只规定计划期最后一年应达到的水平。如产品产量、商品零售额等指标就是用水平法规定的。计算公式为

$$计划完成\% = \frac{计划期最后一年实际达到的水平}{计划期最后一年应达到的水平}\times 100\%$$

例：“十二五”计划期间，某企业计划规定最末一年（2015 年）某产品产量应达到 300 万吨，而实际达到了 350 万吨，则

$$某产品产量计划完成\% = \frac{350}{300}\times 100\% = 116.7\%$$

计算结果表明该产品产量超额 16.7%完成计划。在超额完成计划时，还要计算提前完成任务的时间。水平法规定：只要连续一年（可跨年度）的时间实际完成数达到计划规定的任务，以后时间即为提前完成计划的时间。如上例，假设企业从 2014 年 4 月份到 2015 年 3 月份连续一年的时间实际产量已达到 300 万吨，则认为到这一时间为止已完成计划，2015 年 4 月到 2015 年底的 9 个月时间就是提前完成计划的时间。

（2）累计法，在 5 年计划中规定 5 年累计应完成的工作量或应达到的水平。如基建投资额、造林面积等指标都是用累计法规定的。计算公式为

$$计划完成\% = \frac{计划期累计完成水平}{计划期累计应达到水平}\times 100\%$$

例： 某地区“十二五”计划规定基建投资应完成 520 亿元，5 年内实际累计完成 540 亿元，则

$$基建投资额计划完成\% = \frac{540}{520} \times 100\% = 103.8\%$$

计算结果表明该地区超额 3.8%完成基建投资计划。

累计法也要计算提前完成计划的时间，它是用计划期全部时间减去自计划执行之日起累计实际数量达到计划任务止的时间，剩余的时间即为提前完成计划的时间。如上例，若 2015 年 8 月底基建投资累计达到 520 亿元，则提前 4 个月完成“十二五”的基建投资计划。

2．结构相对数

结构相对数又称为比重或频率。它是利用统计分组法，将现象区分为不同性质的各部分，以部分数值与总体全部数值对比求得的比重或比率，以反映总体内部组成状况的综合指标。一般用百分数表示，其计算公式为

$$结构相对数 = \frac{总体部分数值}{总体全部数值} \times 100\%$$

公式中的分子、分母指标必须为同一总体的总量指标。由于是总体的部分数值与全部数值之比，所以各部分所占比重之和为 100%或 1。结构相对数的分子、分母不能颠倒。

结构相对数在统计分析中应用很广泛，常用来反映总体各组成部分的构成及其变动情况，以认识事物的规律性。例如表 4-2 是某地区产业结构及变动情况。

表 4-2 某地区产业结构及变动表

项 目	2014 年		2015 年	
	增加值/亿元	比重/（%）	增加值/亿元	比重/（%）
国内生产总值（GDP）	536.49	100.0	603.64	100.0
第一产业	63.19	11.8	66.42	11.0
第二产业	290.28	54.1	318.35	52.7
第三产业	183.02	34.1	218.87	36.3

从表 4-2 可以看出，该地区第二产业所占比重较大，第三产业增长较快。

3．比例相对数

比例相对数是反映总体内部各个组成部分之间数量对比关系的综合指标。计算公式为

$$比例相对数 = \frac{总体中某一部分数值}{总体中另一部分数值}$$

比例相对数通常用比的形式表示，如第六次人口普查（2010 年）我国男女比例为 171 713 143:163 218 070；有时还用百分数或倍数表示，如上例中 2010 年我国男性与女性的性比例为 1.052:1 或 105.2%。

计算比例相对数，要求分子、分母的数值是同一时间、同一总体的部分数值，而且类型相同，一般是绝对数，也可以是平均数或相对数，其分子、分母可以互换。在反映社会经济生活中许多重大比例关系时，还可以采用连比形式。

例：某地 2013 年第一、二、三产业增加值分别为 376.3 亿元、496.2 亿元、687.5 亿元，那么该地 2013 年第一、二、三产业增加值的比例相对数是 376.3:496.2:687.5=1:1.32:1.83。

4．比较相对数

比较相对数同一时期（时点）同类现象在不同地区、部门、单位之间的对比，用来表明同类事物在不同空间条件下数量对比关系的综合指标。计算公式为

$$比较相对数=\frac{某条件下的某类指标数值}{另一条件下的同类指标数值}$$

比较相对数可以用百分数、系数或倍数表示。要求分子、分母在指标类型、时间、计算方法、计量单位上要有可比性，对比现象的性质要相同。

比较相对数对比的基数不是固定的，根据不同的研究目的，其对比的分子指标与分母指标可以互换。

例：甲公司的市场占有率是 18%，同行业的乙公司的市场占有率是 28%，则乙公司的市场占有率是甲公司的 1.56 倍（28%÷18%），或者甲公司的市占有率是乙公司的 0.64 倍（18%÷28%）。

在实际生活中，我们常用的横向比较就是比较相对数。

5．强度相对数

强度相对数是两个性质不同，而又有密切联系的总体总量指标之比。它用来说明两个有联系的不同事物在数量对比上的强度、密度和普遍程度。可以用有名数表示，如人/平方千米、千克/人等；当分子、分母为同一计量单位时，也可以用百分数或平均数表示，如商品流通费用率、人口出生率等。计算公式为

$$强度相对数=\frac{某一现象数值}{另一有联系但性质不同的现象数值}$$

例：某地 2015 年钢铁产量为 226 万吨，同年平均人口为 1 130 万人，则

$$2015年该地人均钢铁产量=\frac{226万吨}{1\ 130万人}=\frac{226\ 000万千克}{1\ 130万人}=200（千克/人）$$

平均每人分摊的主要产品产量，是反映一个国家或地区经济实力强弱程度的指标。指标数值愈大，表明一个国家（或地区）的经济力量愈强。

强度相对数中作为比较的是两个总量指标，其分子、分母可以互换。因此，强度相对数有正指标和逆指标两种。

例：某城市人口为 500 000 人，有各种零售商场、商店共 2 000 个，则

$$该城市零售商业网点密度的正指标=\frac{2\ 000个}{500\ 000人}=4（个/千人）$$

这个强度相对数说明该城市每千人有 4 个零售商店为他们服务。指标数值愈大，表示零售商店密度大，它是从正方向说明零售商业网密度的，是正指标。

如果把分子、分母互换一下，则

$$\text{该城市零售商业网密度的逆指标}=\frac{500\ 000\text{人}}{2\ 000\text{个}}=250\text{（人/个）}$$

这个强度相对数说明该城市每个零售商店要为 250 人服务。指标数值愈大，表明零售商店密度愈小，它是从反方向来说明零售商业网密度的，是逆指标。

小作业

现有甲、乙两国钢产量和人口资料如下：

	甲国		乙国	
	2014 年	2015 年	2014 年	2015 年
钢产量/万吨	3 000	3 300	5 000	5 250
年平均人口数/万人	6 000	6 000	7 143	7 192

试用所学过的指标对甲、乙两国的钢产量现状进行分析。

6. 动态相对数

动态相对数是将同类现象在不同时间上的指标数值进行对比，用以反映现象总体在时间上的发展变化程度，也称发展速度，一般用百分数表示。计算公式为

$$\text{动态相对数}=\frac{\text{报告期指标数值}}{\text{基期指标数值}}\times 100\%$$

所谓报告期是指所要研究的时期，基期是指用来作为比较基础的时期。

例：某商场电动自行车销售量 2014 年为 500 辆，2015 年为 700 辆，则

$$2015\text{ 年的销售量是 }2014\text{ 年的}=\frac{700}{500}\times 100\%=140\%$$

在实际生活中，我们常用的纵向比较就是动态相对数。

4.2.4 计算和运用统计相对数应注意的问题

1. 正确选择对比的基数

在计算和应用相对数时，首先要选择好基数。因为基数是计算相对数的依据和标准，基数选择不当，就会失去相对数的作用。选择基数必须根据统计研究目的，结合研究对象的性质、特点和现象之间的关系加以确定。

2. 要保持两个对比指标的可比性

统计相对数是两个有联系的指标之比，因此，对比指标的可比性是计算相对数的前提条件。这种可比性包括两个指标所包括的内容、范围和计算方法等是否相互适应，彼此协调。

3. 各种统计相对数要结合运用

一种统计相对数只能反映某种现象的一方面的数量关系，对于复杂的社会经济现象，需要

把各种统计相对数结合起来进行分析，才能够全面深入地说明被研究现象的特征及其发展规律。

4．统计相对数要与统计绝对数结合应用

统计相对数是将现象总体的绝对水平抽象化，以揭示现象之间的相互联系和对比关系。但它只能反映现象之间相对程度的不同，不能反映现象之间绝对量上的差别。要深刻而全面地对社会经济现象和发展变化做出正确的评价，就必须将统计相对数与统计绝对数结合起来运用。

4.3 平均指标

4.3.1 平均指标的概念和种类

1．平均指标的概念

平均指标又称平均数，它是同质总体中的某一数量标志在一定时间和空间条件下的一般水平，用以反映总体分布的集中趋势。

2．平均数的特点

（1）计算和应用平均数的关键是分子和分母的同质性。如一个企业共有职工 1 000 人，其中，生产、管理、销售人员 800 人，服务和其他人员 200 人，该企业本年度共实现销售收入 5 000 万元，则该企业的生产、管理、销售人员的劳动生产率 6.25 万元（5 000 万元/800 人）这个劳动生产率是平均数。因为，5 000 万元的销售收入是由那 800 人直接创造的，它是在同质总体中计算出来的；企业的全员劳动生产率 5 万元（5 000 万元/1 000 人）是强度相对数，因为有 200 人没有直接创造销售，所以不具有同质性，是属于两种现象之比。

小思考

某班共 50 名学生，在某次统计学考试中，总成绩为 3 936 分，其中有两位同学因病缺考，请问该班级此次考试中，统计学的平均分是多少？

（2）平均数是把总体各单位的标志值的差异抽象化了。

（3）平均数是一个代表值，所代表的是总体的一般水平。如某单位职工的收入水平，是将职工的高低收入拉扯平均，代表的是该单位职工的收入质量。

3．平均数的种类

平均指标共有五种，包括算术平均数、调和平均数、几何平均数、众数、中位数。其中，算术平均数、调和平均数、几何平均数是数值平均数；众数、中位数是位置平均数。

4.3.2 平均指标的计算与分析

1．算术平均数

算术平均数是计算和分析社会经济现象一般水平的最基本、最常用的一种平均指标。其基本定义为：总体标志总量与总体单位总量之比。

其计算公式为

$$\text{算术平均数}=\frac{\text{总体标志总量}}{\text{总体单位总量}}$$

由于掌握的资料的不同，算术平均数又有如下分类。

（1）简单算术平均数——当掌握的资料为原始资料时采用。

例：某学习小组 6 名学生《统计基础与实训》期末考试成绩分别为 67 分、68 分、69 分、71 分、72 分、73 分，则

$$\text{算术平均数即 6 名学生平均考试成绩}=\frac{67+68+69+71+72+73}{6}=70\text{（分）}$$

利用统计调查收集的原始数据，直接计算算术平均数时，采用公式如下：

$$\bar{x}=\frac{x_1+x_2+x_3+\cdots+x_n}{n}=\frac{\sum x}{n}$$

式中　$\bar{x}$——算术平均数；

x——变量值；

n——总频数；

$\sum$——加总符号。

（2）加权算术平均数——当掌握的资料为分组资料（分配数列或者分布表）时采用。

统计调查收集的数据资料在经过分组整理后计算算术平均数，要利用频数分布表，具体计算公式如下：

$$\bar{x}=\frac{x_1f_1+x_2f_2+x_3f_3+\cdots+x_nf_n}{f_1+f_2+f_3+\cdots+f_n}=\frac{\sum xf}{\sum f}$$

式中　$\bar{x}$——加权算术平均数；

x——各组变量值；

f——各组变量值出现的次数，即频数；

$\sum$——加总符号。

例：某生产组 50 名工人生产甲产品，日产量分组资料如表 4-3 所示，计算工人的平均日产量。

表 4-3　某生产组 50 名工人生产计算表

日产量 x/件	工人人数 f/人
7	5
8	10
9	20
10	15
合计	50

根据表 4-3 资料，可以计算该生产组 50 名工人的平均日产量为

$$\bar{x}=\frac{\sum xf}{\sum f}=\frac{7\times5+8\times10+9\times20+10\times15}{5+10+20+15}=\frac{445}{50}=8.9\text{（件）}$$

由此可见，平均日产量 8.9 件，它趋向于工人人数最多，即频数最大的那一个变量值 9 件。

如果上例中变量数列的各个变量值 x 不变，各组的工人分布 f 有所变化，如表 4-4 所示的分布数列。

表 4-4　某生产组 50 名工人生产计算表

日产量 x/件	工人人数 f/人
7	15
8	20
9	10
10	5
合计	50

根据表 4-4 资料，可以计算该生产组 50 名工人的平均日产量为：

$$\bar{x}=\frac{\sum xf}{\sum f}=\frac{7\times15+8\times20+9\times10+10\times5}{15+20+10+5}=\frac{405}{50}=8.1\text{（件）}$$

由此可见，平均日产量 8.1 件趋向于工人人数最多，即频数最大的那一个变量值 8 件。

由以上两个例子可以看到，在用分组数据计算算术平均数时，其数值的大小受两个因素的影响：一个是受各组变量值 x 的影响；另一个是受各组变量出现的次数，即频数 f 的影响。当各组变量值 x 不变，在总次数一定的条件下，各组变量值出现的次数 f，对于算术平均数 $\bar{x}$ 的大小起着权衡轻重的作用，算术平均数 $\bar{x}$ 总是趋向于出现次数最多即频数最大的那个变量值。因此，次数 f 又称为权数，这种计算算术平均数的方法，叫作加权平均法。用这种方法计算的算术平均数，就叫作加权算术平均数。

权数不仅可以用绝对数，即频数表示，也可以用相对数，即频率或比重 $\frac{f}{\Sigma f}$ 表示。如将上面加权算术平均数公式变换一下，即分子和分母同除以 Σf，则可以得到以频率或比重 $\frac{f}{\Sigma f}$ 作为权数的加权算术平均数公式：

$$\bar{x}=\frac{\sum xf}{\sum f}=\sum\left(x\cdot\frac{f}{\sum f}\right)$$

例：用表 4-3 中的资料计算出各组频率，如表 4-5 所示，以频率（$\frac{f}{\Sigma f}$）作为权数，来计算加权算术平均数。

表 4-5　某生产组 10 名工人生产计算表

日产量 x/件	工人人数 f/人	人数比重 $\frac{f}{\Sigma f}$ /（%）
7	5	10
8	10	20
9	20	40
10	15	30
合计	50	100

根据表 4-5 资料，计算算术平均数为

$$\bar{x}=\sum(x \cdot \frac{f}{\sum f})=7\times10\%+8\times20\%+9\times40\%+10\times30\%=8.9\text{（件）}$$

用频率（$\frac{f}{\Sigma f}$）作为权数，比用频数（f）作为权数，更能直观地表明权数对平均数的影响。即权数对平均数发生作用，实质在于频率（$\frac{f}{\Sigma f}$）的变化，若在一个变量数列中，各组频数均增加一倍，频率仍不变，平均数也不变。所以，加权平均数中权数对平均数的作用实质是权数的比重在起作用。

上面所介绍的都是用单项变量数列来计算加权算术平均数的方法。如果我们掌握的是组距数列的资料，则计算加权算术平均数的方法是：先计算各组的组中值，用组中值代表变量值（x），然后根据要求，用频数（f）或频率（$\frac{f}{\Sigma f}$）作为权数，代入公式，则可得加权算术平均数。组距数列加权算术平均数计算举例如表 4-6 所示。

组中值的一般计算方法如下。

闭口组的组中值，可按下列公式计算：

$$\text{组中值}=\frac{\text{上限}+\text{下限}}{2}$$

开口组组中值可按下列公式计算：

$$\text{表中第一组组中值}=\text{上限}-\frac{\text{邻组组距}}{2} \qquad \text{（缺下限开口组的组中值）}$$

$$\text{表中最末组组中值}=\text{下限}+\frac{\text{邻组组距}}{2} \qquad \text{（缺上限开口组的组中值）}$$

例：某车间某月日劳动生产率如表 4-6 所示。

表 4-6　某车间某月日劳动生产率计算表

日劳动生产率/件	组中值	工人数/人	
	x/件	f/人	$\frac{f}{\Sigma f}$/（%）
400 以下	350	5	8.3
400～500	450	13	21.7
500～600	550	18	30.0
600～700	650	15	25.0
700～800	750	7	11.7
800 以上	850	2	3.3
合计	—	60	100.0

根据表 4-6 资料，计算平均劳动生产率为

$$\bar{x}=\frac{\Sigma xf}{\Sigma f}=\frac{350\times5+450\times13+550\times18+650\times15+750\times7+850\times2}{5+13+18+15+7+2}$$
$$=\frac{34\,200}{60}=570（件）$$

或

$$\bar{x}=\Sigma（x\ \bullet\frac{f}{\Sigma f}）$$
$$=350\times8.3\%+450\times21.7\%+550\times30.0\%+650\times25.0\%+750\times11.7\%+850\times3.3\%$$
$$=570（件）$$

值得注意的是，在加权算术平均数的计算中，应当以各组的组平均数乘以相应的频数计算各组的变量值总量。在组距变量数列中，由于缺乏组平均数资料，是以各组的组中值作为组平均数的代表值来计算各组的变量值总量。做这样变通处理是假定各组变量值在组内的分布是完全均匀的，因此，其计算结果只能是一个近似值。

2．调和平均数

在实际统计工作中，有时由于资料的原因，不能直接计算算术平均数，可采用调和平均数的形式间接计算出算术平均数。调和平均数是总体各单位标志值倒数的算术平均数的倒数。设$\sum m$是变量总值，因为$m=xf$，所以$\frac{m}{x}=f$是各组频数，$\sum\frac{m}{x}$就是总频数。

加权调和平均数的公式为

$$\bar{x}_{\rm H}=\frac{m_1+m_2+m_3+\cdots+m_n}{\frac{m_1}{x_1}+\frac{m_2}{x_2}+\frac{m_3}{x_3}+\cdots+\frac{m_n}{x_n}}=\frac{\sum m}{\sum\frac{m}{x}}$$

例：在市场经济中，商品价格放开，某种商品的不同等级的销售情况在不同的商场有所不同。现有甲商场某种商品某期的单位价格及销售额资料如表 4-7 所示。

表 4-7　某期某商品及销售资料

产品等级	价格 x/元	销售额 m/万元
甲	10 以下	180
乙	10～12	330
丙	12～15	270

试计算甲商场该种商品的平均价格。

根据表 4-7 资料，该商品平均价格

$$\bar{x}_{\rm H}=\frac{\Sigma m}{\Sigma\frac{m}{x}}=\frac{1\,800\,000+3\,300\,000+2\,700\,000}{\frac{1\,800\,000}{9}+\frac{3\,300\,000}{11}+\frac{2\,700\,000}{13.5}}$$
$$=\frac{7\,800\,000}{700\,000}=11.1（元/件）$$

在社会经济生活中符合严格意义上的调和平均数所表现的数量关系并不多见。所以，加权调和平均数一般作为加权算术平均数的变形形式使用。也可以这样说，调和平均数和算术平均数在本质上是一致的，唯一的区别是计算时使用了不同的数据。在实际应用时，可掌握这样的原则，当分子资料未知时，就采用加权算术平均数计算平均数；当分母资料未知时，就采用加权调和平均数计算平均数。

小作业

根据某工厂 4 个车间产值计划完成程度和实际产量值，计算平均计划完成程度。

产量计划完成情况表

车　间	计划完成程度/（%）	实际产量/万吨
一车间	90	18
二车间	100	30
三车间	110	55
四车间	120	48
合计	—	151

若将表中最后一列列标题改为计划产量，又应该如何计算该工厂的平均计划完成程度呢？

3．几何平均数

几何平均数是计算平均数的另一种形式。通常在计算平均比率和平均速度时使用。

几何平均数的计算公式是

$$\bar{x}_G = \sqrt[n]{x_1 \cdot x_2 \cdot x_3 \cdot \cdots \cdot x_n} = \sqrt[n]{\prod x}$$

式中　$\bar{x}_G$——几何平均数；

x——各个变量值；

n——变量值的个数；

$\prod$——连乘符号。

例：某纺织厂共 3 个车间，其中，纺纱车间的产品合格率为 90%，织布车间的产品合格率为 94%，印染车间的产品合格率为 95%，全厂平均产品合格率应为

$$\bar{x}_G = \sqrt[n]{\prod x} = \sqrt[3]{90\% \times 94\% \times 95\%} = 83.17\%$$

在实际经济生活中，平均速度通常都是按此方法计算出来的。

小思考

某金融机构以复利计息。近 12 年来的年利率有 4 年为 3%，2 年为 5%，2 年为 8%，3 年为 10%，1 年为 15%，则 12 年的平均年利率是多少？

4．中位数（M_e）

中位数是将全部标志值按大小顺序排列后，处于中央位置的那一个标志值。实际上中位数把全部数据分为两半，一半比它小，一半比它大。中位数是由数值的位置确定的，所以，中位数又称位置平均数。

1）由原始资料确定中位数 M_e

直接根据原始数据计算中位数的过程：将一组原始数据按照从大到小（或从小到大）的顺序排列，那么位居中点位置上的那个变量值就是中位数。

应该注意，在计算中位数时，首先是要确定中位数的位置，然后再根据确定的位置找出或计算出中位数的数值。中点位置用下列公式确定：

$$中点位置=\frac{n+1}{2}$$

式中　n——总频数。

如果数列项数为奇数，中位数就是中点位置的变量值。

例：某班组有 9 名工人生产甲产品，某日产量分别为 12、13、14、15、16、17、18、19、20（件）。

$$中点位置=\frac{9+1}{2}=5$$

即第 5 位工人的日产量 16 件是中位数。

如果数列项数为偶数，中位数则应取与中点位置相邻的两个变量值的平均值为中位数。

例：某班组有 8 名工人生产甲产品，某日产量分别为 14、15、15、16、17、18、19、20（件）。

$$中点位置=\frac{8+1}{2}=4.5$$

即第 4 位和第 5 位工人之间为中位数位置。第 4 位工人的日产量是 16 件，第 5 位工人的日产量是 17 件，则

$$中位数M_e=\frac{16+17}{2}=16.5（件）$$

2）由组距数列确定中位数（M_e）

根据组距式数列确定中位数，要先计算累计次数，确定中位数的位置，然后确定中位数所在的组，但这时中位数所在的组对应着一个变动区间，可用比例推算中位数的近似值。比例推算中位数的计算公式可用上限公式或下限公式。计算步骤如下。

（1）确定中位数所在组。在确定中位数所在组时，首先要计算累计次数，然后用 $\frac{\Sigma f}{2}$ 计算中点位置。它表明了在中点位置以左和以右所包括的单位数。现以某地抽样调查的有关居民家庭月收入资料为例加以说明，数据如表 4-8 所示。

表 4-8　某地居民家庭按月收入分组表

居民家庭按月收入分组/元	居民家庭数/户	向上累计	向下累计
2 000～3 000	120	120	2 000
3 000～4 000	260	380	1 880
4 000～5 000	480	860	1 620
5 000～6 000	560	1 420	1 140
6 000～7 000	420	1 840	580
7 000～8 000	160	2 000	160
合计	2 000	—	—

在本例中，中点位置 $\frac{\Sigma f}{2}=\frac{2\,000}{2}=1\,000$，说明在中点位置以左和以右各有 1 000 个单位。最后，找出包括中点位置的累计次数所对应的组，该组即为中位数所在组。在本例中，向上累计次数 1 420 包括了中点位置 1 000，则 1 420 所对应的组 5 000～6 000 元，就是中位数所在组。

（2）计算中位数的近似值。中位数的近似公式如下。

下限公式：
$$M_e=L+(\frac{\sum f}{2}-S_{m-1})\times\frac{i}{f_m}$$

上限公式：
$$M_e=U-(\frac{\sum f}{2}-S_{m+1})\times\frac{i}{f_m}$$

式中　M_e——中位数；

L——中位数所在组的下限；

U——中位数所在组的上限；

f_m——中位数所在组的次数；

i——中位数所在组的组距；

$\sum f$——总频数；

S_{m-1}——向上累计至中位数所在组前一组的次数；

S_{m+1}——向下累计至中位数所在组后一组的次数。

由表 4-8 资料可知，$L=5\,000$，$U=6\,000$，$f_m=560$，$i=1\,000$，$\Delta f=2\,000$，$S_{m-1}=860$，$S_{m+1}=580$，则由下限公式计算：

$$M_e=5\,000+(\frac{2\,000}{2}-860)\times\frac{1\,000}{560}=5\,250\text{（元）}$$

由上限公式计算：

$$M_e=6\,000-(\frac{2\,000}{2}-580)\times\frac{1\,000}{560}=5\,250\text{（元）}$$

可见，采用上限公式和下限公式计算中位数的结果是一致的，因此，选其中任何一个公式计算均可。

5．众数（M_0）

众数是出现次数最多的那个标志值（变量值）。

1）根据单项数列确定众数

粗略众数不需要计算，可以通过观察寻找。在一组原始数据中，频数最大的那个数值就是众数。例如：工人日产量的资料如表 4-9 所示。

表 4-9　工人日产量资料

日产量/件	12	13	14	15	16	17	18	19	20
工人人数/人	10	21	34	43	55	46	30	22	8

从表 4-9 中数据可以看出，众数组就是工人人数最多的 55 名工人这个组，即 16 件就是众数。

2）根据组距数列确定众数

例：某班 50 名学生某科考试成绩的分组表如表 4-10 所示。

表 4-10　某班学生考试成绩分组表

考试成绩 x/分	人数 f/人
60 以下	1
60～65	3
65～70	4
70～75	6
75～80	19
80～85	7
85～90	5
90～95	3
95 以上	2
合计	50

（1）确定众数所在的组。

从表 4-10 中可看出，学生人数最多的一组是 19 人，对应的分数是 75～80 分。

（2）计算众数的近似值。

当数据分布形态基本是正态或接近正态分布时，我们可以采用一定的计算方法，得到相对准确的众数。下面是计算众数的近似公式。

下限公式：
$$M_0 = L + \frac{\varDelta_1}{\varDelta_1 + \varDelta_2} \times i$$

上限公式：
$$M_0 = U + \frac{\varDelta_1}{\varDelta_1 + \varDelta_2} \times i$$

式中　M_0——众数；

L——众数所在组下限；

U——众数所在组上限；

i——众数所在组组距；

$\varDelta_1$——众数所在组频数与前组频数之差；

$\varDelta_2$——众数所在组频数与后组频数之差。

根据表 4-10 所示某班学生考试成绩的分组表资料计算通过观察知道，众数组是 75～80 分这一组，将数据带入公式，求得众数：

$$\begin{aligned} M_0 &= L + \frac{\varDelta_1}{\varDelta_1 + \varDelta_2} \times i \\ &= 75 + \frac{19-6}{(19-6)+(19-7)} \times 5 \\ &= 77.6\text{（分）} \end{aligned}$$

或

$$\begin{aligned} M_0 &= U - \frac{\varDelta_1}{\varDelta_1 + \varDelta_2} \times i \\ &= 80 - \frac{19-7}{(19-6)+(19-7)} \times 5 \\ &= 77.6\text{（分）} \end{aligned}$$

可见，下限公式与上限公式的计算结果相同。在计算众数时，选其中之一即可。

众数、中位数都用近似公式计算出来的，所以，它们的计算结果只是一个近似值，而且它们更多的只是反映资料（标志值）所在的位置。众数、中位数的计算只作为一般性掌握即可，主要掌握众数、中位数的概念及其在实际中的应用。

4.4 标志变异指标

小思考

假定某车间有两个小组，工人的日产量（件）资料如下。

甲组：500，600，700，800，900。

乙组：600，650，700，750，800。

你认为哪个小组生产表现好些？

标志变异指标又称为标志变动度，它是反映总体各单位标志值之间变异程度的，它又是检查平均数代表性大小的标准，标志变动度越大则平均数的代表性就越小，反之，越大。

最常见的变异指标通常有全距、平均差、标准差、变异系数等。

4.4.1 全距

全距也称为极差，它是一群变量值（数据资料）的最大值与最小值之差。

$$全距(R)=最大变量值-最小变量值$$

例：甲组日产量为：3、5、7、9、11（件），则$\bar{x}=7$(件)，$R_{甲}=11-3=8$(件)。

乙组日产量为：5、6、7、8、9（件），则$\bar{x}=7$(件)，$R_{乙}=9-5=4$(件)。

用全距来评价变量离散状况：极差值越小，说明变量值离散范围小，离散程度也较小，变量值较集中，平均数的代表性较大；反之，极差值越大，说明变量值离散范围大，离散程度较大，变量值较分散，平均数代表性较小。

以上案例$R_{甲}=8$(件)，$R_{乙}=4$(件)，因为$R_{甲}>R_{乙}$，所以乙组日产量平均水平代表性大。

应用全距计算较简便，能够较快地直接做出判断，但它只考虑了最大值与最小值之差，而平均数是根据所有标志值计算出来的，用两极标志值计算的结果去检查用所有的标志值计算出来的平均数是有缺陷的。

4.4.2 标准差

方差和标准差是最重要、最常用的描述离散程度的度量方法，多用于以算术平均数为集中趋势度量的场合。

标准差是总体各单位的标志值与算术平均数离差平方和的算术平均数的平方根。

标准差是最常见，也是最科学的方法，其科学性主要表现在$\sum(x_i-\bar{x})^2$为最小值。实际上标准差是方差的算术方根，习惯上用字母“σ”表示。因此，标准差也叫均方差，标准差的计量单位与变量值的计量单位相同。

由于掌握的资料的不同，标准差又分为如下两种。

（1）简单式标准差，适用于原始资料

$$\sigma=\sqrt{\frac{1}{n}\sum_{i=1}^{n}(x_i-\bar{x})^2}$$

（2）加权式标准差，适用于分组资料

$$\sigma=\sqrt{\frac{1}{\Sigma f}\sum_{i=1}^{n}(x_i-\bar{x})^2\cdot f}$$

式中　$x_i-\bar{x}$——离差；

f——各项频数；

n或$\sum f$——总频数。

标准差的计算步骤如下。

① 计算算术平均数$\bar{x}$；

② 计算变量值x_i与算术平均数$\bar{x}$的离差$(x_i-\bar{x})$；

③ 计算离差的平方和$\sum(x_i-\bar{x})^2$；

④ 计算离差平方和的平均数：

$$\frac{\Sigma(x_i-\bar{x})^2}{n}\quad 或\quad \frac{\Sigma(x_i-\bar{x})^2\cdot f}{\Sigma f}$$

⑤ 计算离差平方和的平均数的平方根：

$$\sqrt{\frac{\Sigma(x_i-\bar{x})^2}{n}} \quad 或 \quad \sqrt{\frac{\Sigma(x_i-\bar{x})^2 \cdot f}{\Sigma f}}$$

在计算标准差时，根据数据是否分组，对离差平方分别采用简单平均法，即简单式；或采用加权平均法，即加权式。

简单式标准差的计算方法如下。

如果算术平均数是采用简单平均法计算的，即标准差就是简单式。计算公式如下：

$$\sigma=\sqrt{\frac{\sum_{i=1}^{n}(x_i-\bar{x})^2}{n}}$$

式中　σ——标准差。

用甲、乙两个生产组的日产量来说明简单式标准差的计算方法，数据如表 4-11 和表 4-12 所示。

表 4-11　甲组日产量标准差计算表

日产量 x/件	离差 $x-\bar{x}$（$\bar{x}=700$件）	离差平方 $(x-\bar{x})^2$
50	−20	400
60	−10	100
70	0	0
80	10	100
90	20	400
合计	—	1 000

由表 4-11 数据得到：

$$\bar{x}=\frac{\Sigma x}{n}=\frac{350}{5}=70（件）$$

则
$$\sigma_{甲}=\sqrt{\frac{\sum_{i=1}^{n}(x_i-\bar{x})^2}{n}}=\sqrt{\frac{1\,000}{5}}=14.14（件）$$

表 4-12　乙组日产量标准差计算表

日产量 x/件	离差 $x-\bar{x}$（$\bar{x}=700$件）	离差平方 $(x-\bar{x})^2$
68	−2	4
69	−1	1
70	0	0
71	1	1
72	2	4
合计	—	10

由表 4-12 数据得到：

$$\bar{x}=\frac{\Sigma x}{n}=\frac{350}{5}=70（件）$$

$$\sigma_{乙}=\sqrt{\frac{\sum_{i=1}^{n}(x_i-\overline{x})^2}{n}}=\sqrt{\frac{10}{5}}=1.414（件）$$

计算结果表明，乙组标准差比甲组标准差小，所以乙组变量值的离散程度比甲组小，即乙组变量分布范围比甲组集中，乙组平均数代表性大。

加权式标准差计算方法如下。

如果算术平均数是采用加权平均法计算的，则标准差也就是加权式。计算公式如下：

$$\sigma=\sqrt{\frac{\sum_{i=1}^{n}(x_i-\overline{x})^2\cdot f_i}{\Sigma f_i}}$$

例：某班组 25 名工人日产量分组资料如表 4-13 所示，计算标准差。

表 4-13　单项数列标准差计算表

日产量 x/件	工人人数 f/人	总产量 $x\cdot f$ /件	离差 $x-\overline{x}$（$\overline{x}=16$件）	离差平方 $(x-\overline{x})^2$	离差平方加权 $(x-\overline{x})^2f$
12	1	12	−4	16	16
13	2	26	−3	9	18
14	3	42	−2	4	12
15	4	60	−1	1	4
16	5	80	0	0	0
17	4	68	1	1	4
18	3	54	2	4	12
19	2	38	3	9	18
20	1	20	4	16	16
合计	25	400	—	—	100

由表 4-13 数据得到：$\overline{x}=\frac{\Sigma xf_i}{\Sigma f_i}=\frac{400}{25}=16（件）$

$$\sigma=\sqrt{\frac{\sum_{i=1}^{n}(x_i-\overline{x})^2\cdot f_i}{\Sigma f_i}}=\sqrt{\frac{100}{25}}=\sqrt{4}=2（件）$$

以上计算结果说明：该班组平均每人日产量为 16 件，每人日产量平均差异 2 件。

由组距变量数列计算标准差，以组中值为变量值，计算公式与上述公式相同。

例：某车间 100 人生产某种产品的日产量如表 4-14 所示。

表 4-14　组距变量标准差计算表

日产量/千克	工人数 f/人	组中值 x	$x\cdot f$	$x-\overline{x}$	$(x-\overline{x})^2$	$(x-\overline{x})^2f$
15～25	20	20	400	−11	121	2 420
25～35	50	30	1 500	−1	1	50
35～45	30	40	1 200	9	81	2 430
合计	100	—	3 100	—	—	4 900

由表 4-14 数据得到：$\bar{x}=\frac{\Sigma x f_i}{\Sigma f_i}=\frac{3100}{100}=31$（千克）

$$\sigma=\sqrt{\frac{\sum_{i=1}^{n}(x_i-\bar{x})^2\bullet f_i}{\Sigma f_i}}=\sqrt{\frac{4\,900}{100}}=7\text{（千克）}$$

以上结果说明该车间平均每人日产量为 31 千克，每一个人的日产量之间平均相差 7 千克。

4.4.3　变异（离散）系数

全距、标准差、方差、平均差，固然可以反映所研究总体的离中趋势，但由于它们都是有相同的计量单位，代表相同的实物量，其数值的大小，只受变量值本身绝对量水平高低的影响，是离中趋势的绝对数，且在比较中，各个数量的水平也是相同的，换言之，各数量水平平均数 $\bar{x}$ 相同，若研究的总体不相同或计量单位不相同或平均数相差悬殊，它们离中趋势的绝对数是不可以比较的。为此，要计算离中趋势的相对数，即变异（离散）系数。

当两个或者两个以上数列水平不等时，要比较各个数量水平（$\bar{x}$）代表性时，采用变异（离散）系数来比较。

变异（离散）系数有几种，常使用的是标准差系数，它是利用反映某种现象变量分布状况的标准差除以平均数来表明每单位平均数的离散程度，用百分数表示，是变量分散性的一个相对度量。标准差系数习惯上用字母"V_σ"表示，其公式为

$$V_\sigma=\frac{\delta}{\bar{x}}\times100\%$$

变异（离散）系数可以用在以下几个方面。

1．比较总体相同，而计量单位不同的两组变量数列的离散程度

例：某市 6 岁男童体重与身高资料如表 4-15 所示。

表 4-15　某市 6 岁男童体重与身高情况

	平均数 $\bar{x}$	标准差 σ
体重/千克	19.39	2.16
身高/厘米	115.87	4.86

由表 4-15 中数据，计算其标准差系数如下。

体重：$$V_\sigma=\frac{\delta}{\bar{x}}\times100\%=\frac{2.16}{19.39}\times100\%=11.14\%$$

身高：$$V_\sigma=\frac{\delta}{\bar{x}}\times100\%=\frac{4.86}{115.87}\times100\%=4.19\%$$

由此可见，该市 6 岁男童体重的变异系数大于身高的变异系数，则平均身高 115.87 厘米比平均体重 19.39 千克的代表性大。

2．比较计量单位相同，而平均数差异悬殊的两组变量的离散程度

例：由表 4-16 和表 4-17 所示资料比较离散程度。

表 4-16　成人组身高标准差计算表

身高 x/厘米	$x-\bar{x}$（$\bar{x}=168$厘米）	$(x-\bar{x})^2$
164	−4	16
166	−2	4
168	0	0
170	2	4
172	4	16
合计	—	40

由表 4-16 数据，计算成年人组平均身高

$$\bar{x}=\frac{164+166+168+170+172}{5}=168（厘米）$$

成人组标准差计算如下。

$$\sigma=\sqrt{\frac{40}{5}}=\sqrt{8}=2.828（厘米）$$

表 4-17　幼儿组身高标准差计算表

身高 x/厘米	$x-\bar{x}$（$\bar{x}=74$厘米）	$(x-\bar{x})^2$
71	−2	1
72	−1	1
73	0	0
74	1	1
75	2	4
合计	—	10

由表 4-17 数据，计算幼儿组平均身高

$$\bar{x}=\frac{71+72+73+74+75}{5}=73（厘米）$$

幼儿组标准差计算如下。

$$\sigma=\sqrt{\frac{10}{5}}=\sqrt{2}=1.414（厘米）$$

标准差系数计算如下。

成人组：$$V_\sigma=\frac{\delta}{\overline{x}}\times100\%=\frac{2.828}{168}\times100\%=1.68\%$$

幼儿组：$$V_\sigma=\frac{\delta}{\overline{x}}\times100\%=\frac{1.414}{73}\times100\%=1.94\%$$

计算结果表明，成人组的标准差系数小于幼儿组的标准差系数，说明成人组身高的离散程度较小。只通过标准差所得出的结论，与上述结论恰恰相反，是不正确的。

3. 比较总体不同，计量单位也不相同的两组变量的离散程度

例：某月某织布厂工人的平均产量是 3 000 米，标准差为 180 米；该月某碾米厂工人的平均产量是 15 000 千克，标准差为 1 200 千克。问哪个厂工人平均月产量的离散程度小？

由于两个厂是不同总体，产品计量单位不同，而且平均产量也不同，所以单凭标准差不能判定两个厂工人月平均产量离散程度的大小，应该计算标准差系数。

织布厂：$$V_\sigma=\frac{\delta}{\overline{x}}\times100\%=\frac{180}{3\,000}\times100\%=6\%$$

碾米厂：$$V_\sigma=\frac{\delta}{\overline{x}}\times100\%=\frac{1\,200}{15\,000}\times100\%=8\%$$

由于织布厂的标准差系数小于碾米厂，所以织布厂工人月产量的离散程度小。

【案例 1】

平均指标与变异指标结合起来分析，全面认识和评价总体。

平均指标与变异指标结合运用，既能说明总体的一般水平，又能说明总体内部的差异程度。在企业分析中，常用来进行两个总体平均数代表性大小的比较以及生产均衡性的分析。

例：在劳动竞赛中，某车间两个班组（均有 5 个工人）生产同一种产品。某月两组工人产品数量如表 4-18 所示。

表 4-18　某月该车间甲、乙两个班组工人产品数量资料

工人编号	1	2	3	4	5	合　计	平　均
甲组/件	300	250	200	150	100	1 000	200
乙组/件	208	205	202	200	185	1 000	200

由表 4-18 数据计算，两组的平均产量均为 200 件/人。现只能评一个组为先进班组，可结合产量的变异指标——标准差来进行比较。

$$\sigma=\sqrt{\frac{\sum(x-\overline{x})^2}{n}}$$

甲组工人产量标准差

$$\sigma_{甲}=\sqrt{\frac{(300-200)^2+(250-200)^2+(200-200)^2+(150-200)^2+(100-200)^2}{5}}$$

$$=\sqrt{\frac{2\,500}{5}}=70.71（件）$$

同样，可计算出乙组工人产量的标准差为 70.97 件。这说明，在劳动效率相同的前提下，甲组工人劳动效率的稳定性好于乙组，应评甲组为先进班组。

生产的均衡性是指企业、车间、班组能按月、按旬、按日完成生产任务，或一年之内各月、一月之内各旬、一旬之内各日均衡完成生产任务，无前松后紧或后松前紧等不良现象，以保证生产的节奏性和秩序性，保证设备、劳动力充分利用，保证产品质量。运用平均指标和变异指标，可分析生产的均衡性。

例：两个班组生产同一种产品，某月上旬某产品实际完成数量如表 4-19 所示。

表 4-19　某月两个班组生产某产品实际完成数量资料

日　期	1	2	3	4	5	6	7	8	9	10	合计	日平均
甲组/台	8	8	9	10	11	12	12	13	17	20	120	12
乙组/台	12	12	12	13	13	13	13	14	14	14	130	13

由表 4-19 数据计算，甲组日产量标准差为 3.687 8 台，乙组日产量标准差为 0.774 6 台，由此可看出，乙组不仅平均日产量高于甲组，而且生产均衡性也好于甲组，说明乙组生产效率和管理水平比甲组高。

【案例 2】

总平均数的分析由两个因素决定：一是各组标志值或组平均数 x 的大小；二是各组总体单位数占总体单位总数的比重 $\frac{f}{\Sigma f}$。因此，在进行平均分析时，不能只比较总平均水平，而必须注意组平均数总体内部结构对总平均数的影响。

如何通过自觉改变总体内部结构而达到不降低总平均水平的目的。例如，某企业进行减人增效改革时拟下岗 100 个工人，那么，如何达到既保持原有劳动生产率，又节约工资支出呢？经过测算，只要将非熟练工人减少 100 人，使其在总体中比重由减人前的 33.3%下降到 20%，就可使企业总平均劳动生产率由减人前的 50 件/人，增加到 54 件/人；而总平均工资由减人前的 550 元/人上升到 570 元/人，工资总额比减人前少开支 45 000 元。若经过加强管理、技术练兵等措施，熟练工人和非熟练工人的劳动生产率均有提高，分别提高到 67 件/人和 36 件/人，总劳动生产率可提高到 60.8 件/人，总产量可提高到 30 400 件，比减人前增加 400 件。这时工人工资可分别提高到 700 元/人和 500 元/人，工资总额还能维持在原有水平上。以上数据分别如表 4-20、表 4-21 所示。

表 4-20　某企业减人方案劳动生产率测算表

工人分组	减人前				减人后				减人增效后		
	工人人数/人	工人比重/（%）	生产量/件	劳动生产率/（件/人）	工人人数/人	工人比重/（%）	生产量/件	劳动生产率/（件/人）	工人人数/人	生产量/件	劳动生产率（件/人）
合计	600	100.0	30 000	50	500	100.0	27 000	54	500	30 400	60.6
熟练工人	400	66.7	24 000	60	400	80.0	24 000	60	400	26 800	67
非熟练工人	200	33.3	6 000	30	100	20.0	3 000	30	100	3 600	36

表 4-21　某企业减人方案工资总额测算表

工人分组	减人前				减人后				减人增效后		
	工人人数/人	工人比重/（%）	工资总额/元	平均工资/（元/人）	工人人数/人	工人比重/（%）	工资总额/元	平均工资/（元/人）	工人人数/人	工资总额/元	平均工资/（元/人）
合计	600	100.0	330 000	550	500	100.0	285 000	570	500	330 000	600
熟练工人	400	66.7	240 000	600	400	80.0	240 000	600	400	280 000	700
非熟练工人	200	33.3	90 000	450	100	20.0	45 000	450	100	50 000	500

4.5　实训应用：用 Excel 计算描述统计量

对于常见的一些描述统计量如算术平均数、几何平均数、众数、中位数、标准差、方差等，求这些统计量，对于分组资料我们可以用公式来算，对于未分组资料可以用 Excel 中的“描述统计”来实现。

实训项目：用 Excel 计算描述统计量。

实训目的：掌握 Excel 在描述统计中的应用，能够应用 Excel 进行平均数和标准差等描述统计量的计算。

实训要求：掌握统计中各类平均数和标准差的计算方法。

实训资料：沿用上一个任务中的数据，某班级 30 名同学的统计学期末考试成绩。

1．用“描述统计”分析工具计算描述统计量

操作步骤：启动 Excel 2003，建立一个工作簿，准备计算描述统计量。

操作一：在空白工作表 Sheet1（A2～A31）的列中输入某班级 30 名同学的统计学期末考试成绩，如图 4-1 所示。

操作二：在“工具”菜单中选“数据分析”命令，从打开的“数据分析”对话框中选“描述统计”，如图 4-2 所示，单击“确定”按钮后，打开“描述统计”对话框。

操作三：在“描述统计”对话框中，在“输入区域”中输入$A$1:$A$30，在“输出区域”中输入$C$3，如图 4-3 所示。

图 4-1　输入原始数据资料

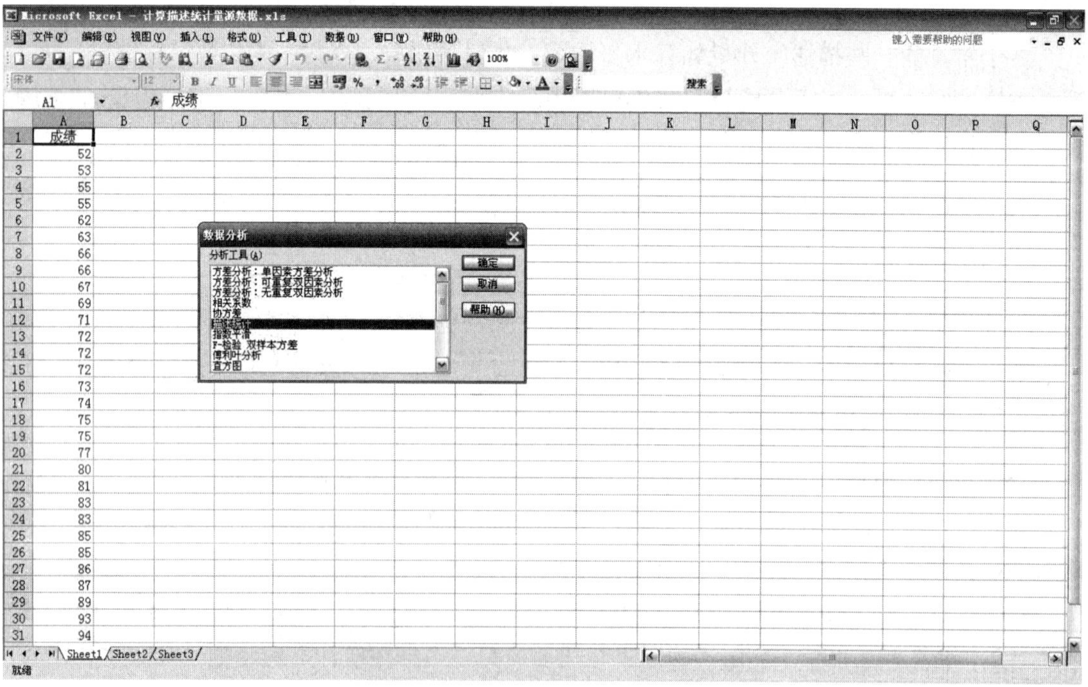

图 4-2　“数据分析”对话框

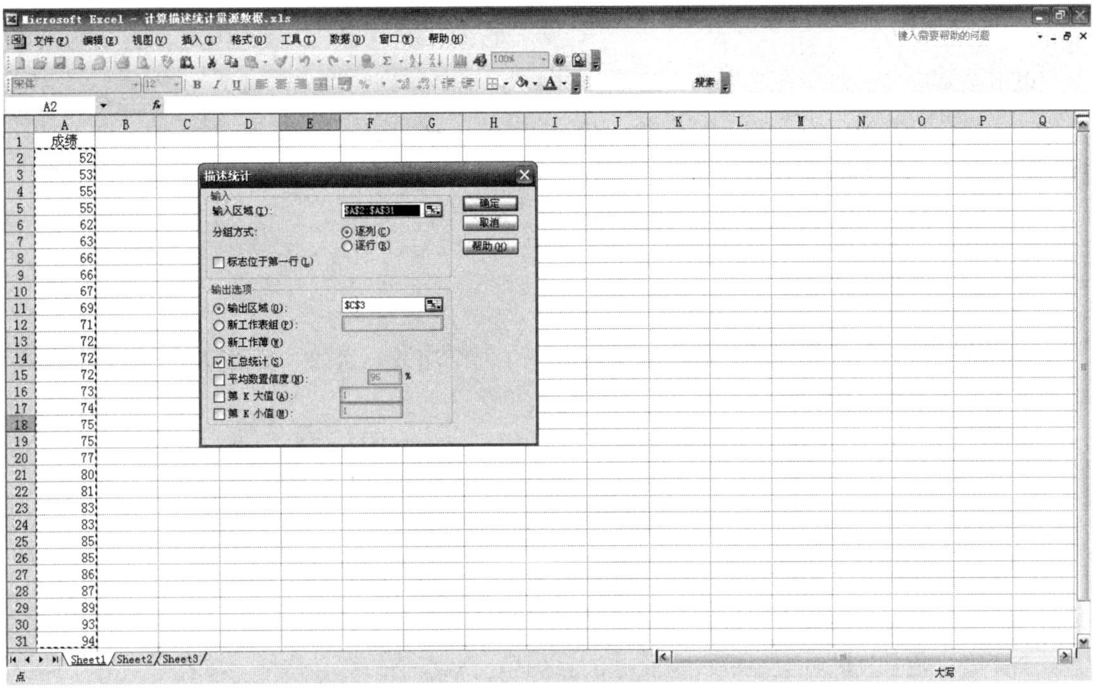

图 4-3　“描述统计”对话框

操作四：选择汇总统计，给出了一系列描述统计量，单击“确定”按钮，可以得到描述统计量的数据输出结果，如图 4-4 所示。

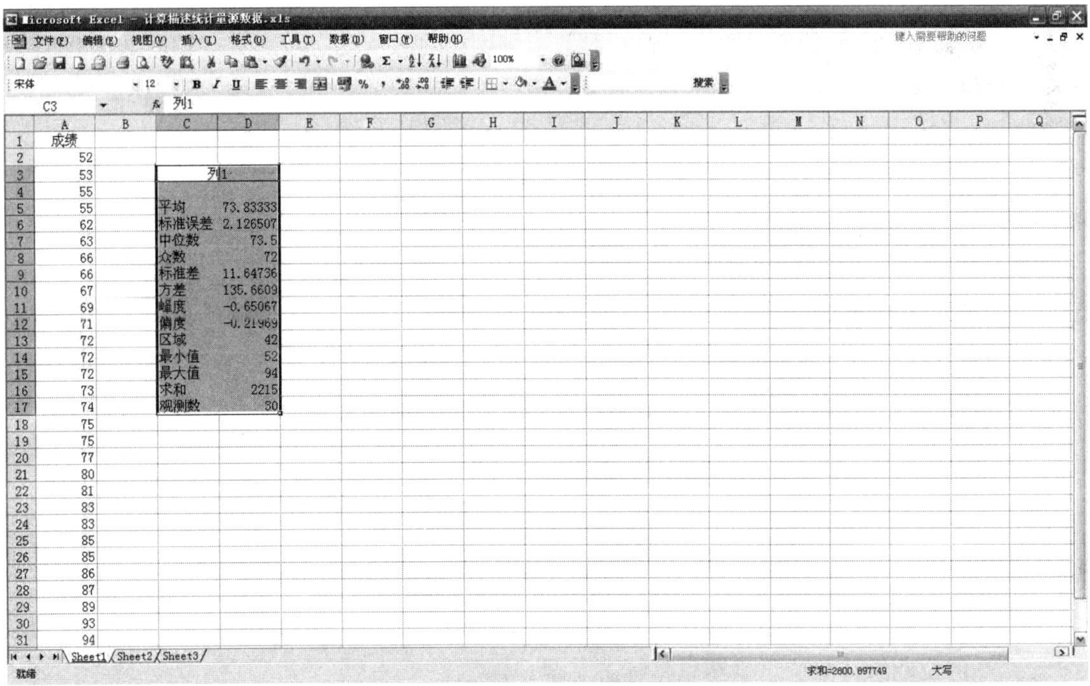

图 4-4　“描述统计”输出结果

2．实战演练

以下是某高校经济学院某专业全班62名同学《财务管理》期末考试成绩：

50 96 75 73 76 77 92 88 87 85 77 60 65 76 77 88 83 85 87 81 85 86 89 90 90 93 56 59 51 66 67 79 73 81 84 87 84 89 93 93 83 85 81 71 74 84 81 82 83 90 91 93 92 83 78 72 55 54 87 81 87 65

请用Excel完成以下任务。

用“描述统计”分析工具计算算术平均数、几何平均数、众数、中位数、标准差、方差这些描述统计量。

任务小结

综合指标是统计分析最基本的内容，它包括总量指标、相对指标、平均指标。

标志变异指标是对以上指标，特别是平均指标的深度分析。

统计绝对数是反映社会经济现象发展的总规模、总水平的综合指标。按反映内容不同分为总体单位总量和总体标志总量；按反映时间状况不同分为时期指标和时点指标。特别注意时期指标和时点指标的区别。

统计相对数是由两个相互联系的统计指标对比计算得到的反映社会经济现象之间数量联系程度的综合指标。按研究的目的和任务不同、对比基础不同，统计相对数有计划完成相对数、结构相对数、比例相对数、比较相对数、强度相对数和动态相对数。相对数的表现形式有无名数和有名数两种，有名数主要用来表现强度相对数的数值。六种相对数中，重点和难点是计划完成相对数。

平均指标也称为平均数，是表明同类现象在一定时间、地点条件下所达到一般水平的综合指标。平均指标有算术平均数、平均数调和、几何平均数、中位数和众数，前三种是数值平均数，后两种是位置平均数。算术平均数，特别是加权算术平均数的计算和应用是学习的重点和难点。

标志变异指标是反映总体各单位标志值差别和离散状态的综合指标。它与平均指标关系紧密，相辅相成，常用它来反映平均指标代表性的大小。标志变异指标主要有全距、标准差和离散系数。

复习思考

1．什么是统计绝对数，有何作用？

2．举例说明总体单位总量和总体标志总量。

3．什么是时期指标和时点指标，两者有何区别？

4. 什么是统计相对数，有哪些表现形式？
5. 统计相对数有哪几种，各有什么作用？
6. 什么是计划完成程度相对数，如何评价计划完成情况？
7. 正确运用相对数，应遵循哪些原则？
8. 什么是平均数，它有什么特点？
9. 如何区别算术平均数与强度相对数？
10. 什么是加权算术平均数，如何理解权数的意义？
11. 加权算术平均数的大小受哪几个因素的影响？
12. 什么是标志变异指标，测量值有哪几种？

任务演练

一、单项选择题（在备选答案中选定一个正确答案）

1. 某企业某月产品销售额为 200 万元，月末商品库存额为 62 万元，则这两个统计绝对数是（　　）。

A. 时期指标　　B. 时点指标
C. 前者为时期指标，后者为时点指标　　D. 前者是时点指标，后者是时期指标

2. 某厂 2003 年完成产值 200 万元，2004 年计划增长 10%，实际完成产值 231 万元，则超额完成计划（　　）。

A. 15.5%　　B. 5.5%　　C. 115.5%　　D. 5%

3. 某地区职工平均工资为 860 元，人均月收入为 720 元，则（　　）。

A. 后者是平均数　　B. 前者是平均数
C. 两者都是平均数　　D. 两者都不是平均数

4. 若变量数列中各组的标志值不变，而每组次数均增加 10%，则加权算术平均数的值（　　）。

A. 增加 10%　　B. 减少 10%　　C. 不变化　　D. 无法判断

5. 标志变异指标中易受极值影响的是（　　）。

A. 全距　　B. 标准差　　C. 方差　　D. 标准差系数

6. 变量数值中，当变量值较小，而权数较大时，计算出来的算术平均数（　　）。

A. 接近变量值大的一方　　B. 接近变量值小的一方
C. 追近中间变量值　　D. 不受权数影响

7. 有甲、乙两个总体，某一变量值的平均数相等，若标准差甲小于乙，则甲、乙两个平均数的代表性是（　　）。

A. 甲低于乙　　B. 甲高于乙　　C. 甲等于乙　　D. 不能确定

8. 要比较两个不同总体，平均水平不同时，平均数的代表性高低，需要使用（　　）评价。

A. 全距　　B. 方差　　C. 标准差　　D. 标准差系数

9．将对比基数抽象化为 1，而计算出来的相对数形式称为（　　）。

A．倍数和百分数　　B．成数和倍数

C．百分数和平分数　　D．系数和倍数

10．在相对数中，能够用有名数表现相对数值的是（　　）。

A．结构相对数　　B．强度相对数

C．比较相对数　　D．动态相对数

11．某企业的利润计划比去年提高 10%，实际提高了 15%，则利润计划完成提高程度为（　　）。

A．15%÷10%　　B．（15%÷10%）−1

C．115%÷110%　　D．（115%÷110%）−1

12．某单位的出勤率是（　　）。

A．比较相对数　　B．比例相对数

C．动态相对数　　D．结构相对数

13．下列属于统计绝对数的是（　　）。

A．出勤率　　B．合格率　　C．人均产粮　　D．工人人数

二、多项选择题（在备选答案中，至少有两个正确答案）

1．下列属于时点指标的有（　　）。

A．某地区人口数　　B．某地区人口死亡数

C．某城市在校学生数　　D．某工厂月末在册职工人数

E．某产品年产量

2．下列指标中属于强度相对数的有（　　）。

A．人均国民收入　　B．人口密度

C．平均工资　　D．职工出勤率

E．人口出生率

3．在统计相对数中，分子和分母可以互换的有（　　）。

A．比较相对数　　B．比例相对数

C．动态相对数　　D．强度相对数

E．结构相对数

4．在（　　）条件下，加权算术平均数等于简单算术平均数。

A．各组次数相等　　B．各组变量值不等

C．变量数列为组距数列　　D．各组次数为 1

E．各组次数占总次数比重相等

5．大多数相对数都是无名数，通常以（　　）表示。

A．百分数　　B．系数　　C．平均数　　D．成数

E．倍数

三、判断题（在括号内正确的打“√”，错误的打“×”）

1．标志变异指标与平均数的代表性成正比。（　　）

2．计划完成相对数的计算结果，大于 100%不一定都超额完成计划，小于 100%不一定未完成计划。（　　）

3．中位数和众数数值的大小不受极值影响。（　　）

4．按人口平均计算的国民收入是一个平均数。（　　）

5．用总体的部分数值与总体全部数值对比求得的相对数是比例相对数。（　　）

四、综合技能题

1．某城市零售商店有 6 200 个，平均人口有 42 万人，试分别计算该城市零售商业网密度的正指标和逆指标。

2．某年世界人口总数中，男性 244 110 万人，女性 241 275 万人，求世界人口的男女性比例。

3．某企业 2015 年总产值的计划任务是 2 200 万元，实际完成了 2 480 万元；生产的甲产品计划成本为 120 元，实际为 110 元。问：2015 年该企业产值和甲产品单位成本计划完成情况如何。

4．某企业计划规定 2015 年劳动生产率要比 2014 年提高 8%，实际比上年提高 10%，求劳动生产率计划完成情况；还规定 2015 年可比产品成本要比 2014 年降低 5%，实际比上年降低 7%，求可比产品成本计划完成情况。

5．某企业 2015 年计划产值比上年增长 20%，实际产值为上年产值的 1.5 倍，计算该企业产值的计划完成程度。

6．某企业 2015 年劳动生产情况资料如下表：

指　标	计　划	实　际
产品产量/万件	500	540
职工平均工资/元	920	1 100
劳动生产率提高/（%）	8	10
单位成本降低/（%）	3	5

要求：计算表中各项指标的计划完成情况。

7．5 月份某公司所属企业的工人保险资料如下表：

按月保险金额分组/元	各组工人在工人总数中所占比重 $\frac{f}{\Sigma f}$ /（%）
60～70	15
70～80	40
80～90	35
90 以上	10
合计	100

要求：试计算该公司工人的平均保险金额。

8．有 4 个地区销售同一种产品，资料如下：

地　区	销售量/吨	销售额/万元
A	80	160
B	100	210
C	60	122
D	200	380
合计	440	872

要求：计算该产品在各地区的平均价格和总平均价格。

9．某商场销售某种商品的售价和销售额资料如下表：

等　级	单价/（元/千克）	销售额/元
一级	20	2 160 000
二级	16	1 152 000
三级	12	720 000
合计		

要求：计算该商品的平均销售价格。

10．某企业有 400 名职工工资资料如下表：

按月工资分组/元	职工人数/人
450～550	60
550～650	100
650～750	140
750～850	60
850～950	40
合计	400

要求：计算该企业职工平均工资、标准差、标准差系数、全距。

*11．某农贸集市某种蔬菜早市每千克 1.25 元，中午每千克 1 元，晚市每千克 0.5 元，现在早、中、晚各买 1 元蔬菜和各买 1 千克蔬菜，计算两种平均价格。

初试牛刀

某公司下属 3 个企业的有关资料如下

企　业	2009 年销售收入/万元	2010 年销售收入/万元		2010 年销售利润/万元
		计　划	实　际	
甲企业	1 000	1 200	1 500	300
乙企业	3 000	4 000	3 600	600
丙企业	2 000	2 000	1 800	200

又知道：该公司 2010 年共有 800 人，甲、乙、丙的人数分别为 150 人、250 人、400 人。试分析该公司 2010 年的销售变化、销售质量状况。提示：

（1）总体和局部分析；

（2）数量和质量分析；

（3）动态和静态分析。

任务 5 动态分析

——时间数列分析

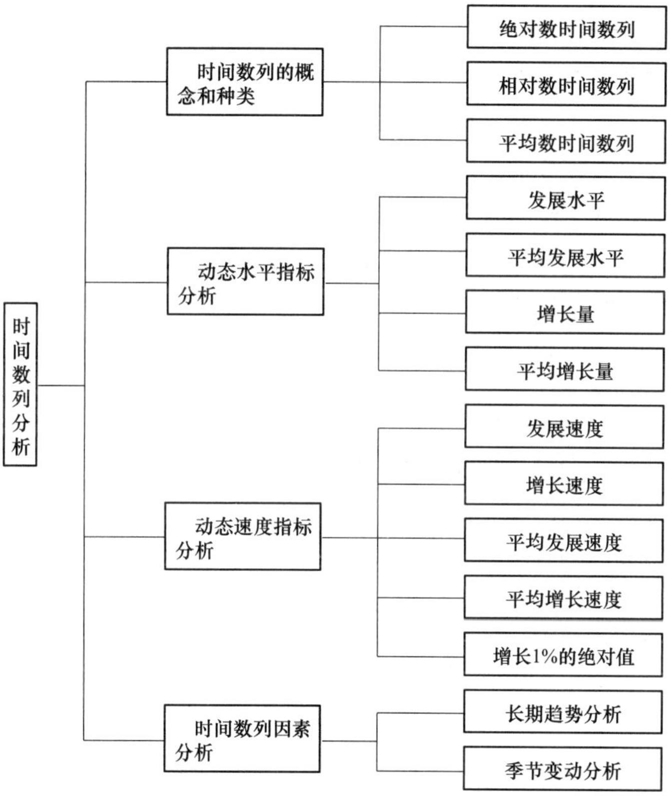

情景再现

任何现象都不是静止的，而是在不断发展变化的，所以进行分析时，我们不仅需要从静态上分析想象的总量、对比情况及一般水平，还要从动态上分析想象的发展变化情况。表 5-1 中给出了我国宏观经济的部分数据，你可以根据这些数据，对我国这十年宏观经济相关发展状况进行简要分析吗？通过任务 5 的学习，你将能解决这一问题。

表 5-1　2003—2013 年我国部分宏观经济数据

年　份	国内生产总值/亿元	年末人口数/万人	城镇居民恩格尔系数/（%）
2003	136 564.6	129 227	37.1
2004	160 714.4	129 988	37.7
2005	185 895.8	130 756	36.7
2006	217 656.6	131 448	35.8
2007	268 019.4	132 129	36.3
2008	316 751.7	132 802	37.9
2009	345 629.2	133 450	36.5
2010	408 903.0	134 091	35.7
2011	484 123.5	134 735	36.3
2012	534 123.0	135 404	36.2
2013	588 018.8	136 072	35.0

资料来源：国家统计局

动态分析，即时间数列分析是一种广泛应用的数量分析方法，它主要用于描述和探索现象发展变化的数量规律性。时间数列分析就其发展的历史阶段和所使用的统计分析方法，有传统的时间数列分析和现代时间数列分析。这里主要讨论一些传统的时间数列分析方法在社会经济领域中的一些应用，具体包括如下内容。

知识目标

（1）认识时间数列的概念和种类。
（2）掌握时间数列水平分析指标的计算和应用。
（3）理解掌握时间数列的速度指标分析。
（4）了解影响时间数列变动的因素。
（5）了解长期趋势和季节变动的分析方法。

能力目标

（1）对各种水平指标进行计算、分析和运用。
（2）对各类速度指标进行计算、分析和运用。
（3）如何根据实际情况，将各类动态分析指标综合运用。

思考导学

（1）时间数列是什么？和动态分析有什么关系？
（2）动态水平指标分析有哪些？它们分别有什么用？
（3）动态速度指标分析有哪些？它们分别有什么用？
（4）长期趋势和季节变动的分析是做什么的？

5.1　时间数列的概念和种类

5.1.1　时间数列的概念

时间数列是指将同一社会经济现象的一系列统计指标，按其时间先后顺序排列而形成的数列。时间数列亦称为动态数列，或时间序列。例如，表 5-1 即为 2003—2013 年我国国内生产总值、年末人口数的时间序列。所谓动态，就是指观察对象的数量在时间上的发展变化。

5.1.2　时间数列的种类

时间数列按其数列中统计指标的内容不同，可分为绝对数时间数列、相对数时间数列和平均数时间数列三种。其中，绝对数时间数列是基本数列。

1．绝对数时间数列

绝对数时间数列是指将同一社会经济现象的一系列绝对指标，按其时间先后顺序排列而形成的数列。它是反映社会经济现象在各时间达到的绝对水平及其发展变化情况。如果按所反映的社会经济现象时间状况来看，可分为时期数列和时点数列。

1）时期数列

当时间数列中所包含的各时间单位上的绝对数都是反映社会经济现象在某一段时期内的发展过程时，这种绝对数时间数列就称为时期数列。例如，某企业全年四个季度的销售情况，如表 5-2 所示。

表 5-2　某企业全年四个季度的销售情况

季　度	一季度	二季度	三季度	四季度
销售/万元	500	600	800	1 000

时间数列的特点主要如下。

（1）时期数列中各个指标具有可加性，相加后的观察值表示现象在更长时期内发展过程的总量。

（2）时期数列中每个指标数值的大小与时期的长短有直接关系。时期越长其指标数值相加的绝对值越大。

（3）时期数列中的统计指标，一般是连续统计的。

2）时点数列

当时间数列所包含的各时间单位上的观察值都是反映社会经济现象在某一时点上所达到的水平时，这种绝对数时间数列就称为时点数列。例如，某企业各个季度末商品库存资料，如表 5-3 所示。

表 5-3　某企业各个季度末商品库存资料

时　间	上年末	一季度末	二季度末	三季度末	四季度末
商品库存额/万元	100	120	150	140	90

时点数列的特点主要如下。

（1）不可加性。由于时点数值显示的是社会经济在某一时点（或时刻）上所处的状态或水平。因而将各个不同时点上的数值相加，无法说明这个数值是属于哪一个时间状态或水平，除了在不同空间上或在计算过程中可以相加外，一般相加无实际意义。

（2）时点数列其指标数值的大小与时间间隔的长短无直接关系。如某时点现象的年末数值可能大于月末数值，也可能小于月末数值，即不具有时间长度。

（3）时点数列的统计数值，一般通过间断统计办法获得。因为时点数列的各统计数值都是反映现象在某一时刻上状况的数量，只要在某一时点上进行统计，就可以取得该时点的资料，不必连续进行登记。

时期数也称为流量，时点数也称为存量。流量和存量是国民经济核算中的两个非常重要的概念，两者是紧密联系的。例如，资产负债都是与一定时点相对应的量，即都是存量。期初的资产存量是国民经济流量运行的条件，而期末存量又是本期国民经济流量运行的结果，同时，期末存量又是下期国民经济运行的条件。

2．相对数时间数列

时间数列是指将同一社会经济现象的一系列统计指标，按其时间先后顺序排列而形成的数列。它反映社会经济现象之间相互联系的发展过程、状态和趋势。

例：某企业三年生产、销售、市场相关指标，如表 5-4 所示。

表 5-4　某企业生产的三年生产、销售、市场相关指标

年　　份	2012	2013	2014
生产的计划完成/（%）	95	115	130
销售利润率/（%）	16	18	21
市场占有率/（%）	15	17	14

上述资料表明：该企业这三年的生产一年比一年好，销售盈利水平也越来越高。但是，企业产品的市场占有率在 2013 年冲高至 17%后到 2014 年开始大幅度的下滑，足足减少了三个百分点，达到三年来的最低点

因为相对数有六大类，所以相对数时间数列也有六大类，如表 5-5 所示。

表 5-5　相对数时间数列

序　　号	指 标 名 称	2012	2013	2014	2015	动态数列种类
1	某企业计划完成程度/（%）	106	110	104	108	计划完成程度
2	某地招生录取率/（%）	46	48	51	54	结构
3	某地区性比例（男：女）	1.28:1	1.30:1	1.35:1	1.34:1	比例
4	本企业人均收入为另一企业的多少/（%）	85	88	90	93	比较
5	某地区人均 GDP/万元	3	3	4	6	强度
6	某地区各年经济发展速度/（%）	101	104	110	114	动态

在编制相对数时间数列时，要注意百分号、千分号的表示方法以及在表中的位置与应用。

3．平均数时间数列

时间数列是指将同一社会经济现象的一系列平均指标，按其时间先后顺序排列而形成的数列。它反映社会经济现象一般水平的发展趋势。职工四个季度的人均收入如表 5-6 所示。

表 5-6　职工四个季度的人均收入资料表

时　间	一季度	二季度	三季度	四季度
职工人均收入/万元	1.2	1.5	1.6	2

小思考

表 5-1 中的四个时间序列属于上面介绍的哪一类时间数列？

5.1.3　编制时间数列的原则

编制时间数列的重要目的是为了进行动态分析，通过同类观察值在不同时间上的数值对比，来研究社会经济现象的发展变化过程或趋势。因此，保证数列中各观察值之间的可比性，就是编制时间数列应遵循的基本原则。同一时间数列中可比性的具体要求如下。

1．时间长短应当一致

对于时期数列，它的观察值的大小与包含的时间长短有直接关系，所以同一时期数列，各观察值所属的时间长短应当一致；对于时点数列，要求各时点的间隔尽可能相等，以便准确地研究现象发展变化的动态或趋势。

2．总体范围应一致

观察值的大小与被研究现象所属总体空间范围有直接关系。例如：研究四川省自改革开放以来的经济发展情况时，重庆市成为直辖市前后四川省的各项经济指标是不能直接进行对比的，必须调整后，在同一总体范围内的各年经济指标对比才能说明问题。

3．经济内容要一致

对于观察值名称相同，而前后时期经济内容不一致的，不能进行对比，需要作调整。例如，劳动生产率有按国内生产总体（GDP）计算的劳动生产率和按总产出计算的劳动生产率，两者不能混淆。

4．计算方法、计算价格和计量单位等应一致

对于观察值名称相同，经济内容一致时，有时因计算方法不一致，各时间的观察值也不具有可比性。如果某种统计数据的计算方法作了重大改变，要利用时间数列进行动态比较时，要统一计算方法。统计观察值在计算时所使用的价格种类较多，同类观察值的计算价格不同，观察值的大小也不一样。因此，在时间数列中同类观察值的计算价格要统一，实物观察值的计量单位也要相同，当计量单位作了改变，要注意将其调整成一致。

5.2 时间数列的动态水平指标分析

小思考

参见表 5-1 中的数据，你可以回答下列问题吗？

（1）2003—2013 年我国平均 GDP 是多少？

（2）2003—2013 年我国每年 GDP 与前一年相比增加了多少？十年共增加了多少？

（3）2003—2013 年我国 GDP 平均每年增加了多少？

（4）结合上述计算，分析的 2003—2013 年我国 GDP 发展趋势。

编制和运用时间数列的目的是要深刻地揭示社会经济现象的发展过程和规律性，反映现象在不同时间上的不同发展水平。为此，需要进行一系列的动态分析，包括发展水平、平均发展水平、增长量、平均增长量等。

5.2.1 发展水平（a）

在时间数列中，每个指标数值叫作发展水平或时间数列水平，它是时间数列的两个构成要素之一，也是计算其他动态分析数据的基础。

在时间数列中：

第一个观察数值称为最初水平（a_0）；

最后一个观察数值称为最末水平（a_n）；

其余各个观察数值称为中间水平（a_1，a_2，a_3，…，a_{n-1}）。

在动态分析中，将所研究的那一时期的观察值称为报告期水平或计算期水平，而将用来比较的基础时间的观察值称为基期水平。期初、期末、报告期、基期发展水平的概念是相对的，随研究目的不同而变化。

5.2.2 平均发展水平（$\bar{a}$）

平均发展水平是对时间数列中的各期发展水平在不同时间上求平均。它表明现象在整个发展过程中发展变动的一般水平。所以平均发展水平是序时平均数或动态平均数的主要内容之一。它与前面讲授统计平均数一样，都是抽象了现象的数量差异，概括地反映现象的一般水平。两者间仍存在差别：序时平均数是根据时间数列计算，抽象了现象在不同时间上的数量差异，从动态上反映某种现象指标在不同时间上的一般水平；统计平均数量根据变量数列计算，将某一数量特征在总体各单位间的差异抽象化，从静态（在同一时间内）反映某种现象的某一数量标志的一般水平。

由于时间数列中各类指标性质的内容有所不同，因此，在计算动态平均数时应采用不同的计算方法。

1．绝对数时间数列计算平均发展水平（序时平均数）

1）由时期数列计算平均发展水平 $\bar{a}$

由于时期数列的各项观察数值可以相加，所以，由时期数列计算序时平均数可采用简单算术平均法，其公式为

$$序时平均数（平均发展水平）=\frac{数列中各项观察数值之和}{项数}$$

若用字母符号表示，则计算公式为

$$\bar{a}=\frac{a_1+a_2+a_3+\cdots+a_n}{n}=\frac{\sum a}{n}$$

式中　$\bar{a}$——平均发展水平（即序时平均数）；

a_1，a_2，…，a_n——时间数列中各期发展水平；

n——时间项数；

$\sum a$——$\sum_{i=1}^{n} a_i$ 的简单表达式，以后公式相同。

例：某企业资料如表 5-7 所示，计算该企业月平均销售利润。

表 5-7　某企业上半年的销售利润如下

月　份	1 月	2 月	3 月	4 月	5 月	6 月	合　计
销售利润/万元	50	60	70	80	100	120	480

则月平均销售利润为

$$\bar{a}=\frac{\sum a}{n}=\frac{50+60+70+80+100+120}{6}=80（万元）$$

2）由时点数列计算平均发展水平

因为时点数列中各项指标连续不能直接相加，在计算平均发展水平时，是以假定相邻时点间现象均匀变动为条件，连续时点数列和间断时点数列运用不同方法计算。

Ⅰ．根据连续时点数列计算平均发展水平

如果时点数列的各观察值是逐级记录，并且是逐级排列，则称为连续时点数列。

（1）如果每天的资料都掌握，则用数列中每天的观察值之和，除以日历日数，即采用简单算术平均法计算平均发展水平。其公式为

$$\bar{a}=\frac{\sum a}{n}$$

例：某车间一周内工人出勤人数，如表 5-8 所示。

表 5-8　时点数列序时平均数计算举例

	星期一	星期二	星期三	星期四	星期五	合　计
出勤人数/人	200	205	195	198	202	1 000

则本车间本周平均出勤人数：

$$\bar{a}=\frac{\sum a}{n}=\frac{200+205+195+198+202}{5}=200\text{（人）}$$

（2）如果掌握报告期内各个时段的时点数变动情况，可采用以每次变动持续的间隔时间长度为权数的加权算术平均法。计算公式为

$$\bar{a}=\frac{\sum af}{\sum f}$$

式中 f——各时段的间隔时间长度，即权数。

例：某企业3月末有职工1 000人，4月5日调进5人，4月15日招聘50人报到上班，4月18日有2人参军离厂，4月22日特招5名工程师，求该企业4月份的平均职工人数。

该企业4月份平均职工人数为

$$\bar{a}=\frac{\sum af}{\sum f}=\frac{1\,000\times4+1\,005\times10+1\,055\times3+1\,053\times4+1\,058\times9}{4+10+3+4+9}=1\,031.6\approx1\,032\text{（人）}$$

Ⅱ. 根据间断的时点数列平均发展水平

在实际工作中，由于社会经济复杂多变，不可能对各种现象在时点的变动随时进行登记，往往每隔一定时间或周期进行登记，这种间隔一定时期进行记录所形成的时间数列称为间断时点数列，例如人口数、资产存量等，一般只统计期初或期末的数字。间断时点数列分为间隔相等和间隔不相等两种情况处理。

（1）由间隔相等的间断时点数列计算序时平均数。当掌握时间数列的各个观察值是间隔相等的期初或期末资料，在计算序时平均数时有一个前提条件，即假设观察值在两个相邻时点间是均匀变动的。这时的计算步骤是：首先将观察值的期初数加期末数，除以2，即得本期的序时平均数；然后将各段时期的序时平均数相加，除以时期数，则得整个时期的序时平均数。

例：某企业有关资料如表5-9所示，求各月平均库存和一季度的平均库存。

表5-9　某企业一季度商品库存情况

	1月	2月	3月	4月
月初商品库存额/万元	100	80	120	150

则1月份商品平均库存 $=\frac{100+80}{2}$

2月份商品平均库存 $=\frac{80+120}{2}$

3月份商品平均库存 $=\frac{120+150}{2}$

$$\text{一季度商品平均库存额}=\frac{\frac{100+80}{2}+\frac{80+120}{2}+\frac{120+150}{2}}{3}$$

$$=\frac{\frac{100}{2}+80+120+\frac{150}{2}}{4-1}$$

如果用 a 代表各期发展水平，则

$$\bar{a}=\frac{\frac{a_1}{2}+a_2+a_3+\cdots+\frac{a_n}{2}}{n-1}$$

式中　n—— 时点的个数。

以上公式被称为“首末折半法”。但必须注意的是该公式只适用于各时点之间间隔相等的情况。

（2）根据间隔不等的时点数列计算平均发展水平。时点数列的各观察值，当时点间隔不相等时，要以各时点间隔的时间长度为权数，采用加权平均法计算序时平均数，计算公式为

$$\bar{a}=\frac{\frac{a_1+a_2}{2}\times f_1+\frac{a_2+a_3}{2}\times f_2+\cdots+\frac{a_{n-1}+a_n}{2}\times f_{n-1}}{\sum_{i=1}^{n=1} f_i}$$

式中　f—— 各时点的时隔长度。

例：某企业某年度各月的生猪存栏头数，如表 5-10 所示。

表 5-10　某企业某年度各月的生猪存栏头数

月　份	1 月	3 月	7 月	10 月	12 月	次年 1 月
月初生猪存栏头数/头	1 000	800	1 500	1 200	1 300	1 400

求本企业本年度生猪的平均存栏头数：

$$\bar{a}=\frac{\frac{a_1+a_2}{2}\times f_1+\frac{a_2+a_3}{2}\times f_2+\cdots+\frac{a_{n-1}+a_n}{2}\times f_{n-1}}{\sum_{v=1}^{n-1} f}$$

$$=\frac{\frac{1000+800}{2}\times 2+\frac{800+1\,500}{2}\times 4+\frac{1\,500+1\,200}{2}\times 3+\frac{1\,200+1\,300}{2}\times 2+\frac{1\,300+1\,400}{2}\times 1}{2+4+3+2+1}$$

≈ 1192(头)

根据间断时点数列计算平均发展水平，是假定研究现象在相邻两个时点之间的变动是均匀的，实际上各种现象的变动一般是不均匀的，因此，其计算结果只能是近似值。为了使计算结果能尽量反映实际情况，间断时点数列的间隔不宜过长，以缩小计算误差。

2．相对数时间数列求序时平均数

由于相对数时间数列不能直接计算序时平均数，必须先计算各相对数分子数列的平均发展水平，再计算其分母数列的序时平均数，最后将分子数列的序时平均数与分母数列的序时平均数进行对比，所得的比值就是相对数时间数列的序时平均数，计算公式为

$$序时平均数=\frac{分子数列的序时平均数}{分母数列的序时平均数}$$

用符号表示，则得

$$\bar{c}=\frac{\bar{a}}{\bar{b}}$$

式中 $\bar{c}$ —— 相对数时间数列的序时平均数；

$\bar{a}$ —— 分子数列的序时平均数；

$\bar{b}$ —— 分母数列的序时平均数。

相对数时间数列的分子数列与分母数列有以下几种情况。

（1）相对数时间数列的分子和分母都是时期数。

若构成相对数时间数列的分子和分母都是时期数，则分别用时期数列的公式计算其序时平均数，计算公式为

$$\bar{c}=\frac{\bar{a}}{\bar{b}}=\frac{\frac{\sum a}{n}}{\frac{\sum b}{n}}=\frac{\sum a}{\sum b}$$

例：某企业有关资料如表 5-11 所示，计算该企业月平均利税率。

表 5-11　某企业 2015 年四个季度的市场销售情况

季　　度	1 季度	2 季度	3 季度	4 季度
实际销售/万元	550	650	1000	900
计划销售/万元	500	600	800	1 000

则

$$\text{该企业 2015 年销售计划完成\%}=\frac{550+650+1\,000+900}{500+600+800+1\,000}\times 100\%=106.9\%$$

在分子数列或分母数列的资料没有直接告诉的时候，首先要计算分子或分母资料，再代入指标公式的计算。

例：某企业第一季度各月的计划产量及计划完成程度资料，如表 5-12 所示。

表 5-12　某企业第一季度某种产品有关资料

月　　份	1 月	2 月	3 月
计划产量 b/件	50	60	55
计划完成程度 c/（%）	90	110	102

如果用 b 代表计划数，c 代表计划完成%，则

$$\text{该企业第一季度计划完成百分比}=\frac{\text{第一季度实际量}}{\text{第一季度计划量}}\times 100\%$$

即

$$\bar{c}=\frac{\sum bc}{\sum b}=\frac{50\times 90\%+60\times 110\%+55\times 102\%}{50+60+55}=101.27\%$$

如果将上例作一个变通，用实际完成量替换计划产量，如表 5-13 所示。

表 5-13　某企业第一季度某种产品有关资料

月　　份	1 月	2 月	3 月
实际完成量 a/件	100	120	150
计划完成程度 c/（%）	90	110	98

如果用 a 代表实际完成数，c 代表计划完成%，则

$$该产品第一季度计划完成百分比=\frac{第一季度实际量}{第一季度计划量}\times 100\%$$

即

$$\bar{c}=\frac{\sum a}{\sum \frac{a}{c}}=\frac{100+120+150}{\frac{100}{0.9}+\frac{120}{1.1}+\frac{150}{0.98}}=99.16\%$$

（2）相对数时间数列中的分子、分母为时点数或者分子是时期数，分母是时点数其道理和前面相同，中心是和指标的性质以及计算方法相联系。

如果相对数时间数列中的分子、分母为时点数，并且各时点间隔相等，则分子、分母均采用“首末折半法”。

例：某商店一季度商品流转情况，商品销售及月初库存情况如表 5-14 所示，求计划一季度商品流转次数。

表 5-14　某商店一季度商品流转情况

月　　份	1 月	2 月	3 月	4 月
商品销售额/万元	1 000	1 100	1 500	1 400
月初商品库存额/万元	300	400	500	450

解：$$商品流转次数=\frac{商品销售额}{商品平均库存额}$$

$$商品平均流转次数=\frac{商品平均销售额}{商品平均库存额}$$

$$第一季度商品流转次数=\frac{1000+1100+1500}{\frac{\frac{300}{2}+400+500+\frac{450}{2}}{4-1}}\approx 9（次）$$

$$第一季度商品平均每月流转次数=\frac{\frac{1000+1100+1500}{3}}{\frac{\frac{300}{2}+400+500+\frac{450}{2}}{4-1}}\approx 3（次）$$

一个季度的商品回转扩大到平均每月商品回转的三倍。

（3）相对数时间数列中，分子数列是时期数列，而分母数列是时点数列。

如果构成相对数时间数列的分子是时期数列，按公式$\bar{a}=\frac{\sum a}{n}$计算，其分母是间隔相等的时点数列，按“首末折半法”计算。

例：某企业有关资料，如表 5-15 所示。

表 5-15　某企业有关资料

月　份	1月	2月	3月	4月	5月	6月	7月
月增加值 a/万元	30	30	34	34	36	40	—
月初职工人数 b/人	124	126	124	122	126	128	124

求上半年劳动生产率。

因为全员劳动生产率$=\frac{\text{月平均增加值}}{\text{月平均人数}}$，分子的月增加值属于时期数列，分母的月初职工人数属于间隔相等的间断时点数列。即全员劳动生产率是一个时期数与一个时点数的对比。则上半年全员劳动生产率（人均实现增加值）为

$$\bar{c}=\frac{\bar{a}}{\bar{b}}=\frac{\dfrac{30+30+34+34+36+40}{6}}{\dfrac{\frac{124}{2}+126+124+122+126+128+\frac{124}{2}}{7-1}}$$

$$=0.272(\text{万元}/\text{人}\cdot\text{月})$$

综上所述，在相对数时间数列计算序时平均数时，分子与分母资料或者都是时期数列，或者都是时点数列，或者一个是时期数列，另一个是时点数列。但它们的计算原则都是一样的，即先根据其分子时间数列资料计算分子的序时平均数（$\bar{a}$），再根据其分母时间数列资料计算分母的序时平均数（$\bar{b}$），最后两者对比，求出相对数时间数列的序时平均数$\bar{c}=\frac{\bar{a}}{\bar{b}}$。

（4）平均数时间数列计算序时平均数。

平均数时间数列与相对数时间数列的计算和分析方法都是一样的，也不能直接计算序时平均数，必须用构成平均数的分子数列的序时平均数与其分母数列的序时平均数对比求得，其中心也必须根据指标的性质和内容加以计算和分析，用符号表示为

$$\bar{c}=\frac{\bar{a}}{\bar{b}}$$

其计算方法同于相对数时间数列，也要注意派生数列 c 与基础数列 a、b 的关系。

例：某企业商场某种产品有关资料，如表 5-16 所示。

表 5-16　某企业商场某种产品有关资料

时　间	一季度	二季度	三季度	四季度
产量 b/件	500	550	600	800
单位成本 c/元	220	218	217	215

求本年度该产品单位成本。

$$单位成本（c）=\frac{总成本（a）}{总产量（b）}$$

$$全年产品单位成本\overline{c}=\frac{\overline{a}}{\overline{b}}$$

因为知道分母总产量b，缺分子总成本 a，所以全年的单位成本

$$\begin{aligned}\overline{c}&=\frac{\sum bc}{\sum b}\\&=\frac{500\times220+550\times218+600\times217+800\times215}{500+550+600+800}\\&=217.18（元）\end{aligned}$$

5.2.3　增长量和平均增长量

1．增长量

增长量是报告期水平与基期水平之差，表明现象报告期水平比基期水平增加或减少的数量。

增长量=报告期水平−基期水平

如果增长量是正值，表明报告期比基期绝对量增加；如果增长量是负值，表明报告期比基期绝对量减少。因此，增长量也可以叫作“增减量”。

例：某企业某种产品近几年产量资料，如表 5-17 所示。

表 5-17　某企业某种产品近几年产量资料

时　间	2009 年	2010 年	2011 年	2012 年	2013 年	2014 年
产量/万件	50	55	65	72	70	80

增长量表明所观察的现象发展变化的方向和规模。如上例 5 年总产量的规模是增加趋势，5 年增加了 30 万件（80−50），但是各年产量有增加也有减少。

由于采用基期的不同，增长量可分为两种：逐期增长量和累计增长量。

1）逐期增长量（期增长量）

逐期增长量是以前期水平作为基期，即

逐期增长量=报告期水平−前期水平

它表明相邻两个时期每一个报告期比基期增长的绝对数量，公式为

$$a_1-a_0,\ a_2-a_1,\ a_3-a_2,\ \cdots,\ a_n-a_{n-1}$$

$$55-50,\ 65-55,\ \cdots,\ 80-70$$

2）累计增长量（总增长量）

累计增长量是以固定基期（通常是 a_0）水平作为基期，即

$$累计增长量=报告期水平-固定基期水平$$

它表明现象在一段时期内报告期比某一固定时期水平总的增加或减少总的数量，公式为

$$a_1-a_0,\ a_2-a_0,\ a_3-a_0,\ \cdots,\ a_n-a_0$$

$$55-50,\ 65-50,\ \cdots,\ 80-50$$

例：根据表 5-17 分别计算各年逐期增长量与累计增长量。

表 5-18　某企业产量资料

（万件）

年　份	2009	2010	2011	2012	2013	2014
符　号	a_0	a_1	a_2	a_3	a_4	a_5
产　量	50	55	65	72	70	80
逐期增长量	—	5	10	7	−2	10
累计增长量	—	5	15	22	20	30

表 5-18 资料说明了该企业某种产品产量每年增长的情况和总的累计增长的规模。

3）累计增长量与逐期增长量的关系

累计增长量与逐期增长量之间存在一定关系，即累计增长量等于各期逐期增长量之和。以算式表现其间关系为

$$a_n-a_0=(a_1-a_0)+(a_2-a_1)+\cdots+(a_n-a_{n-1})$$

如表 5-17 中，2014 年企业的产量较 2009 年增加了 30 万件，为各年增长量之和，即

$$30=5+10+7+(-2)+10$$

2. 平均增长量

平均增长量也是一种序时平均数。它是将各个逐期增长量相加以后，除以逐期增长量的个数，反映现象在一定期内各期平均增长的数量，公式为

$$平均增长量=\frac{逐期增长量之和}{逐期增长量个数}=\frac{累计增长量}{时间数列项数-1}$$

根据表 5-17 中的资料，该企业“十一五”平均产量为

$$平均产量=\frac{5+10+7-2+10}{5}=\frac{30}{5}=6（万件）$$

计算平均增长量，可以分析社会现象在一段时期内增长的一般水平，作为决策和编制中长期计划的依据。

5.3　时间数列的速度分析

小思考

参见表 5-1 中的数据，你可以回答下列问题吗？

（1）2003—2013 年我国每年 GDP 与前一年相比增长率是多少？

十年间共增长了多少？

（2）2003—2013 年我国 GDP 年平均增长率是多少？

（3）结合上述计算内容，分析 2003—2013 十年间我国 GDP 的增长状况。

时间数列的速度分析是动态相对数和几何平均数的具体应用。它是从相对数和平均数的角度来分析社会经济现象的发展速度、程度和增长幅度。它主要包括发展速度、增长速度、平均发展速度和平均增长速度。

5.3.1　发展速度

发展速度是用报告期水平与基期水平进行对比，也是前面所接触的动态相对数。它可以反映社会经济现象发展变化的速度。其计算公式为

$$发展速度=\frac{报告期水平}{基期水平}\times 100\%$$

例：根据表 5-17 资料 2014 年钢产量与 2013 年产量进行对比，所得的发展速度为

$$发展速度=\frac{报告期水平}{基期水平}\times 100\%$$

$$=\frac{80}{70}\times 100\%=114.3\%$$

计算结果表明该企业某种产品产量 2014 年比 2013 年发展变化速度为 114.3%，增长了 14.3%。

1. 环比发展速度（期速度）

环比发展速度是以报告期水平分别与其前一期水平对比，所得到的动态相对数，表明现象逐期的发展变动程度。计算公式为

$$环比发展速度=\frac{报告期水平}{前一期水平}$$

用符号表示为

$$\frac{a_1}{a_0},\frac{a_2}{a_1},\frac{a_3}{a_2},\cdots,\frac{a_n}{a_{n-1}}$$

如表 5-17 所示，可计算出 2010 年，2011 年，…，2014 年的环比发展速度，分别为 110%、

118.2%、110.8%、97.2%、114.3%。

2．定期发展速度（总速度）

定期发展速度是用报告期水平与某一固定基期水平（通常为最初水平）对比，所得到的动态相对数。它表明所观察现象在一段时期内发展的总速度。计算公式为

$$定期发展速度=\frac{报告期水平}{固定基期水平}$$

用符号表示为

$$\frac{a_1}{a_0},\frac{a_2}{a_0},\frac{a_3}{a_0},\cdots,\frac{a_n}{a_0}$$

在表 5-17 中，以 2009 年为固定基期，各期的定基发展速度分别为 110%、130%、144%、140%、160%。

例：由表 5-17 计算速度指标得表 5-19。

表 5-19　某企业某种产量资料计算表

年　份	2009	2010	2011	2012	2013	2014
符　号	a_0	a_1	a_2	a_3	a_4	a_5
产量/万件	50	55	65	72	70	80
环比发展速度/（%）	100	110	118.2	110.8	97.2	114.3
定基发展速度/（%）	100	110	130	144	140	160
环比增长速度/（%）	100	10	18.2	10.8	−2.8	14.3
定期增长速度/（%）	100	10	30	44	40	60

3．两者之间的关系

定期发展速度与环比发展速度之间存在一定的关系：定期发展速度等于同时期内各环比发展速度的连乘积。即

$$\frac{a_n}{a_0}=\frac{a_1}{a_0}\times\frac{a_2}{a_1}\times\frac{a_3}{a_2}\times\cdots\times\frac{a_n}{a_{n-1}}$$

如表 5-17，该企业产量五年的发展速度 160%，它等于这一段时期内各年环比发展速度的连乘积，即

$$160\%=110\%\times118.2\%\times110.8\%\times97.2\%\times114.3\%$$

定基发展速度与环比发展速度之间的关系还表现在：两个相邻时期的定期发展速度之商等于相应时期的环比发展速度。即

$$\frac{a_n}{a_{n-1}}=\frac{a_n}{a_0}\div\frac{a_{n-1}}{a_0}$$

如表 5-17，2014 年的定期发展速度除以 2013 年的定期发展速度等于 2014 年环比发展速度，即

$$114.3\%=160\%\div140\%$$

5.3.2　增长速度（期增长速度）

增长速度是用增长量与基期水平对比，所得到的动态相对数。它是扣除了基数后的变动程度，表明现象增长（或下降）的相对程度、速度、幅度等等。计算公式为

$$增长速度=\frac{增长量}{基期水平}=\frac{报告期水平-基期水平}{基期水平}$$

$$=\frac{报告期水平}{基期水平}-1=发展速度-1$$

计算得到的比率有正有负，正值表明所研究现象的增长程度和发展方向是上升的；如果为负值，说明所研究现象的增长程度和发展方向是下降的。

由于选择期的不同，可以分为环比增长速度和定基增长速度。

1. 环比增长速度

环比增长速度是选择前一期水平作为基期，表明现象逐期增长（或降低）的程度。即

$$环比增长速度=\frac{逐期增长量}{前一期水平}=环比发展速度-1（或100\%）$$

以符号表示的算式为

$$\frac{a_1-a_0}{a_0},\ \frac{a_2-a_1}{a_1},\ \frac{a_3-a_2}{a_2},\ \cdots,\ \frac{a_n-a_{n-1}}{a_{n-1}}$$

或

$$\frac{a_1}{a_0}-1,\ \frac{a_2}{a_1}-1,\ \frac{a_3}{a_2}-1,\ \cdots,\ \frac{a_n}{a_{n-1}}-1$$

如表 5-17，2010 年、2011 年、2012 年、2013 年、2014 年的环比增长速度分别为 10%、18.2%、10.8%、−2.8%、14.3%。

2. 定基增长速度（总增长速度）

定基增长速度是选择固定基期水平作为基期，表明现象在一个较长时期内总的增长（或降低）的程度及变动方向，又称总增长速度。即

$$定期增长速度=\frac{累计增长量}{固定基期水平}=定基发展速度-1（或100\%）$$

以符号表示的算式为

$$\frac{a_1-a_0}{a_0},\ \frac{a_2-a_0}{a_0},\ \frac{a_3-a_0}{a_0},\ \cdots,\ \frac{a_n-a_0}{a_0}$$

或 $$\frac{a_1}{a_0}-1,\frac{a_2}{a_0}-1,\frac{a_3}{a_0}-1,\cdots,\frac{a_n}{a_0}-1$$

如表5-17，以2009年为固定基期，各期的定基增长速度分别为10%、30%、44%、40%、60%。

需要特别强调的是，两种增长速度都是发展速度的派生指标，它只反映现象增长（或下降）的相对程度，所以，定基增长速度不等于各环比增长速度的连乘积，相互间不能直接推算，若要由环比增长速度求定基增长速度，必须将环比增长速度加上基数1（或100%）还原为环比发展速度，然后再将各环比发展速度连乘得到定基发展速度，最后将其结果减1（或100%）就是定基增减速。

例：某企业在近5年出口某种产品，由于市场的不稳定性，出口量的状况极不稳定，2011年增长了10%；2012年翻一番；2013年下降了40%；2014年不变；2015年增长了20%。该企业在这期间出口产品总增长的速度是多少？

思路：（1）将以上的各年增长速度还原成发展速度；

（2）利用发展速度的关系进行推算；

（3）将其推算结果还原成增长速度。

出口产品出口总速度=110%×200%×60%×100%120%=158.4%

出口产品出口总增长速度=110%×200%×60%×100%120%–1（或者100%）=58.4%

5.3.3 平均发展速度

平均发展速度也是序时平均数，它是对时间数列中不同时间单位上环比发展速度的平均，反映现象在较长时期内平均每一期的发展程度。平均发展速度的计算不能采用算术平均的方法，而是要采用几何平均法和方程式法两种。这里主要介绍几何平均法的计算。

1．几何平均法（水平法）

几何平均法是以各期环比发展速度的连乘积开数次方求平均发展速度。由于掌握的资料的不同，分别采用不同的公式

$$\begin{aligned}\bar{x} &= \sqrt[n]{x_1 \bullet x_2 \bullet x_3 \bullet \cdots \bullet x_n} \\ &= \sqrt[n]{\frac{a_n}{a_0}} \\ &= \sqrt[n]{R}\end{aligned}$$

式中 $\bar{x}$—— 平均发展速度；

x_1，x_2，…，x_n——各期环比发展速度；

a_0——基期水平；

a_n——报告期水平；

R——总速度；

n——环比发展速度的项数。

平均发展速度是表明现象在一定发展阶段内发展变动的一般程度，是总速度 R（即定基发展速度 $\frac{a_n}{a_0}$）的平均数，而总速度又是各期环比发展速度的连乘积。因此，计算平均发展速度的三个公式实质是一样的，在应用中根据已知资料不同选择使用。

例：以上面资料资料为例，计算该企业近 5 年产品出口的平均发展速度如下

$$\bar{x}=\sqrt[5]{110\%\times200\%\times60\%\times100\%\times120\%}=\sqrt[5]{158.4\%}=109.64\%$$

或

$$\bar{x}=\sqrt[5]{\frac{a_5}{a_0}}109.64\%$$

或

$$\bar{x}=\sqrt[5]{158.4\%}=109.64\%$$

上述三种方法计算结果完全一致，实际应用中可以选择其一计算。

注意，在开高次方根时，有两种方法：

（1）用计算器或者计算机直接开几次方；（通常情况下我们使用的方法）

（2）利用对数计算。（略）

几何平均法的特点是，从最初水平 a_0 出发，在平均发展速度 $\bar{x}$ 下，经过几期达到最末水平 a_n。这种方法重点在于考察最末的水平，因此，又叫作水平法。

2．方程式法

方程式法计算平均发展速度的着眼点是从最初水平 a_0 出发，各期按一个平均发展速度计算发展水平，则计算的各期发展水平累计总和等于各期实际发展水平的总和。即

$$\sum a_n=\sum a_0\bar{x}^n$$

由此推导：

$$a_0\sum\bar{x}^n=\sum a_n$$

$$\sum\bar{x}^n=\frac{\sum a_n}{a_0}$$

$$\sum\bar{x}^n-\frac{\sum a_n}{a_0}=0$$

这就是要建立的代数方程，由此计算平均发展速度的方法称为方程法，而这种方法重点要考察各期发展水平的累计总和（$\sum a_n$），所以又称为累计法。

解此高次方程，其正根为平均发展速度。但是，实际上解这个方程式比较复杂。在统计工作中，往往利用事先编好的查对表进行计算，这里不作详细介绍。

5.3.4　平均增长速度

平均增长速度是说明现象在一段时期内平均每年增长的程度，“十一五”期间我国的经济增长提出的“保八”，是指在此期间我国的经济增长速度每年不低于 8%，它比平均发展速度能更好地反映现象的发展变化。

平均增长速度不能直接根据环比增长速度或增长量计算，而只有先计算平均发展速度，将其减 1（或 100%）即可。公式为

平均增长速度=平均发展速度−1（或 100%）

例：某企业 2004 年实现销售利润 1 000 万元，到 2014 年实现了销售利润翻两翻，达到了 4 000 万元的目标，则该企业十年间平均每一年的增幅必须达到多少？

$$平均增长速度=\sqrt[n]{\frac{a_n}{a_0}}-1$$

$$=\sqrt[10]{\frac{4\ 000}{1\ 000}}-1=\sqrt[10]{4}-1=12.8\%$$

【案例】

中兴县在 1979 年是一个农业县，人口 62 万人，社会总产值 48 亿元。改革开放后发生了巨大变化，在继续抓好农业的基础上，大力发展了工业和第三产业，经济增长迅速。具体的社会总产值平均增长是：1980—1986 年为 15%，1987—1988 年为 13%，1989—1992 年为 9%，1993—1996 年为 17%，1997—2001 年为 8%。根据以上资料，计算一些数据，为下一步工作提供依据。

（1）截至 2001 年该县社会总产值：

$$R-1=115\%^7\times113\%^2\times109\%^4\times117\%^4\times108\%^5-1=1\ 320.10\%-1=1\ 220.10\%$$

$$\bar{x}-1=\sqrt[22]{1\ 321.10\%}-1=112.45\%—1=12.45\%$$

共增长了 12.2 倍，平均每年增长 12.45%，没有超过平均增长速度的年份有 1989—1992 年、1997—2001 年。

（2）按这种平均速度发展，至 2005 年该县社会总产值将达到

$$a_n=48\times112.45\%^{26}=1\ 014.35（亿元）$$

（3）该县 2001 年末人口为 78 万人，全国人口自然增长率平均为 1%，分析该县人口状况。有

$$\bar{x}-1=\sqrt[22]{\frac{78}{62}}-1=101.05\%-1=1.05\%$$

超过全国人口平均增长速度。

结论：

中兴县经过改革开放 20 多年，经济迅速发展，社会总产值至 2001 年增长了 12.2 倍，从 1979 年的 48 亿元发展到 2001 年的 634.13 亿元（48×13.21），全面实现了小康。照此速度，到 2005 年可以达到 1 014.35 亿元，进一步走向富裕。平均增长速度为 12.45%，在同类地区中发展是较快的。其中 1989—1992 年、1997—2001 年的经济增长未达到平均速度，这与国家的经济形势相适应，是正常的。需要注意的是人口的增长速度为 1.05%，超过了全国人口

1%的增长速度。因此，今后在发展经济的同时，要注意人口的控制。我们相信，经过全县人民的奋斗，中兴县的经济会更发展，人民的生活会更美好。

5.3.5　增长 1%的绝对值

小思考

近些年，在世界经济相对疲软的状态下，中国经济持续地高速增长，因此“中国崛起”“强国战略”等充斥媒体，有关“中国威胁论”的说法屡见不鲜。你能收集相关数据，并运用合适的指标驳斥该观点吗？

某种现象的增长量是说明现象的增长规模，而增长速度是说明现象增长的相对程度。为了全面反映现象的发展变化情况，必须计算增长 1%的绝对值。它实际上是水平分析和速度分析的结合，应用于不同规模、不同水平、不同速度的企业、行业、部门等进行的比较。

增长 1%的绝对值，可采用以下两个公式计算：

$$\text{增长1\%的绝对值}=\frac{\text{逐期增长量}}{\text{环比增长速度}}\times 1\%$$

$$=\frac{\text{前一期水平}}{100}$$

这两个公式，在内容上是一致的，即

$$\text{增长1\%的绝对值}=\frac{\text{逐期增长量}}{\text{环比增长速度}}\times 1\%$$

$$=\frac{\text{逐期增长量}}{\dfrac{\text{逐期增长量}}{\text{前一期水平}}}\times\frac{1}{100}=\frac{\text{前一期水平}}{100}$$

例：有甲、乙两工厂有关资料，如表 5-20 所示。

表 5-20　甲、乙两企业近两年的销售收入

厂　　名	2014 销售收入	2015 销售收入	增　长　量	发展速度/（%）	增长速度/（%）
甲厂（大企业）/亿元	10	11	1	110	10
乙厂（小企业）/万元	500	1 000	500	200	100

$$\text{甲企业增长1\%的绝对值}=\frac{\text{上期水平}}{100}=\frac{10}{100}=0.1\text{（亿元）}$$

$$\text{乙企业增长1\%的绝对值}=\frac{\text{上期水平}}{100}=\frac{500}{100}=5\text{（万元）}$$

从企业增加的销售总量来看，甲企业增加了一个亿，乙企业只增加了 500 万元，甲企业是乙企业的 20 倍。从增长速度上看，甲企业销售增长了 10%，乙企业销售增长了 100%。现在要比较一下，哪一个企业的增长的质量更高呢？这就需要将绝对数和相对数结合分析：每

增长 1%所增加的绝对量。通过以上计算分析可以看出：甲企业每增长 1%所增加的销售收入是 1 000 万元，乙企业每增长 1%所增加的销售收入为 5 万元。甲厂远高于乙厂。所以，用增长 1%的绝对量来分折研究问题，能够帮助我们看到问题的实质，抓住问题的关键和重点，而不是被单纯的速度或者质量所迷惑，需要的是将数量指标和质量指标的分析更有机地结合起来，达到更深层次认识事物的本质特征。

5.4 长期趋势和季节变动

本任务属于一般性了解、掌握。

5.4.1 时间数列变动的因素分析

对时间数列的分析，除了通过水平分析和速度分析计算一系列时间数列的分析数据外，还需要对影响数列变化的各种因素进行分析。社会经济现象的发展通常要受到多种因素的影响，时间数列的分析要求从现象的总变动中分离出不同的影响因素及其影响程度。这些因素是比较复杂的，在实际工作中只能按各种影响因素的不同性质归纳为四类，然后分别测定其变动的程度。

（1）长期趋势的变动。在影响时间数列各观察值变化的诸多因素中，有些是基本因素，即对现象的各个时期都起决定性作用的因素。它能促使时间数列各期发展水平沿着一个方向（上升或下降）持续发展。如由于居民生活水平不断提高，社会商品零售额是不断增长的趋势。现象就是在一个相当长时期内的这种持续发展变动趋势为长期趋势变动。它是时间数列分析首先要研究的变动趋势。测定和分析现象变动的长期趋势，主要方法是对时间数列进行修匀。

（2）季节变动。季节变动是指现象随着季节更替而产生的周期性波动，它基本上是受自然因素的影响。如防寒衣服的销售量、不同蔬菜的产量等，都要因季节更替而变化。季节变动是通过计算季节比率来测定的。

（3）循环变动。循环变动是指现象以若干年为周期而呈现的涨落起伏的变动。由于引起波动的原因不同，使其波动周期的长短、波动的程度也不相同。例如，资本主义国家同期性经济危机属于循环变动。

（4）不规则变动。不规则变动是由于临时的偶然因素引起的非趋势或非同期性的随机变动。如水灾、风灾、地震等，这些变动是无法预知和计算的。

时间数列因素分析的基本任务就是采用科学的方法，测定长期趋势、季节变动、循环变动和不规则变动对某一现象的时间数列影响状况，为预测现象的未来提供依据。

5.4.2 长期趋势的分析

长期趋势是时间数列的主要构成要素，它是指事物由于受某些根本性因素的影响，在较长时期内持续发展变化（增加或减少）的一种趋势或状态。如自建国以来，我国的粮食生产虽然在某些年份因受天灾人祸等因素的影响而出现过下降，但由于受国家对农业的重视，对水力建设的大力投入以及农业科学技术的发展等根本性因素的影响，从五十多年的较长时期来看，我国粮食生产的总趋势是持续增加、向上发展的。认识和掌握事物的长期趋势，可以把握住事物发展变化的基本特点。此外，测定长期趋势的另一个目的，就是要将其从时间数列中予以消除，以便观察和测定其他影响因素。

因为原来的时间数列不能明显地反映出社会经济现象的长期趋势，需要对原来的时间数列进行重新加工，以使现象的总趋势呈现出来。这种对时间数列加工的方法，叫作时间数列修匀，也就是测定长期趋势的方法。其修匀的方法主要有如下几种。

1．扩大时期法

扩大时期法是在原时间数列不能明显反映现象发展趋势时，将其不同时间单位上的数据加以合并形成一个新的时间数列，新时间数列中各数据时间间隔的长短将几倍于原数列中的数据。

2．移动平均法

移动平均法是从时间数列的第一项开始，按一定项数求序时平均数，然后每次向后移动一项计算一系列序时平均数，从而形成一个新的时间数列。通过移动平均对原数列进行了修匀，消除了偶然因素的影响，使隐藏在原数列中的长期趋势显现出来，使原数列变得更平滑。

3．数学模型法

数学模型法是利用回归分析的成果，建立数学模型，对原时间数列配合适当的趋势线进行修匀，以显示出数列长期趋势的一种方法。由于现象发展变化的差异，有的是直线趋势，有的是曲线趋势，所以必须先了解现象变化类型，才能配合以适当的趋势线。当现象在一定时期内逐期增长量大致相等时，就是直线趋势，即可配合直线方程式；当现象是按一定的速度增加，就是曲线趋势，即可配合曲线方程式。在此只介绍直接方程式的配合。

在实际工作中有很多经济现象是呈直线趋势或近似呈直接趋势变化的，对这些问题的研究，我们常用半数平均法、最小平均法等方法，配合一条直线趋势方程，再用这个趋势方程来研究现象的发展变化趋势。

5.4.3　季节变动的分析

1．季节变动的意义

在商业活动中，我们常听到“销售旺季”或“销售淡季”这类术语；在旅游业中，我们也常使用“旅游旺季”或“旅游淡季”这类术语，等等。这些术语都表明，这些活动因季节的不同而发生着变化。

季节变动中的“季节”一词是广义的，它不仅仅是指一年中的四季，其实它是指任何一种周期性的变化，而且其反复的循环周期是比较短的。在现实生活中，季节变动是一种极为普遍的现象，不论是社会现象，还是自然现象都很多。例如：服装、水果、蔬菜等的上市量，气温、降水量、某地区旅游收入的增减等，都随着自然条件的变化而有明显的季节差异。由于社会因素引起的季节变化也比较普遍。如国家法定节日“十一”期间，假期较长，旅游特别旺盛，被称为“黄金周”。而寒暑假及春节前后，由于人员流动较大，客运特别繁忙。如果我们能通过季节变动的测定，掌握其规律性，就能够妥善组织、安排好旅游和客运活动，满足各方面的需要。

5.5 实训应用：用 Excel 进行动态数列分析

用移动平均分析法测定长期趋势，既可以用公式或函数法，也可以用“数据分析”中的“移动平均”工具来进行。公式法或函数法在任务 4 已经讲过，这里主要讲如何使用“移动平均”工具来分析长期趋势。

实训项目：用 Excel 进行动态数列分析。

实训目的：熟练运用 Excel 进行长期趋势的计算和季节比率的计算。

实训要求：掌握动态数列的分析方法。

实训资料：采用某县 1989—2008 年粮食产量数据和某品牌毛衣专卖店 2006—2009 年 1—12 月销售量数据，如表 5-21 和表 5-22 所示。

表 5-21　某县 1989—2008 年粮食产量

年　份	产量/万吨	年　份	产量/万吨
1989	278	1999	378
1990	298	2000	396
1991	308	2001	422
1992	314	2002	420
1993	310	2003	450
1994	320	2004	480
1995	342	2005	462
1996	336	2006	500
1997	362	2007	490
1998	380	2008	510

表 5-22　某品牌毛衣专卖店 2006—2009 年 1—12 月毛衣销售量　（件）

月份	2006	2007	2008	2009
1	138	210	290	335
2	70	100	139	190
3	30	49	78	68
4	21	39	54	75
5	12	27	37	41

续表

月份	2006	2007	2008	2009
6	6	8	16	12
7	4	7	10	11
8	19	29	34	41
9	27	40	60	87
10	61	101	210	287
11	190	299	371	430
12	280	369	489	524

操作步骤：启动 Excel 2003，建立一个工作簿，准备进行动态数列分析。

1．计算移动平均数

操作一：在 Excel 工作表中，输入实训资料数据，如图 5-1 所示。

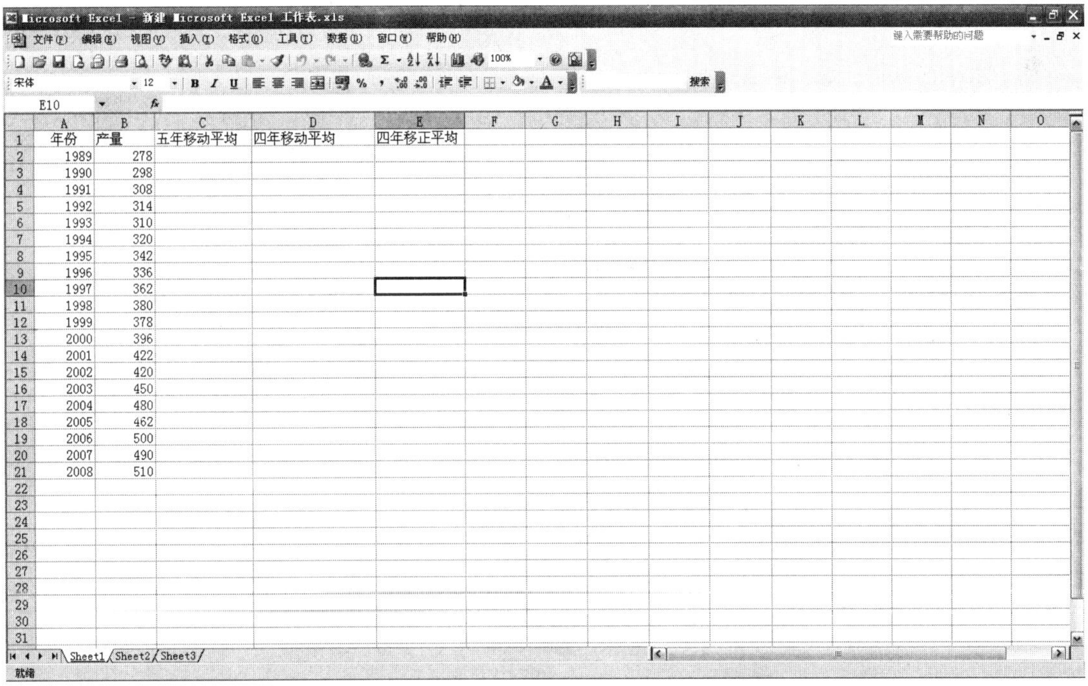

年份	产量	五年移动平均	四年移动平均	四年移正平均
1989	278			
1990	298			
1991	308			
1992	314			
1993	310			
1994	320			
1995	342			
1996	336			
1997	362			
1998	380			
1999	378			
2000	396			
2001	422			
2002	420			
2003	450			
2004	480			
2005	462			
2006	500			
2007	490			
2008	510			

图 5-1　输入数据资料

操作二：单击“工具”菜单，选择“数据分析”，打开“数据分析”对话框，从中选择“移动平均”选项，单击“确定”按钮，如图 5-2 所示。

操作三：在打开的“移动平均”对话框中，在“输入区域”依次输入$B$2:$B$21、$B$2:$B$21 和$D$5:$D$21；“输出区域”依次输入$C$1、$D$2 和$E$5，“间隔”依次输入 5、4、2，如图 5-3 所示。

操作四：单击“确定”按钮输出移动平均的计算结果，最后选“图表输出”，得到移动平均趋势图，如图 5-4、图 5-5 所示。

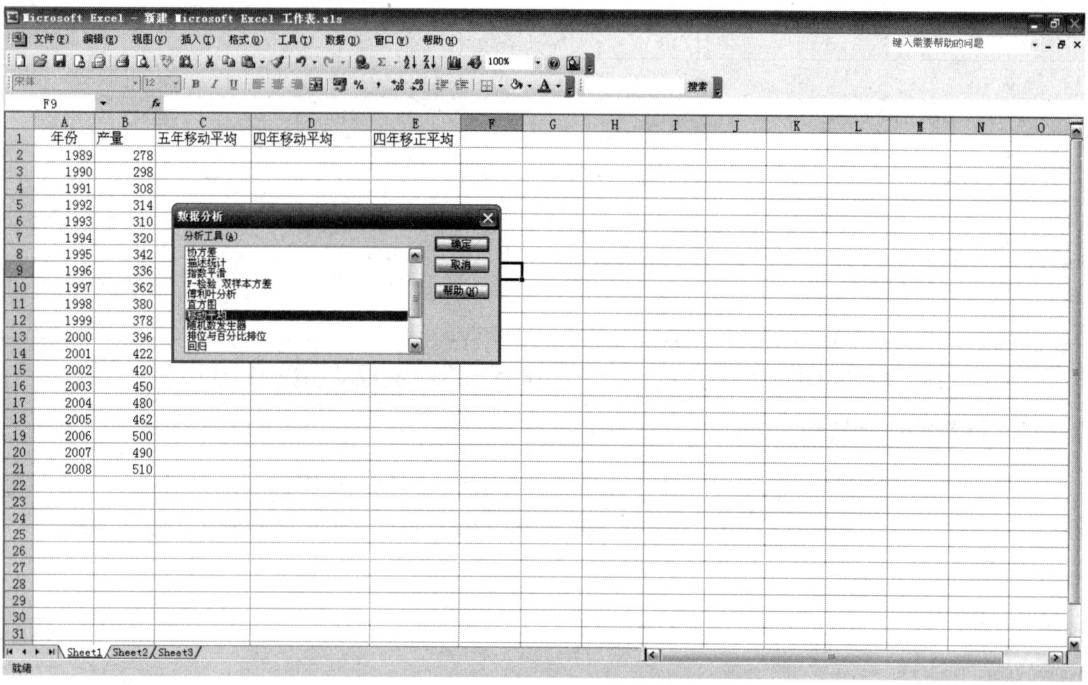

图 5-2 “数据分析”对话框

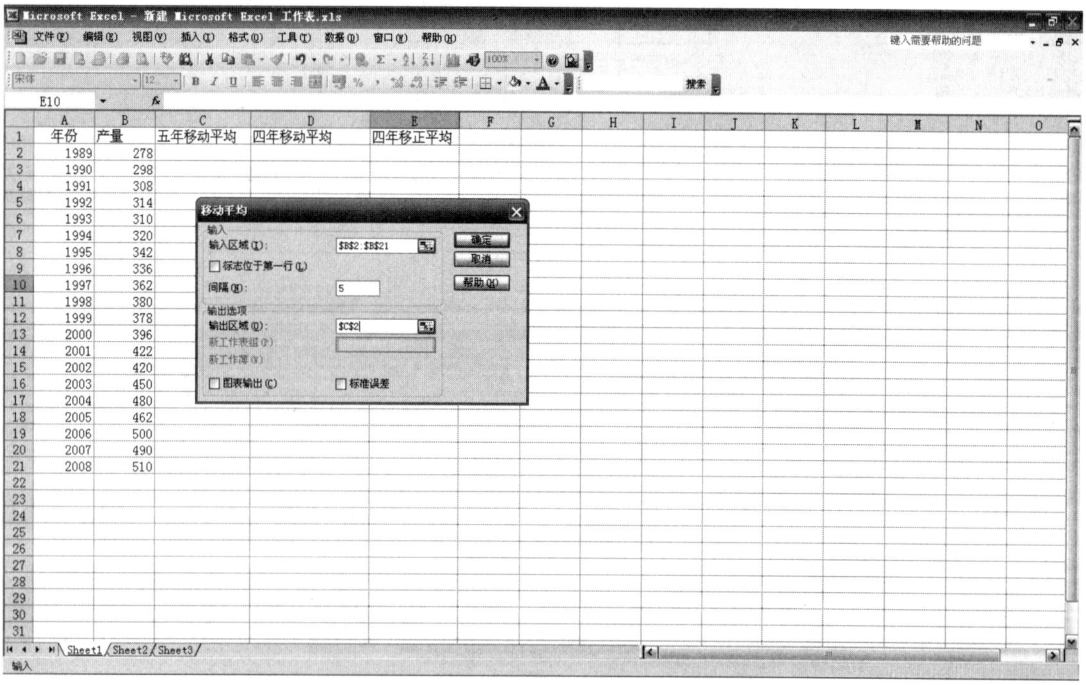

图 5-3 “移动平均”对话框

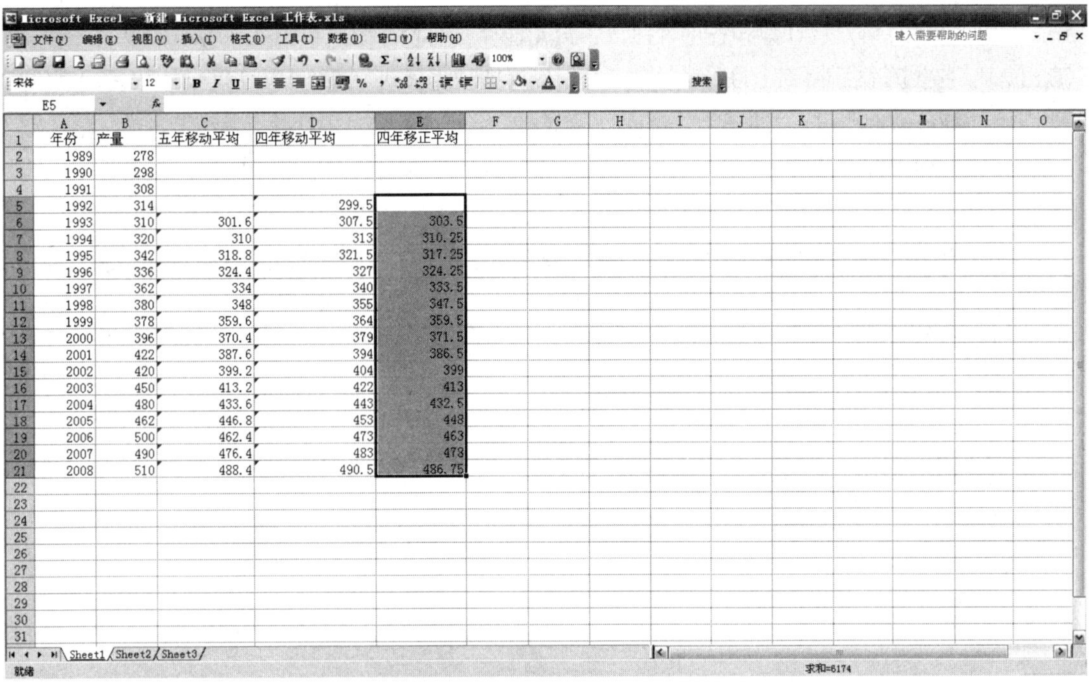

	A	B	C	D	E
1	年份	产量	五年移动平均	四年移动平均	四年移正平均
2	1989	278			
3	1990	298			
4	1991	308			
5	1992	314		299.5	
6	1993	310	301.6	307.5	303.5
7	1994	320	310	313	310.25
8	1995	342	318.8	321.5	317.25
9	1996	336	324.4	327	324.25
10	1997	362	334	340	333.5
11	1998	380	348	355	347.5
12	1999	378	359.6	364	359.5
13	2000	396	370.4	379	371.5
14	2001	422	387.6	394	386.5
15	2002	420	399.2	404	399
16	2003	450	413.2	422	413
17	2004	480	433.6	443	432.5
18	2005	462	446.8	453	448
19	2006	500	462.4	473	463
20	2007	490	476.4	483	478
21	2008	510	488.4	490.5	486.75

图 5-4　移动平均输出结果

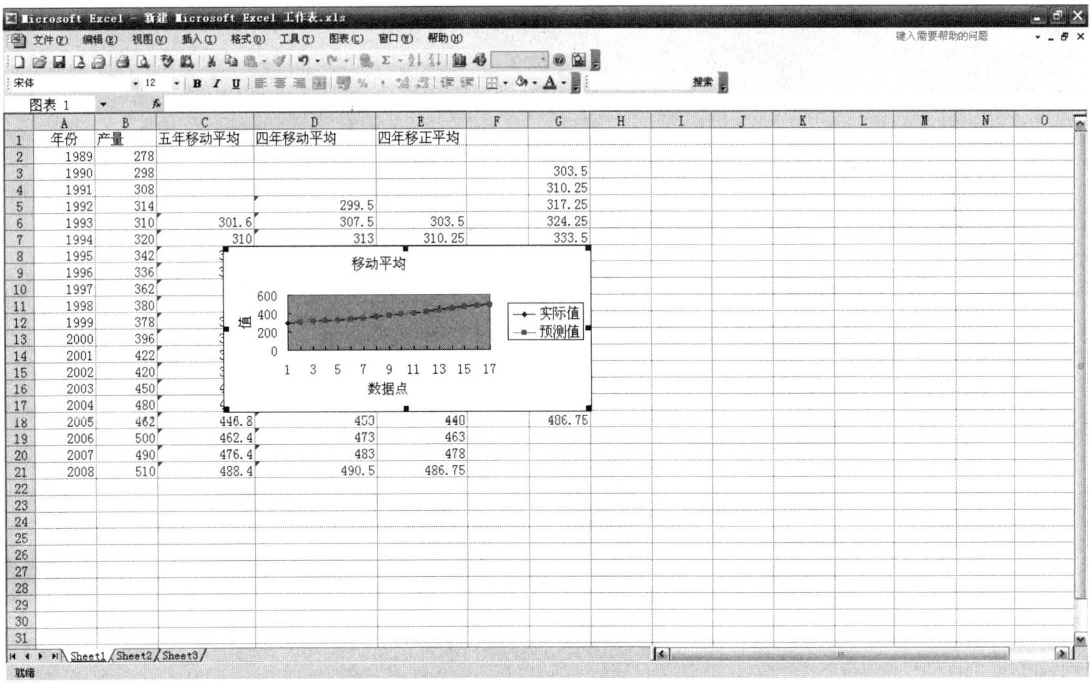

	A	B	C	D	E	G
1	年份	产量	五年移动平均	四年移动平均	四年移正平均	
2	1989	278				
3	1990	298				303.5
4	1991	308				310.25
5	1992	314		299.5		317.25
6	1993	310	301.6	307.5	303.5	324.25
7	1994	320	310	313	310.25	333.5
8	1995	342				
9	1996	336				
10	1997	362				
11	1998	380				
12	1999	378				
13	2000	396				
14	2001	422				
15	2002	420				
16	2003	450				
17	2004	480				
18	2005	462	446.8	453	448	486.75
19	2006	500	462.4	473	463	
20	2007	490	476.4	483	478	
21	2008	510	488.4	490.5	486.75	

图 5-5　移动平均趋势图

2．计算季节比率

操作一：在工作表中输入某品牌毛衣专卖店 2006—2009 年毛衣 1—12 月毛衣销售量数据，如图 5-6 所示。

操作二：计算每月合计数和各年合计数。首先计算各月合计数：单击 G2 单元格输入“=SUM（B2:E2）”，按回车键后得到 1 月份合计数，并用鼠标拖动将公式复制到 F3:F13 区域，然后采用同样的办法将 2006—2009 年以及四年的总合计数算出来；然后计算同月平均数：单击 G2 单元格，输入“=F2/4”按回车键后得到 1 月份平均，并用鼠标拖动将公式复制到 G3:G13 区域；最后计算总的月平均数：单击 G14 单元格输入“=F14/48”，按回车键后得到总的月平均数计算结果，如图 5-7 所示。

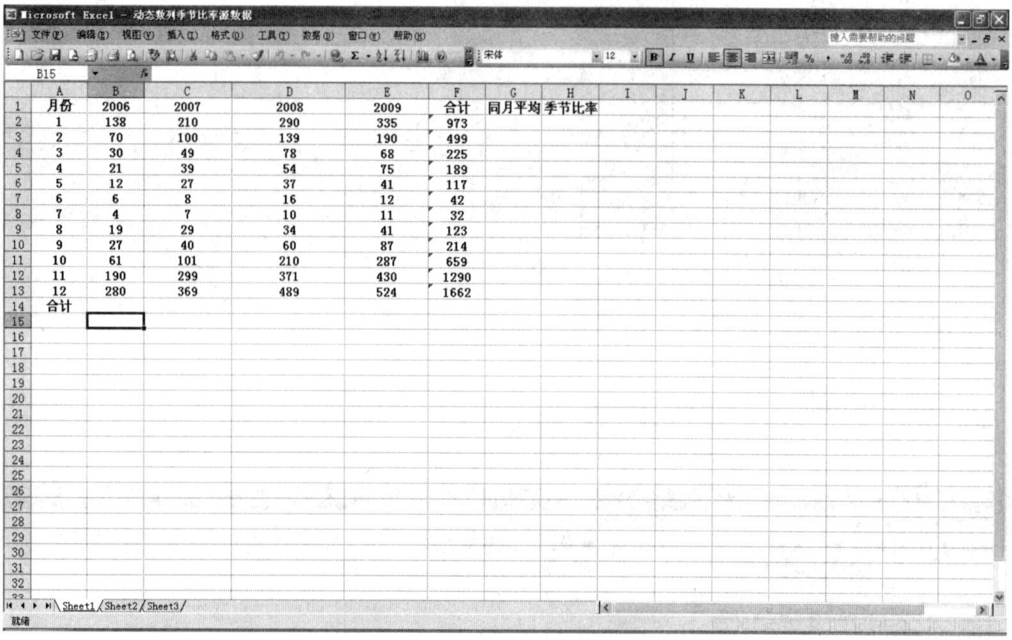

	A	B	C	D	E	F	G	H
1	月份	2006	2007	2008	2009	合计	同月平均	季节比率
2	1	138	210	290	335	973		
3	2	70	100	139	190	499		
4	3	30	49	78	68	225		
5	4	21	39	54	75	189		
6	5	12	27	37	41	117		
7	6	6	8	16	12	42		
8	7	4	7	10	11	32		
9	8	19	29	34	41	123		
10	9	27	40	60	87	214		
11	10	61	101	210	287	659		
12	11	190	299	371	430	1290		
13	12	280	369	489	524	1662		
14	合计							

图 5-6　计算季节变动的数据资料

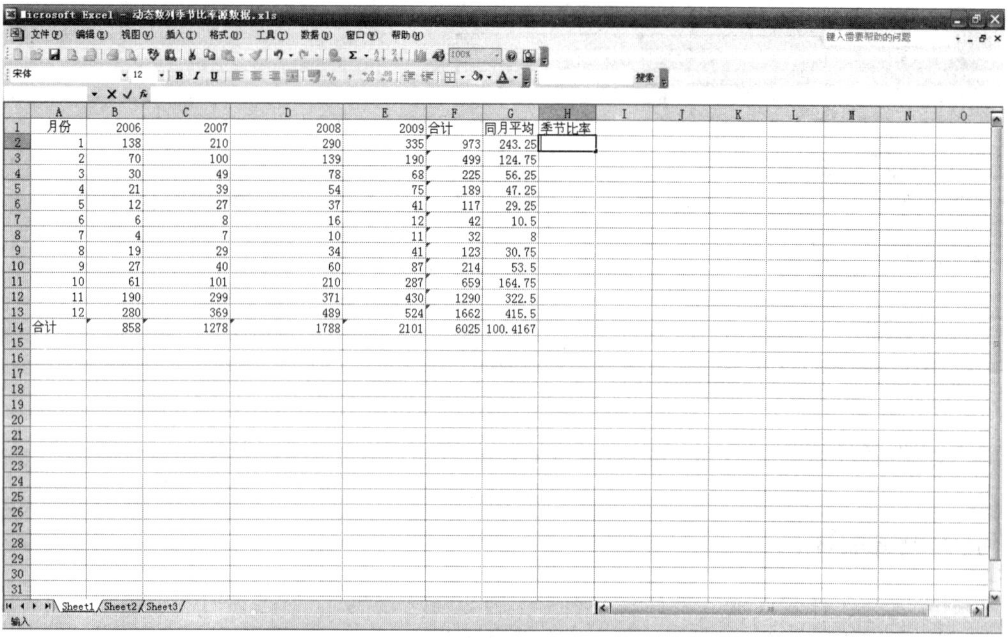

	A	B	C	D	E	F	G	H
1	月份	2006	2007	2008	2009	合计	同月平均	季节比率
2	1	138	210	290	335	973	243.25	
3	2	70	100	139	190	499	124.75	
4	3	30	49	78	68	225	56.25	
5	4	21	39	54	75	189	47.25	
6	5	12	27	37	41	117	29.25	
7	6	6	8	16	12	42	10.5	
8	7	4	7	10	11	32	8	
9	8	19	29	34	41	123	30.75	
10	9	27	40	60	87	214	53.5	
11	10	61	101	210	287	659	164.75	
12	11	190	299	371	430	1290	322.5	
13	12	280	369	489	524	1662	415.5	
14	合计	858	1278	1788	2101	6025	100.4167	

图 5-7　计算合计数和同月平均

操作三：计算季节比率及季节比率之和。单击 H2 单元格，输入“=G2*100/413.775 8”，并用鼠标拖动将公式复制到 H3:H13 区域。单击 H14 单元格输入“=SUM（H2:H13）”，按回车键后得到季节比率之和为 1 200，如图 5-8 所示。

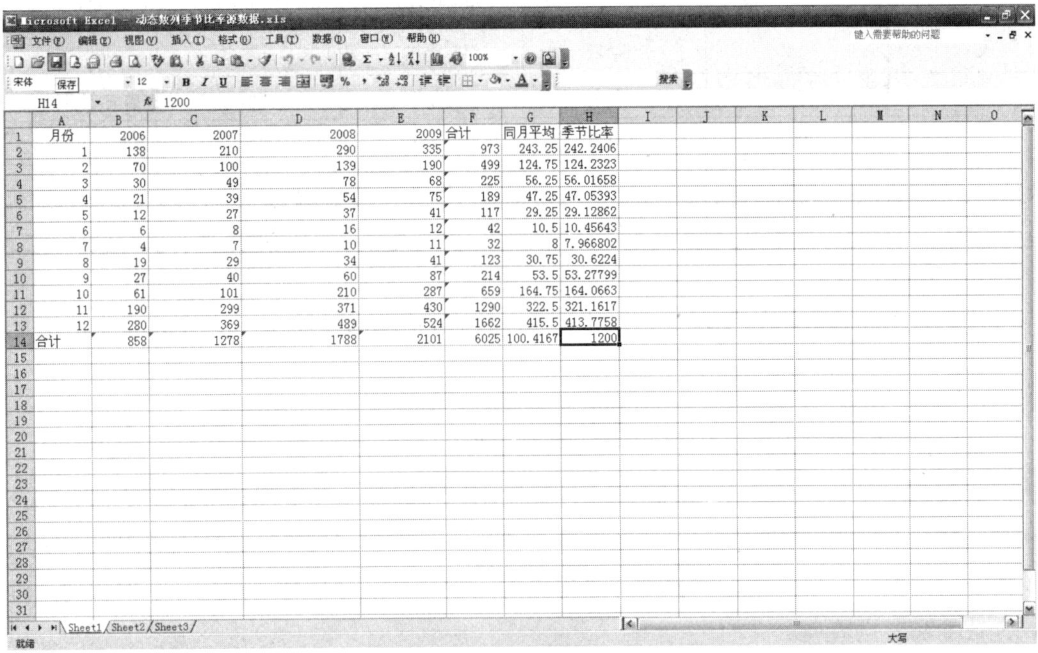

月份	2006	2007	2008	2009	合计	同月平均	季节比率
1	138	210	290	335	973	243.25	242.2406
2	70	100	139	190	499	124.75	124.2323
3	30	49	78	68	225	56.25	56.01658
4	21	39	54	75	189	47.25	47.05393
5	12	27	37	41	117	29.25	29.12862
6	6	8	16	12	42	10.5	10.45643
7	4	7	10	11	32	8	7.966802
8	19	29	34	41	123	30.75	30.6224
9	27	40	60	87	214	53.5	53.27799
10	61	101	210	287	659	164.75	164.0663
11	190	299	371	430	1290	322.5	321.1617
12	280	369	489	524	1662	415.5	413.7758
合计	858	1278	1788	2101	6025	100.4167	1200

图 5-8　计算季节比率

操作四：绘制季节变动曲线。选定季节比率数据 H2:H13 区域，绘制季节变动曲线，结果如图 5-9 所示。

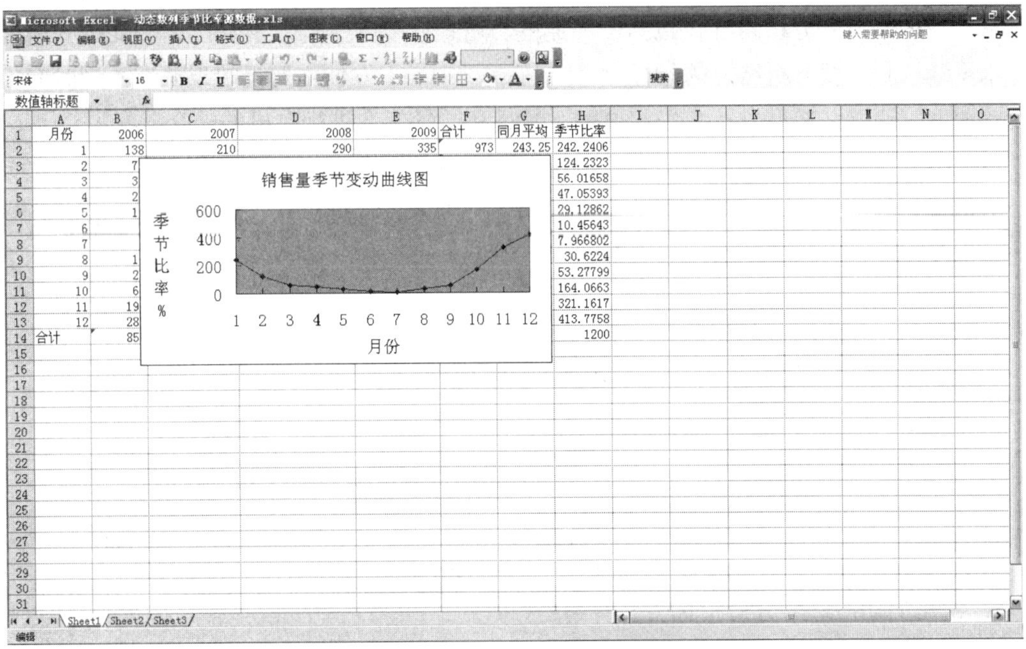

图 5-9　分析季节变动曲线图

3. 实战演练

以下是某校园水果专卖店水果销售资料。

某校园水果专卖店 2006—2009 年水果销售资料（千克）

顺序	年份	一季度	二季度	三季度	四季度
1	2006	780	680	1 130	1 230
2	2007	1 200	920	1 350	1 290
3	2008	1 500	1 200	1 490	1 370
4	2009	1 674	1 300	1 600	1 680

请用 Excel 完成以下任务：

按平均数季节指数法的步骤计算季节比率，并绘制移动平均长期趋势图。

任务小结

时间数列是指某一现象在不同时间上的观察值，按时间先后顺序排列而形成的数列。它有现象所属的时间和现象的指标数值两个基本要素。时间数列按指标数值的表现形式不同分为绝对数时间数列、相对数时间数列和平均数时间数列。绝对数时间数列是基本数列，可分为时期数列和时点数列。

常见的动态水平分析指标，包括发展水平、平均发展水平、增长量、平均增长量；它们主要是反映现象在不同时间上的绝对量以及由此而计算出来的不同时间的数量、质量水平，增加、减少的水平和不同时间上的平均水平

常见的动态速度分析指标，包括发展速度、增长速度、平均发展速度、平均增长速度，还有水平分析和速度分析结合的指标，增长 1%的绝对值。它们主要反映现象在不同时间上的变动的程度、速度、幅度以及水平和速度，数量和质量怎么进行有机的结合。

以上两个任务是社会经济活动实践最基本的动态分析方法，必须学好用熟。

时间数列的分析还需要对影响数列变动的各种因素进行分析，主要有四类：长期趋势的变动、季节变动、循环变动和不规则变动。

复习思考

1. 时期数列和时点数列有何区别？
2. 动态（序时）平均数，与一般（静态）平均数有何相同和不同点？
3. 常见的动态水平分析指标主要有哪些？
4. 什么是增长量，什么是增长速度，它们之间有什么关系？
5. 常见的动态速度分析指标主要有哪些？

任务演练

一、单项选择题（在备选答案中选出一个正确答案）

1．某企业“十二五”计划目标是，每年的利润必须保持 15%的速度增长。这个指标是（　　）。

A．增长量　　B．发展速度　　C．增长速度　　D．平均增长速度

2．时期数列的每一项指标数值（　　）。

A．无须连续统计　　B．不能相加

C．与时期长短无直接关系　　D．可以相加

3．序时平均数计算中，“首末折半法”运用于（　　）。

A．时期数列资料　　B．相对数时间数列资料

C．间隔相等的间断时点数列资料　　D．间隔不等的时点数列资料

4．说明现象在较长时期内发展的总速度是（　　）。

A．环比发展速度　　B．平均发展速度

C．定基增长速度　　D．定基发展速度

5．已知某企业 9 月、10 月、11 月、12 月的平均职工人数分别为 180 人、200 人、190 人、195 人，则该企业第四季度平均职人数的计算方法为（　　）。

A．（200+190+195）÷3　　B．（180+200+190+195）÷4

C．$\frac{180+200}{2}+\frac{200+190}{2}+\frac{190+195}{2}$　　D．$(\frac{180}{2}+200+190+\frac{195}{2})\div 3$

6．已知环比增长速度为 6.12%、7.25%、5.80%、8.92%，则定基增长速度为（　　）。

A．6.12%×7.25%×5.80%×8.92%

B．（6.12%×7.25%×5.80%×8.92%）−100%

C．106.12%×107.25%×105.80%×108.92%

D．（106.12%×107.25%×105.80%×108.92%）−100%

7．增长 1%的绝对值是（　　）。

A．本期水平除以 100　　B．累计增长量除以 100

C．逐期增长量除以 100　　D．上期水平除以 100

8．假定某地区 GDP 2010 年比 1985 年增长了 19.25 倍，那么 1985—2010 年的平均增长速度为（　　）。

A．$\sqrt[25]{19.25}-1$　　B．$\sqrt[25]{20.25}-1$　　C．$\sqrt[25]{19.25-1}$　　D．$\sqrt[25]{20.25-1}$

9．某企业生产某种产品，其产量每年增加 5 万吨，则该产量的环比增长速度（　　）。

A．年年下降　　B．年年增长　　C．保持不变　　D．越来越慢

10．某产品单位成本 2005 年比 2004 年下降 5%，2004 年比 2003 年下降 8%，则 2005 年比 2003 年下降（　　）。

A．7%×8%　　B．1−（95%×92%）

C．（95%+92%）−1　　D．（105%+108%）−1

二、多项选择题（在备选答案中，至少有两个正确答案）

1．下列数列中属于时期数列的是（　　）。

A．我国近几年的耕地总面积　　B．我国历年新增人口数

C．近几年社会商品零售总额　　D．我国历年进出口总额

E．某地区国有企业历年资金利润率

2．将不同时间的发展水平加以平均而得到的平均数称为（　　）。

A．平均发展水平　　B．序时平均数　　C．一般平均数　　D．静态平均数

E．动态平均数

3．下列时间数列中，各项指标数值不能相加的有（　　）。

A．绝对数时间数列　　B．相对数时间数列　　C．平均数时间数列　D．时期数列

E．时点数列

4．定基增长速度可通过（　　）求得。

A．定基发展速度−1　　B．环比增长速度连乘积−1

C．环比发展速度连乘积−1　　D．累计增长量除以最初水平

E．逐期增长量除以前期水平

三、计算与技能题

1．某企业某种产品 2010 年各月产量如下表：

月　份	产量/万件	月　份	产量/万件
1	22	7	28
2	24	8	29
3	24	9	30
4	25	10	31
5	26	11	34
6	27	12	35

要求：计算全年平均每季度产量和全年平均每月产量。

2．某单位上半年工人情况如下表：

指　标	1 月	2 月	3 月	4 月	5 月	6 月	7 月
月初工人数/人	500	480	498	512			510
月平均人数/人				505	496	504	

要求：

（1）计算填列表中所缺数字；

（2）计算第一季度、第二季度、上半年月平均人数。

3．某企业 2005 年第一季度职工人数如下表：

日/月	1/1	1/2	1/3	1/4
职工人数/人	700	720	750	800

要求：计算第一季度平均职工人数。

4．某企业 2010 年成品油库存量如下表：

日/月	1/1	1/3	1/7	1/8	1/11	31/12
成品油库存量/吨	50	65	68	58	70	74

要求：计算 2010 年平均成品油库存量。

5．某企业 2011 年计划完成情况如下表：

指　标	一季度	二季度	三季度	四季度
计划完成程度/（%）	108	120	125	105
增加值/万元	500	650	800	800

试计算全年平均计划完成程度。

6．某企业情况如下表：

指　标	1 月	2 月	3 月	4 月
总产值/万元	300	320	360	380
月初工人人数/人	520	490	530	500

要求计算：

（1）该企业第一季度的平均工人人数；

（2）该企业第一季度的平均劳动生产率；

（3）该企业第一季度劳动生产率。

7．某企业产值资料如下表：

年　份	2006 年	2007 年	2008 年	2009 年	2010 年
产值/万元	100				
逐期增长量/万元		32	18		
环比发展速度/（%）					
环比增长速度/（%）				8	5
增长 1%的绝对值/万元					

要求：

（1）计算并填充表中空格数字；

（2）计算 2006—2010 年的平均发展水平、平均增长量和平均增长速度。

8．某地区 2010 年底人口数为 1 500 万人，假定以后每年以 8‰的增长率增长，又假定该地区 2010 年粮食产量 50 亿千克，要求到 2015 年平均每人粮食产量达到 520 千克，计算 2015 年粮食产量应该是多少？粮食产量每年平均增长速度是多少？

初试牛刀

某企业近 5 年的销售收入如下表：

年　份	2006	2007	2008	2009	2010
销售收入/万元	500	1200	800	600	1 000

如果 2005 年销售收入为 400 万元，请对该企业近 5 年的销售状况进行较为全面的动态分析（至少从 8 个方面），并提交分析报告。

任务 6 统计指数分析

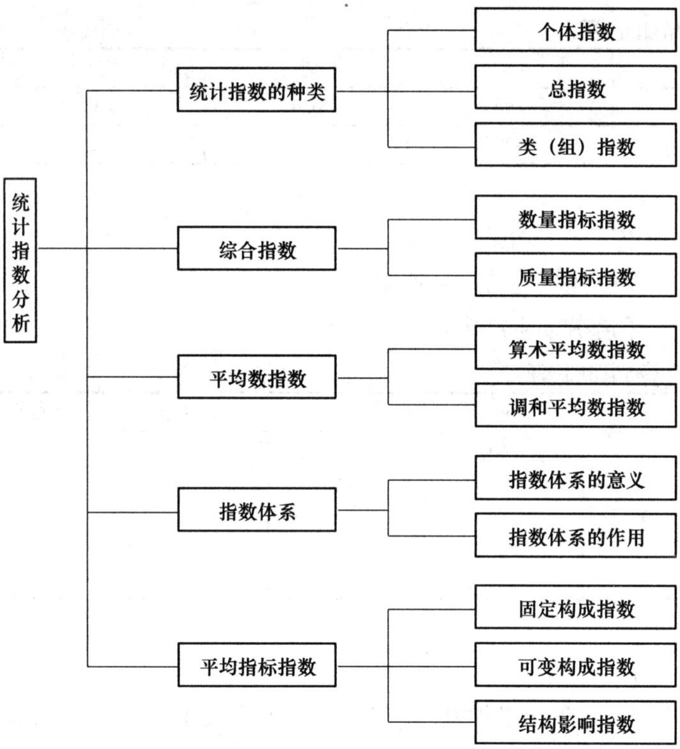

开篇案例

某大型超市饮料专柜销售各厂家的矿泉水、茶饮料、果汁、碳酸饮料、牛奶饮料等饮品，超市经常开展一些促销活动，为了便于经营管理，需要弄清楚报告期与基期的销售量和价格两个因素对销售额的影响。

以 2015 年第 3 季度为例，该专柜的销售额比第 2 季度增加了 200 万元，该专柜在暑假期间针对学生这一消费群体做了一系列降价促销活动，不少商品的销售价格有不同程度的降低，引起大部分商品的销售量有较大幅度的增加。根据两个季度每种商品的价格及销售量资料进行分析，结果表明，由于价格降低，使销售额降低 100 万；而销售量的增加，使销售额增加 300 万元，两者共同作用的结果，使该专柜第 3 季度的销售额比第 2 季度增加 200 万元。

思考：

上述案例中的经济现象在生活中是比较普遍的现象，请思考，销售量和价格的变动方向和程度对商品销售额的变动方向和程度分别有怎样的影响。通过学习本任务的指数分析法可以解决这类问题。

统计指数在我们的经济生活和日常生活中应用越来越广泛，物价指数、居民消费价格指数（Consumer Price Index，CPI）、生产价格指数（Producer Price Index，PPI）、股票价格指数、房地产价格指数、制造业采购经理指数（Purchasing Manager's Index，PMI）等都已经成为了生活中的常见术语。它是研究现象数量对比关系的一种重要的统计分析方法，也是研究发展变化的好与坏、成功与失败的重要的分析手段之一。

指数同人们的生活休戚相关，某种程度上已成为反映社会经济的晴雨表和分析、测度社会经济景气程度的工具。

知识目标

（1）了解统计指数的概念及其分类。
（2）掌握综合指数的编制方法。
（3）掌握平均数指数的编制方法。
（4）熟练运用指数体系进行因素分析（总指数两因数分析）。
（5）掌握平均指标指数的编制方法。

能力目标

（1）熟练地编制综合指数和熟练地运用综合指数。
（2）熟练地编制平均数指数和熟练运用平均数指数。
（3）熟练运用指数体系进行两因素、多因素分析。
（4）熟练地编制平均指标指数和熟练运用平均指标指数。

思考导学

（1）统计指数是什么？统计指数是做什么的？
（2）在分析综合指标变动时，数量指标和质量指标是怎样变动的？
（3）在资料不完整时候，怎么样进行变形分析？
（4）如何对综合指标进行剖析？各个因素的变化对综合指标的影响究竟有多大？

6.1　统计指数的概念种类

6.1.1　统计指数的概念

关于指数的概念，在各种统计学著作中有许多不同的提法。目前，统计学中的统计指数一词有广义和狭义两方面的内容，从广义上看，凡是表明社会经济现象数量对比关系的相对数，例如，计划完成程度相对数、比较相对数、强度相对数和一切动态相对数等；从狭义上，统计指数是指用来反映多种现象，不能直接相加对比的复杂总体综合变动的动态相对数，这里所研究的指数，主要是狭义的统计指数。指数的含义需要把握两点：第一指数实质是测定多项内容，例如，CPI 指数反映的是成千上万种居民家庭购买消费商品及服务价格的整体变动状况，单一商品价格的变化，如国家提高了卷烟的税后，香烟价格或涨或降 10%，不是指数中的核心内容；第二表现形式是动态相对数，这就涉及基期的对比，不同要素基期的选择就成为指数要讨论的问题。本任务指数的编制就是要回答这两个问题。

6.1.2 统计指数中的一些常见符号

k：个体指数。

$\overline{K}$：总指数。

q：数量指标。

p：质量指标。

下标（角码）：1 表示报告期；0 表示基期；n 表示不变期。

q_1：报告期的数量指标。

q_0：基期的数量指标。

p_1：报告期的质量指标。

p_0：基期的质量指标。

例：某商场几种商品的有关资料，如表 6-1 所示。

表 6-1 某商场几种商品的有关资料

商品	单位	商品销售量 q		销售价格/万元	
		基期 q_0	报告期 q_1	基期 p_0	报告期 p_1
甲	米	400	600	0.25	0.20
乙	件	500	600	0.40	0.36
丙	台	200	180	0.50	0.60

6.1.3 统计指数的种类

1．指数按其反映的对象的范围不同，分为个体指数和总指数

（1）个体指数：个体指数是反映个别现象变动的相对数，也称单位指数，如个别产品产量、价格指数，个别商品的销售量和销售价格指数等，具体计算公式为

$$\text{个体指数 } K=\frac{\text{报告期水平}}{\text{基期水平}}$$

即

$$\text{数量指标个体指数 } k_q=\frac{q_1}{q_0}$$

$$\text{质量指标个体指数 } k_p=\frac{p_1}{p_0}$$

表 6-1，各种商品销售量个体指数分别为

$$k_{\text{甲}}=\frac{600}{400}\text{；}k_{\text{乙}}=\frac{600}{500}\text{；}k_{\text{丙}}=\frac{180}{200}$$

各种商品的销售价格个体指数分别为

$$k_{\text{甲}}=\frac{0.2}{0.25}\text{；}k_{\text{乙}}=\frac{0.36}{0.4}\text{；}k_{\text{丙}}=\frac{0.60}{0.50}$$

（2）总指数：总指数是综合表明复杂社会经济现象变动程序的相对数，如多种商品销售量指数、工业总产量指数、零售物价指数、单位成本总指数等。总指数是在复杂现象总体条件下进行编制的，它的计算形式有综合指数和平均数指数。

（3）类（组）指数：类指数是介于个体指数与总指数之间的另一种指数，即说明不同种类现象总变动中某一部分现象变动程度的相对数，如零售物价指数中分食品类、服装类、日用杂品类、文化娱乐用品类、书报杂志类、医药用品类、燃料类等大类的商品价格指数，就是类（组）指数。

2．指数按其所表明指标的性质不同分为数量指标指数和质量指标指数

（1）数量指标指数：数量指标指数是根据数量指标计算的，如工业产品产量指数、商品销售指数、货运量指数等，它是反映社会经济现象的规模和总水平变动程度的指数，包括数量指标个体指数和数量指标总指数。

（2）质量指标指数：质量指标指数是根据质量指标计算的，如产品成本指数、物价指数、劳动生产率指数等，它是反映总体的一般水平（平均数）、工作质量等变化情况的指数，包括质量指标个体指数和质量指标总指数。

小思考

我们经常在新闻里听说的上证综合指数是狭义指数还是广义指数，是个体指数还是总指数，是数量指标指数还是质量指标指数？

6.2　综合指数

6.2.1　综合指数的概念

综合指数是编制和计算总指数的一种基本形式，它是由两个总量指标对比而形成的指数。凡是一个总量指标可以分解为两个或两个以上的因素指标时，将其中一个或一个以上的因素指标固定下来，仅观察其中一个因素指标的变动程度，这样总指数就称为综合指数。综合指数有两种，一种是数量指标综合指数，另一种是质量指标综合指数。

6.2.2　数量指标综合指数的编制方法

现以表 6-1 商品销售量综合指数为例加以说明，根据出现的问题和解决问题的办法，分以下几步进行。

（1）多种商品的量由于使用价值不同，不能简单相加（即 $\sum q$ ）。

（2）使用同度量因素，使多种使用价值性质不同的量过渡到能相加的销售额（ $\sum qp$ ）。

同度量因素：同度量因素是解决多种现象的量不能直接相加而使用的一种媒介因素，其作用有二：一是同度量作用，也就是把不同的度量单位过渡到相同的度量单位，如表 6-1 中的单位（图 6-1）；二是权数作用，即同度量因素大的那一组对指数影响要大些，反之，则小些。

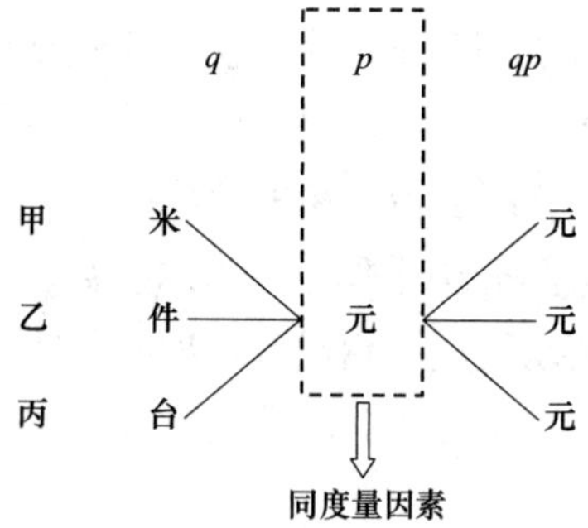

图 6-1　表 6-1 中的单位

（3）研究数量指标的总变动，即

$$\frac{\sum q_1 p}{\sum q_0 p}$$

（4）同度量因素的固定，在通常情况下，有以下三种情况。

① 以质量指标的基期作为同度量因素，即

$$\frac{\sum q_1 p_0}{\sum q_0 p_0}$$

② 以质量指标的报告期作为同度量因素，即

$$\frac{\sum q_1 p_1}{\sum q_0 p_1}$$

③ 以质量指标的不变期作为同度量因素，即

$$\frac{\sum q_1 p_n}{\sum q_0 p_n}$$

以上三种情况都是科学的、合理的、适用的。在不同的场合，为了资料的统一，一般都采用第 1 种形式，即数量指标综合指数的同度量因素应固定在质量指标的基期。

以表 6-1 为例，编制销售量综合指数

$$\overline{K_q} = \frac{\sum q_1 p_0}{\sum q_0 p_0}$$

$$= \frac{600 \times 0.25 + 600 \times 0.4 + 180 \times 0.5}{400 \times 0.25 + 500 \times 0.4 + 200 \times 0.5} = \frac{480}{400} = 120\%$$

$$\sum q_1 p_0 - \sum q_0 p_0 = 480 - 400 = 80\text{（万元）}$$

分析：以上计算结果表明，三种商品的销售量的综合提高使销售额增长了 20%（120%-100%），由此而增加了 80 万元的销售总额。

6.2.3 质量指标综合指数的编制方法

现以表 6-1 商品销售价格综合指数为例加以说明，根据出现的问题和解决问题的办法，可分以下几步进行。

（1）多种质量指标由于使用价值不同，不能简单相加（即$\sum p_0$）。

（2）使用同度量因素，使多种不能相加的质量指标过渡到能相加的总量指标，即$\sum qp$（q为同度量因素）。

小思考

在一般情况下，商品销售量指数和工资水平指数的同度量因素分别是什么？

（3）研究质量指标的总变动，即

$$\frac{\sum qp_1}{\sum qp_0}$$

（4）同度量因素的固定，在通常情况下，也有以下三种情况。

① 以数量指标的基期作为同度量因素，即

$$\frac{\sum q_0p_1}{\sum q_0p_0}$$

② 以数量指标的报告期作为同度量因素，即

$$\frac{\sum q_1p_1}{\sum q_1p_0}$$

③ 以质量指标的不变期作为同度量因素，即

$$\frac{\sum q_np_1}{\sum q_np_0}$$

以上三种方法都是科学的、适用的，它们适用于不同的用途和不同的场合，为了资料的统一，一般采用第②种形式，即质量指标综合指数的同度量因素应固定在数量指标的报告期。

小知识

拉氏指数和帕氏指数

权数固定在什么时期，由此产生著名的拉氏指数和派氏指数。拉氏指数是德国统计学家拉斯贝尔斯于 1684 年提出的一种指数方法，在计算综合指数时将作为权数的同度量因素固定在基期。帕氏指数是德国另一位统计学家帕舍于 1874 年提出的，在计算综合指数时将作为权数的同度量因素固定在报告期。

以表 6-1 为例，编制销售价格综合指数。

$$\overline{K_p}=\frac{\sum q_1p_1}{\sum q_1p_0}$$

$$=\frac{600\times0.2+600\times0.36+180\times0.6}{600\times0.25+600\times0.4+180\times0.5}=\frac{444}{480}=0.925 \text{ 或 } 92.5\%$$

$$\sum q_1p_1-\sum q_1p_0=444-480=-36\text{（万元）}$$

分析：以上计算结果表明，三种商品的销售价格综合下降使销售总额下降了 7.5%（92.5%−100%），由此而减少了 36 万元的销售额。

例：某企业生产三种产品资料，如表 6-2 所示。

表 6-2　某企业生产三种产品资料

产　　品	单　　位	产量 q		价格 p	
		基期 q_0	报告期 q_1	基期 p_0	报告期 p_1
甲	件	4 500	5 000	700	720
乙	件	5 000	5 200	350	300
丙	吨	9 600	12 000	50	60

试计算分析该企业三种产品的产量总变动。

$$\overline{K_q}=\frac{\sum q_1p_0}{\sum q_0p_0}$$

$$=\frac{5\,000\times700+5\,200\times350+12\,000\times50}{4\,500\times700+5\,000\times350+9\,600\times50}=\frac{592\text{万元}}{538\text{万元}}=1.100\,4 \text{ 或 } 110.04\%$$

$$\sum q_1p_0-\sum q_0p_0=592-538=54\text{（万元）}$$

分析：计算表明，该企业生产三种产品的总产量增长了 10.04%，由于产量的综合提高使生产总值增加了 54 万元。

例：某企业生产两种产品有关资料，如表 6-3 所示。

表 6-3　某企业生产两种产品有关资料

产　　品	单　　位	产量 q		单位成本 p/（元/件）	
		基期 q_0	报告期 q_1	基期 p_0	报告期 p_1
A	万件	650	400	10.0	10.5
B	万件	550	880	5.0	4.5

根据以上资料，研究单位成本的总变动。

解：（1）单位成本相对变动（综合指数），即

$$\overline{K_p}=\frac{\sum q_1p_1}{\sum q_1p_0}$$

$$=\frac{400\times10.5+880\times4.5}{400\times10+880\times5}=\frac{7\,800}{8\,000}=97.5\%$$

（2）绝对变动：即单位成本指数的分子和分母之差

$$\sum q_1 p_1 - \sum q_1 p_0 = 7\,800 - 8\,000 = -200（万元）$$

（3）分析：以上计算结果说明，两种产品的单位成本综合下降了 2.5%，并由此而减少 200 万元的总成本。

6.3　平均数指数

平均数指数是总指数的另一种形式。

用综合指数编制总指数时，无论是数量指标综合指数，还是质量指标综合指数，都必须要计算一个假定的总量指数（$\sum q_1 p_0$），为什么说是假定的呢？因为企业要么就是现在的资料$\sum q_1 p_1$（报告期销售额、产值等），要么就是过去资料$\sum q_0 p_0$（基期销售额、产值等），而不会用现在的销售量（或产值）去乘以过去的价格，即$q_1 p_0$。在实际中个体的指数容易取得（个体销售量、产值、价格、单位成本等），这样，综合指数公式在实际应用上就受到了一定限制，而平均数指数是能够克服这一限制条件的另一种编制总指数的方法。它是从个体指数出发来编制总指数。也就是先计算出各种产品或商品的数量指标或质量指标的个体指数，而后进行加权平均计算，来测定现象的总的变动程度。常用形式有两种，一是算术平均数指数；二是调和平均数指数。

6.3.1　算术平均数指数

在一般情况下，数量指标综合指数可以改变为加权算术平均数形式计算指数，即以数量指标个体指数为度量，以数量指标综合指数相应的分母为权数，运用加权算术平均数公式计算总指数。其计算公式是

$$\overline{K_q} = \frac{\sum q_1 p_0}{\sum q_0 p_0}$$

因为

$$k_q = \frac{q_1}{q_0}$$

$$q_1 = k_q \times q_0$$

将此代入数量指标指数，所以

$$\overline{K_q} = \frac{\sum k_q q_0 p_0}{\sum q_0 p_0}$$

例：某商场三种商品的销售情况，如表 6-4 所示。

表 6-4　某商场三种商品的销售情况

商品	基期销售额 $q_0 p_0$ /万元	个体销售量指数 $k = \frac{q_1}{q_0}$ /（%）
甲	92.80	120.00
乙	50.82	84.30
丙	129.22	107.69

解：销售量总指数

$$\overline{K_q}=\frac{\sum k_q q_0 p_0}{\sum q_0 p_0}$$
$$=\frac{1.2\times92.8+0.843\times50.82+1.0769\times129.22}{92.8+50.82+129.22}$$
$$=\frac{2\,933\,600}{2\,728\,400}=107.52\%$$

$$\sum kq_0p_0-\sum q_0p_0=2\,933\,600-3\,728\,400=205\,200（元）$$

采用加权算术平均数计算的销售量指数和综合指数计算的销售量指数结果是一致的，它的经济意义也完全相同，所不同的是掌握的资料不同，使用条件不同。

6.3.2 调和平均数指数

在一般情况下，质量指标综合指数可以改变为加权调和平均数形式计算，即以质量指标个体指数的倒数为变量，以质量指标综合指数相应的分子指标为权数，运用加权调和平均数公式和平均数公式计算总指数，其计算公式是

$$\overline{K_p}=\frac{\sum q_1p_1}{\sum q_1p_0}$$

因为

$$k_p=\frac{p_1}{p_0}$$

$$p_0=\frac{p_1}{k_p}=\frac{1}{k_p}p_1$$

将此代入质量指标指数公式，所以

$$\overline{K_p}=\frac{\sum q_1p_1}{\sum\frac{1}{k_p}q_1p_1}$$

例：某商场三种产品有关资料，如表 6-5 所示。

表 6-5　某商场三种产品有关资料

商　　品	报告期销售额 p_1q_1 /万元	个体价格指数 $k=\frac{q_1}{q_0}$ /（%）
甲	120.00	107.76
乙	42.84	100.00
丙	147.98	106.34

销售价格指数

$$\overline{K_p}=\frac{\sum q_1p_1}{\sum\frac{1}{k_p}q_1p_1}$$

$$=\frac{120+42.84+147.98}{\dfrac{120}{1.0776}+\dfrac{42.84}{1}+\dfrac{147.98}{1.0634}}$$

$$=\frac{3\,108\,200}{2\,933\,600}=105.95\%$$

$$\sum q_1p_1-\sum\frac{1}{k_p}q_1p_1=3\,108\,200-2\,933\,600=174\,600\text{（元）}$$

采用加权调和平均数指数计算的价格总指数与质量指标综合指数的价格总指数计算的结果是完全相同的，所不同的是掌握的资料不同和计算条件不同。

小知识

CPI 指数是怎么来的？

首先，国家统计局和地方统计部门分级确定用于计算 CPI 的商品和服务项目以及调查网点。国家统计局根据全国城乡居民家庭消费支出的抽样调查资料统一确定商品和服务项目的类别，设置食品、烟酒及用品、衣着、家庭设备用品及服务、医疗保健及个人用品、交通和通信、娱乐教育文化用品及服务、居住八大类 262 个基本分类，基本涵盖了城乡居民的全部消费内容。全国抽选约 500 个市县，确定采集价格的调查网点，包括食杂店、百货店、超市、便利店、专业市场、专卖店、购物中心、农贸市场、服务消费共 6.3 万个。

其次，按照“定人、定点、定时”的方式，统计部门派调查员到调查网点现场采集价格。目前，分布在全国 31 个省（区、市）500 个调查市县的价格调查员共 4 000 人左右。价格采集频率因商品而异，对于 CPI 中的粮食、猪羊肉、蔬菜等与居民生活密切相关、价格变动比较频繁的食品，每 5 天调查一次价格；对于服装鞋帽、耐用消费品、交通通信工具等大部分工业产品，每月调查 2～3 次价格；对水、电等政府定价项目，每月调查核实一次价格。

最后，根据审核后的原始价格资料，计算单个商品或服务项目以及 262 个基本分类的价格指数。然后根据各类相应的权数，再计算类别价格指数以及 CPI。

我国 CPI 中的权数，主要是根据全国城乡居民家庭各类商品和服务的消费支出详细比重确定的。CPI 汇总计算方法采用链式拉式公式，编制月环比、月同比以及定基价格指数。

资料来源：国家统计局

6.4　指数体系

6.4.1　指数体系的意义

任何社会经济现象都不是孤立存在的，许多现象之间存在相互依存、相互制约的关系，很多现象在数量上存在着必然的经济联系，例如：

商品销售额=商品销售量×商品价格

生产总成本=产品产量×单位成本

农作物总产量=播种面积×单位面积产量

以上各种指数存在着某种静态的数量联系，在做动态分析时，也会保持着相同的数量关系，从而构成指数体系。

商品销售额指数=商品销售量指数×商品价格指数

总成本指数=产品产量指数×单位成本指数

农作物总产量指数=播种面积指数×单位面积产量指数

即

$$qp=q\times p$$

$$\frac{\sum q_1p_1}{\sum q_0p_0}=\frac{\sum q_1p_0}{\sum q_0p_0}\times\frac{\sum q_1p_1}{\sum q_1p_0}$$

一个指数体系不仅有相对数之间的数量联系，还有绝对数之间的数量关系：

商品销售额实际增减额=销售量变动影响的增减额＋价格变动影响的增减额

即

$$\sum q_1p_1-\sum q_0p_0=\left(\sum q_1p_0-\sum q_0p_0\right)+\left(\sum q_1p_1-\sum q_1p_0\right)$$

指数体系中的数量关系深刻地揭示现象之间的联系，即等式左边的现象（称为总体现象）的变化决定于等式右边多个现象（称构成因素）的变化，等式右边各构成因素的变化对总体现象变化的相对影响程度和绝对影响状况。正是这种联系为因素分析提供了客观的依据。

小思考

你还能够列举出其他的统计指数体系吗？

6.4.2 指数体系的作用

研究指数体系的目的，主要在于从数量方面分析社会经济现象总变动中各因素变动影响的相对程度和绝对效果，即对现象总变动进行因素分析，再就是运用现象之间内在上的联系进行量上推算。

综上所述，指数体系有两个基本特征：第一，任何指数体系都由三个或三个以上的指数所构成；第二，指数体系中的指数可以在数量上相互推算。

1．利用指数体系进行因素分析

这里主要介绍总量指标的因素分析。

总量指标两因素分析，即将现象总量分解为两个构成因素：对由两个因素所构成的现象总量的因素分析。首先计算所研究现象总量变动的相对程度和绝对差额，再根据指数体系列出三者之间的联系及综合分析说明。

例：某企业销售三种产品销售情况，如表6-6所示。

表 6-6　某企业销售三种产品销售情况表

商品名称	计量单位	销售量		销售价格/元	
		基期	报告期	基期	报告期
		q_0	q_1	p_0	p_1
甲	米	4 000	3 000	8.00	8.00
乙	件	400	728	60.00	45.00
丙	千克	3 000	7 400	5.00	5.50

解：（1）确定分析对象（销售总额变动）。

$$\bar{K}_{qp}=\frac{\sum q_1p_1}{\sum q_0p_0}=\frac{3\,000\times 8+728\times 45+7\,400\times 5.5}{4\,000\times 8+400\times 60+3\,000\times 5}=\frac{97\,460}{71\,000}=137.27\%$$

$$\sum q_1p_1-\sum q_0p_0=97\,460-71\,000=26\,460\text{（元）}$$

（2）进行因素分析。

① 销售量（q）的变动对销售额（pq）的影响：

$$\bar{K}_q=\frac{\sum q_1p_0}{\sum q_0p_0}=\frac{3\,000\times 8+728\times 60+7\,400\times 5}{4\,000\times 8+400\times 60+3\,000\times 5}=\frac{104\,680}{71\,000}=147.44\%$$

$$\sum q_1p_0-\sum q_0p_0=104\,680-71\,000=33\,680\text{（元）}$$

② 销售价格变动（p）对销售额（pq）的影响：

$$\bar{K}_p=\frac{\sum q_1p_1}{\sum q_1p_0}=\frac{3\,000\times 8+728\times 45+7\,400\times 5.5}{3\,000\times 8+728\times 60+7\,400\times 5}=\frac{97\,460}{104\,680}=93.1\%$$

$$\sum q_1p_1-\sum q_1p_0=97\,460-104\,680=-7\,220\text{（元）}$$

（3）关系（指数体系）。

相对数：

$$\frac{\sum q_1p_1}{\sum q_0p_0}=\frac{\sum q_1p_0}{\sum q_0p_0}\times\frac{\sum q_1p_1}{\sum q_1p_0}$$

$$137.27\%-147.44\%\times 93.1\%$$

绝对数：

$$\sum q_1p_1-\sum q_0p_0=(\sum q_1p_0-\sum q_0p_0)+(\sum q_1p_1-\sum q_1p_0)$$

$$26\,460\text{元}=33\,680\text{元}+(-7\,220\text{元})$$

（4）分析。

该企业本期销售三种产品的销售总额增长了 37.27%，增加了 26 460 元，是由于销售量的综合提高使销售额增长了 47.44%，并由此而增长了 33 680 元的销售总额和销售价格的综合下降使销售总额降低了 6.9%，并由此减少了 7 220 元的销售总额两因素共同影响的结果。

2．利用指数体系进行推算

利用指数体系进行推算是将指数之间的联系，根据已知的若干个指数将另外的一个指数推算出来。

例：销售量增长5%，销售价格增长2%，则销售额增长为7.1%。

因为　　销售额指数=销售量指数×价格指数

即　　107.1%=102%×105%

所以　　销售额增长%=销售额指数−1=107.1%−1=7.1%

例：总成本增长10%，产量增长20%，则单位成本应增减多少？

因为　　总成本指数=产量总指数×单位成本指数

$$单位成本指数=\frac{总成本指数}{产量总指数}=\frac{1+10\%}{1+20\%}=91.67\%$$

所以　　单位成本降低%=单位成本指数−1=91.67%−100%=−8.33%

在经济活动分析中，这种推算非常广泛。

小思考

某企业职工平均工资今年比去年提高5%，职工人数增加2%，则企业工资总额增长多少？

6.5　平均指标指数

前面所讲述的综合指数和平均数指数都是从总量上的对比反映总体的变动方向和变动程度的，而平均指标指数是从总体的两个总平均指标水平对比反映其变动方向和变动程度的，即$\frac{\overline{x_1}}{\overline{x_0}}$。由加权算术平均数公式$\bar{x}=\frac{\sum xf}{\sum f}$或$\sum(x\cdot\frac{f}{\sum f})$可知，在分组条件下，总的加权算术平均数（简称总平均指标）的大小受两个因素的影响。一是各组标志值的水平x，即各组平均数x的影响；二是各组的比重权数（$\frac{f}{\sum f}$），即总体结构的影响。为了测定这两个因素对总平均指标变动的影响方向、程度和绝对经济效果，同样可以运用指数体系进行因素分析，即进行总平均指标的两因素分析。

1．可变构成指数（总平均指标指数）

$$\overline{K_{可变}}=\frac{\overline{x_1}}{\overline{x_0}}=\frac{\sum x_1f_1}{\sum f_1}\bigg/\frac{\sum x_0f_0}{\sum f_0}$$

加权算术平均数受两个因素的影响。

2. 固定构成指数

固定构成指数也称组平均指标指数，反映着各组的标志值（x）的变动对总平均指标变动（$\frac{\sum xf}{\sum f}$）的影响状况。固定构成指数是将各组平均数看成指数化因素，把各组的次数结构看成同变量因素，而且固定在报告期，即

$$\overline{K_{固定}}=\frac{\overline{x_1}}{\overline{x_n}}=\frac{\sum x_1f_1}{\sum f_1}\Big/\frac{\sum x_0f_1}{\sum f_1}$$

3. 结构影响指数

结构影响指数反映着次数结构（$\frac{f}{\sum f}$）的变动对总平均指标（$\frac{\sum xf}{\sum f}$）变动的影响状况，结构影响指数就是把次数结构看成指数化因素，把各组的代表标志值看成同变量因素，而且固定在基期，即

$$\overline{K_{结构}}=\frac{\overline{x_n}}{\overline{x_0}}=\frac{\sum x_0f_1}{\sum f_1}\Big/\frac{\sum x_0f_0}{\sum f_0}$$

上述三个指数之间的关系是：可变构成指数=固定构成指数×结构影响指数，即

$$\frac{\sum x_1f_1}{\sum f_1}\Big/\frac{\sum x_0f_0}{\sum f_0}=\frac{\sum x_1f_1}{\sum f_1}\Big/\frac{\sum x_0f_1}{\sum f_1}\times\frac{\sum x_0f_1}{\sum f_1}\Big/\frac{\sum x_0f_0}{\sum f_0}$$

绝对差额：

$$\frac{\sum x_1f_1}{\sum f_1}-\frac{\sum x_0f_0}{\sum f_0}=\left(\frac{\sum x_1f_1}{\sum f_1}-\frac{\sum x_0f_1}{\sum f_1}\right)+\left(\frac{\sum x_0f_1}{\sum f_1}-\frac{\sum x_0f_0}{\sum f_0}\right)$$

例：某企业工人工资情况，如表 6-7 所示。

表 6-7　某企业工人工资情况　（元）

工人类型	工人数 f		月平均工资 x	
	基期 f_0	报告期 f_1	基期 x_0	报告期 x_1
技工	300	400	2 800	3 000
徒工	200	600	1 600	1 800
合计	500	1 000		

根据表 6-6 资料可计算

$$\overline{x_1}=\frac{\sum x_1f_1}{\sum f_1}=\frac{3\,000\times400+1\,800\times600}{400+600}=2\,280（元）$$

$$\overline{x_0}=\frac{\sum x_0 f_0}{\sum f_0}=\frac{2\,800\times 300+1\,600\times 200}{300+200}=2\,320（元）$$

$$\overline{x_n}=\frac{\sum x_0 f_1}{\sum f_0}=\frac{2\,800\times 400+1\,600\times 600}{400+600}=2\,080（元）$$

第一步，计算总平均工资指数，即可变构成指数

$$\overline{K_{可变}}=\frac{\sum x_1 f_1}{\sum f_1}\Big/\frac{\sum x_0 f_0}{\sum f_0}=\frac{2\,280}{2\,320}=98.28\%$$

$$\frac{\sum x_1 f_1}{\sum f_1}-\frac{\sum x_0 f_0}{\sum f_0}=2\,280-2\,320=-40（元）$$

第二步，计算固定构成指数和结构影响指数，分析总平均工资的变动的具体原因。

（1）各组平均工资的变动（x）对总平均工资变动（$\frac{\sum xf}{\sum f}$）影响

$$\overline{K_{固定}}=\frac{\sum x_1 f_1}{\sum f_1}\Big/\frac{\sum x_0 f_1}{\sum f_1}=\frac{2\,280}{2\,080}=109.62\%$$

$$\frac{\sum x_1 f_1}{\sum f_1}-\frac{\sum x_0 f_1}{\sum f_1}=2\,280-2\,080=200（元）$$

（2）各组人数结构变动（$\frac{f}{\sum f}$）对总平均工资（$\frac{\sum xf}{\sum f}$）影响

$$\overline{K_{结构}}=\frac{\sum x_0 f_1}{\sum f_1}\Big/\frac{\sum x_0 f_0}{\sum f_0}=\frac{2\,080}{2\,320}=89.66\%$$

$$\frac{\sum x_0 f_1}{\sum f_1}-\frac{\sum x_0 f_0}{\sum f_0}=2\,080-2\,320=-240（元）$$

第三步，三个平均指标指数关系，即平均指标指数的指数体系相对数形式

$$\overline{K_{可变}}=\overline{K_{固定}}\times\overline{K_{结构}}$$

简写为

$$\frac{\overline{x_1}}{\overline{x_0}}=\frac{\overline{x_1}}{\overline{x_n}}\times\frac{\overline{x_n}}{\overline{x_0}}$$

98.29%=109.62%×89.66%

绝对数形式简写为

$$\overline{x_1}-\overline{x_0}=(\overline{x_1}-\overline{x_n})+(\overline{x_n}-\overline{x_0})$$

−40 元=200 元+（−240 元）

第四步，文字说明。

该企业工人总平均工资报告期较基期下降了 1.72%，每个工人工资收入水平平均减少了 40 元，是由于各组工人工资水平提高，使总平均工资提高了 9.62%，使每个人工资收入平均增加了 200 元，各组工人数占工人总数的比重的下降，使总平均工资下降了 10.34%，每个工人工资收入减少了 240 元，两个因素共同影响和作用的结果。

小思考

某企业全体员工平均工资指数为 134.5%，职工人数结构影响指数为 96.5%，则各车间员工的固定构成指数为多少？

6.6　实训应用：用 Excel 计算指数并进行因素分析

指数分析是研究社会经济现象数量变动情况的统计方法，这里介绍用 Excel 进行指数分析与因素分析，用 Excel 计算综合指数并进行因素分析。

实训项目：用 Excel 计算综合指数并进行因素分析。

实训目的：掌握运用 Excel 计算总量指标、综合指数并进行因素分析。

实训要求：掌握利用指数体系进行因素分析的基本原理。

实训资料：表 6-8 是某企业专业技术人员数量和平均工资的数据资料，计算人员数量综合指数和平均工资综合指数。分析在增加的总工资额中由于人员数量变动而影响的总工资额和由于平均工资变动而影响的总工资额是多少。

表 6-8　某企业专业技术人员数量和平均工资资料

职称等级	平均工资/元		专业技术人员数/人	
	基期 p_0	报告期 p_1	基期 q_0	报告期 q_1
初级	2 500	2 600	120	130
中级	4 100	4 200	150	170
高级	5 100	5 200	60	70
合计	—	—	—	—

操作步骤：启动 Excel 2003，建立一个工作簿。

操作一：在空白工作表中输入表 6-8 数据，如图 6-2 所示。

操作二：计算各个 p_0q_0，在 F4 中输入“=B4*D4”，按回车键后可得 F4 的结果，再利用“填充”功能，按住鼠标拖至 F5 单元格放开鼠标，即可得到 F4～F5 单元格的数值，计算各个 p_1q_1 和 p_0q_1，重复前面的方法即可。结果如图 6-3 所示。

操作三：计算 $\sum p_0q_0$、$\sum p_1q_1$、$\sum p_0q_1$，选定 F4:F6 区域，双击工具栏求和按钮“Σ”，在 F6 出现该列的求和值 $\sum p_0q_0$，按照同样的方法求出 $\sum p_1q_1$、$\sum p_0q_1$ 的值。结果如图 6-4 所示。

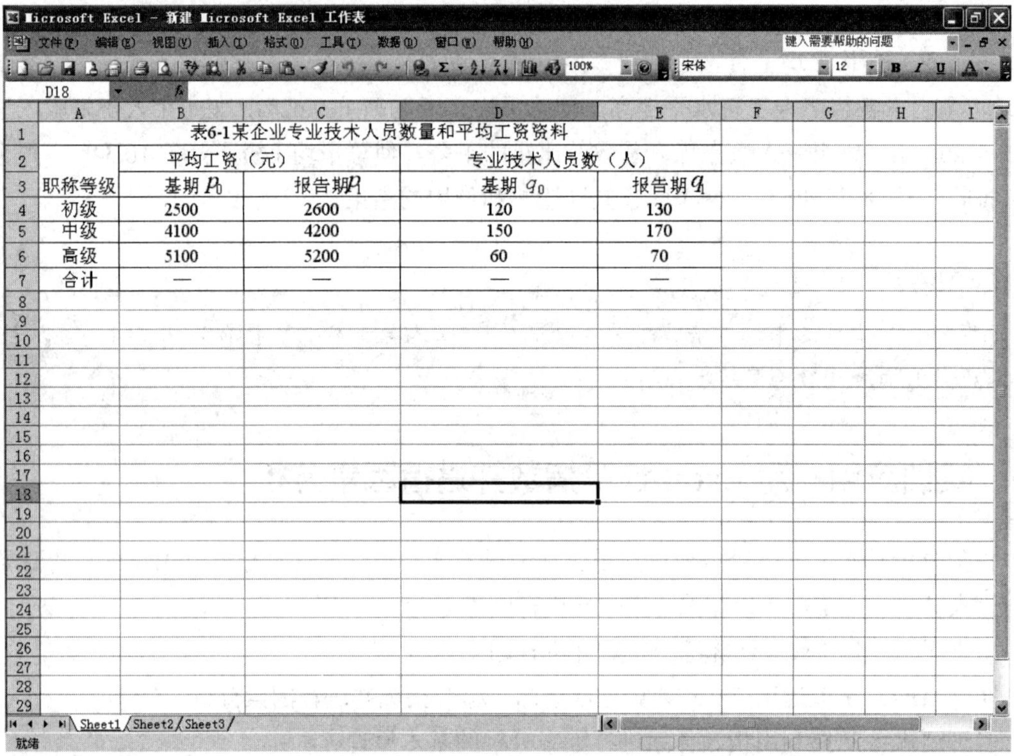

表6-1某企业专业技术人员数量和平均工资资料				
	平均工资（元）		专业技术人员数（人）	
职称等级	基期 p_0	报告期 p_1	基期 q_0	报告期 q_1
初级	2500	2600	120	130
中级	4100	4200	150	170
高级	5100	5200	60	70
合计	—	—	—	—

图 6-2 输入某企业专业技术人员数据资料

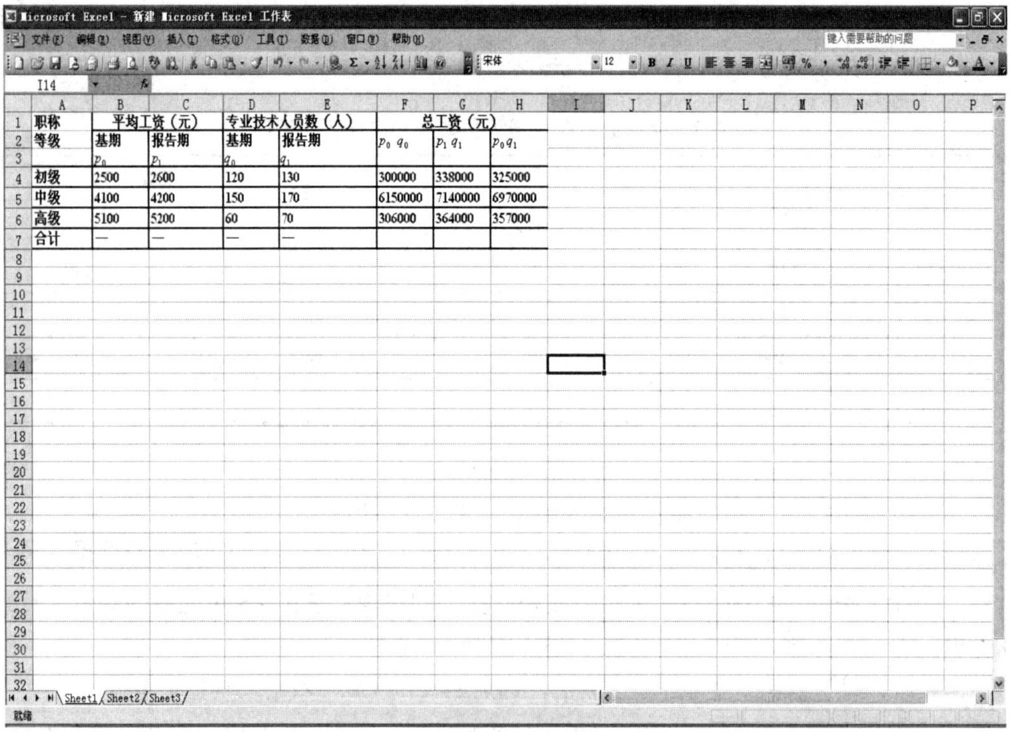

职称等级	平均工资（元）		专业技术人员数（人）		总工资（元）		
	基期 p_0	报告期 p_1	基期 q_0	报告期 q_1	p_0q_0	p_1q_1	p_0q_1
初级	2500	2600	120	130	300000	338000	325000
中级	4100	4200	150	170	6150000	7140000	6970000
高级	5100	5200	60	70	306000	364000	357000
合计	—	—	—	—			

图 6-3 计算 p_0q_0、p_1q_1、p_0q_1 的值

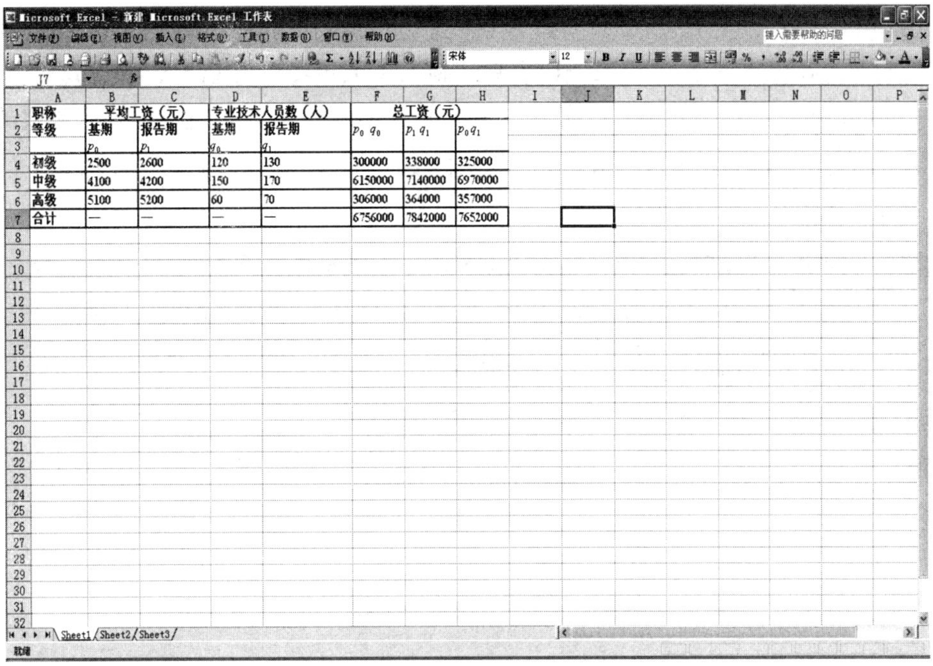

职称等级	平均工资（元）		专业技术人员数（人）		总工资（元）		
	基期 p_0	报告期 p_1	基期 q_0	报告期 q_1	p_0q_0	p_1q_1	p_0q_1
初级	2500	2600	120	130	300000	338000	325000
中级	4100	4200	150	170	6150000	7140000	6970000
高级	5100	5200	60	70	306000	364000	357000
合计	—	—	—	—	6756000	7842000	7652000

图 6-4　计算 $\sum p_0q_0$、$\sum p_1q_1$、$\sum p_0q_1$ 的值

操作四：计算产量综合指数 $\overline{K_q}=\sum p_0q_1 \Big/ \sum p_0q_0$，在 D10 中输入“=H7/F7”便可得到产量综合指数；计算价格综合指数 $\overline{K_p}=\sum p_1q_1 \Big/ \sum p_0q_1$，在 D14 中输入“=G7/H7”便可得到价格综合指数。结果如图 6-5 所示。

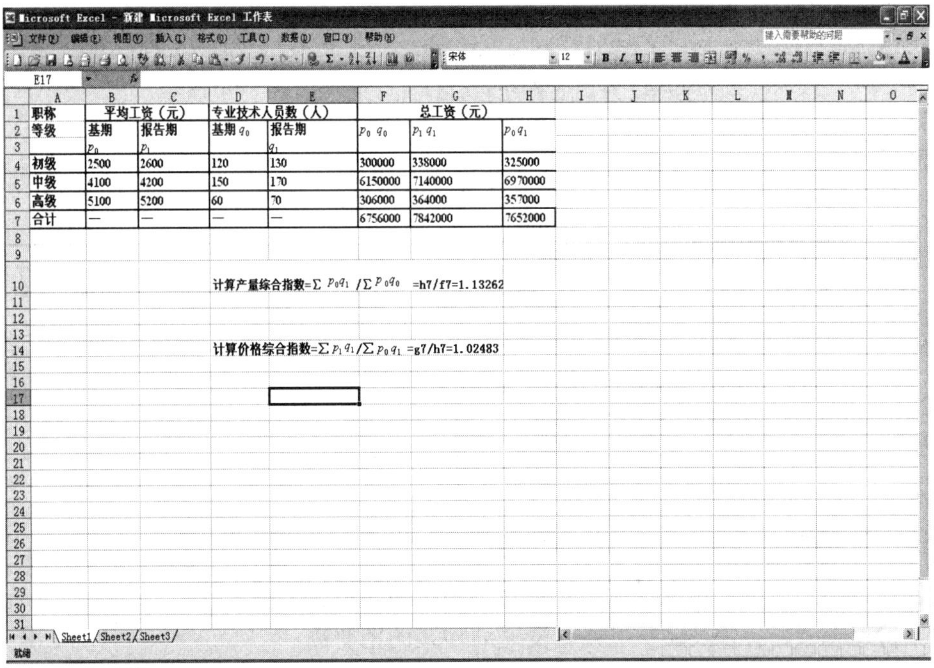

职称等级	平均工资（元）		专业技术人员数（人）		总工资（元）		
	基期 p_0	报告期 p_1	基期 q_0	报告期 q_1	p_0q_0	p_1q_1	p_0q_1
初级	2500	2600	120	130	300000	338000	325000
中级	4100	4200	150	170	6150000	7140000	6970000
高级	5100	5200	60	70	306000	364000	357000
合计	—	—	—	—	6756000	7842000	7652000

计算产量综合指数=$\sum p_0q_1 / \sum p_0q_0$ =h7/f7=1.13262

计算价格综合指数=$\sum p_1q_1 / \sum p_0q_1$ =g7/h7=1.02483

图 6-5　计算综合指数

操作五：绝对值的分析，在 D9 中输入“G7−F7”，即得到总工资额增加数值 $\sum p_1q_1-\sum p_0q_0$；在 E11 中输入“=H7−F7”便得到人员数量影响的总工资额 $\sum p_0q_1-\sum p_0q_0$；在 E13 中输入“=G7−H7”便得到平均工资影响的总工资额 $\sum p_1q_1-\sum p_0q_1$。相对值的分析，分别在 H9、H11、H13 中输入“=G7/F7”“=H7/F7”“=G7/H7”便可得到相对应的数值。结果如图 6-6 所示。

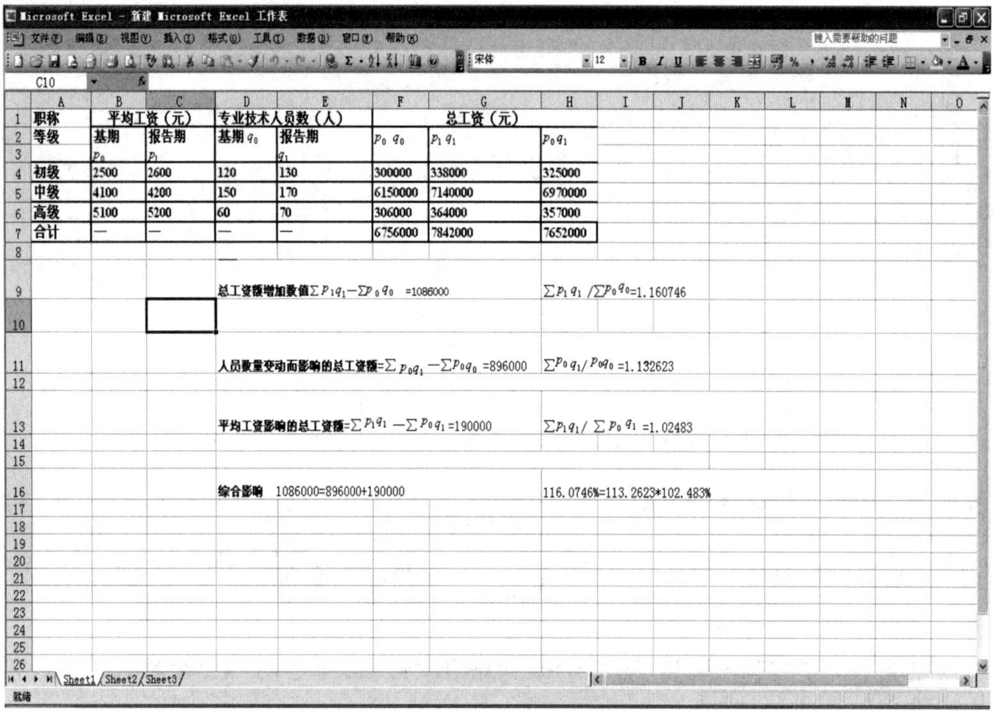

职称	平均工资（元）		专业技术人员数（人）		总工资（元）		
等级	基期 p_0	报告期 p_1	基期 q_0	报告期 q_1	p_0q_0	p_1q_1	p_0q_1
初级	2500	2600	120	130	300000	338000	325000
中级	4100	4200	150	170	6150000	7140000	6970000
高级	5100	5200	60	70	306000	364000	357000
合计	—	—	—	—	6756000	7842000	7652000

总工资额增加数值 $\sum p_1q_1-\sum p_0q_0$ =1086000　　$\sum p_1q_1/\sum p_0q_0$=1.160746

人员数量变动而影响的总工资额= $\sum p_0q_1-\sum p_0q_0$ =896000　　$\sum p_0q_1/p_0q_0$ =1.132623

平均工资影响的总工资额= $\sum p_1q_1-\sum p_0q_1$ =190000　　$\sum p_1q_1/\sum p_0q_1$ =1.02483

综合影响　1086000=896000+190000　　116.0746%=113.2623*102.483%

图 6-6　总工资额的绝对值与相对值的因素分析

实战演练

以下是某超市销售的三种商品资料：

某超市三种商品的销售资料

商品名称	单位	销售量		价格/元	
甲	件	700	750	90	150
乙	箱	800	880	170	150
丙	个	350	400	70	50

请用 Excel 完成以下任务：

（1）计算各种商品的销售量、销售价格的个体指数；

（2）计算销售量综合指数以及由于销售量的变动而增减的销售额；

（3）价格综合指标以及由于价格的变动而增减的销售额。

任务小结

1．指数的概念和种类

（1）指数的概念：广义上的指数是一切的动态相对数；狭义上的指数是研究多种现象的数，不能直接相加而使用的动态相对数。本任务的内容主要研究狭义上的指数。

（2）指数的种类如下所示

- 按所反映对象范围不同（现象的多少）
  - 个体指数
  - 总指数
    - 综合指数
    - 平均数指数
  - 类（组）指数
- 按所表明指标的性质不同
  - 数量指标指数
  - 质量指标指数

2．综合指数的编制

（1）同度量因素：同度量因素是解决多种现象的量不能直接相加而使用的媒介因素，其作用为同度量作用、权数作用。

（2）数量指标综合指数

相对数 $\overline{K_q}=\dfrac{\sum q_1p_0}{\sum q_0p_0}$

绝对数 $\sum q_1p_0-\sum q_0p_0$

数量指标综合指数（变动）的同度量因素应固定在质量指标的基期。

（3）质量指标综合指数

相对数 $\overline{K_q}=\dfrac{\sum q_1p_1}{\sum q_1p_0}$

绝对数 $\sum q_1p_1-\sum q_1p_0$

质量指标综合指数（变动）的同度量因素应固定在数量指标的报告期。

3．平均数指数编制

（1）算术平均数指数，在编制数量指标综合指数时，如果缺少分子（q_1p_0）资料时，必须通过这个指数变形计算，即

$$\overline{K_q}=\frac{\sum q_1p_0}{\sum q_0p_0}$$

因为

$$k_q=\frac{q_1}{q_0},\quad q_1=k_qq_0$$

所以

$$\overline{K_q}=\frac{\sum k_q q_0 p_0}{\sum q_0 p_0}$$

（2）调和平均数指数，在编制质量指标综合指数时，如果缺少分母资料，必须通过个体指数变形计算，即

$$\overline{K_p}=\frac{\sum q_1 p_1}{\sum q_1 p_0}$$

因为

$$k_p=\frac{p_1}{p_0}\qquad p_0=\frac{p_1}{k_p}$$

所以

$$\overline{K_p}=\frac{\sum q_1 p_1}{\sum \frac{1}{k_p} q_1 p_1}$$

4．指数体系

这里主要讲总指数（两因素）指数体系。

相对数 $\dfrac{\sum q_1 p_1}{\sum q_0 p_0}=\dfrac{\sum q_1 p_0}{\sum q_0 p_0}\times\dfrac{\sum q_1}{\sum q_1}$

绝对数 $\sum q_1 p_1-\sum q_0 p_0=\left(\sum q_1 p_0-\sum q_0 p_0\right)+\left(\sum q_1 p_1-\sum q_1 p_0\right)$

指数体系的作用：

（1）利用指数体系进行因素分析；

（2）利用指数体系进行推算。

5．平均指标指数的编制

平均指标指数包括：

（1）可变构成指数= $\dfrac{\sum x_1 f_1}{\sum f_1}\Big/\dfrac{\sum x_0 f_0}{\sum f_0}$；

（2）固定构成指数= $\dfrac{\sum x_1 f_1}{\sum f_1}\Big/\dfrac{\sum x_0 f_1}{\sum f_1}$；

（3）结构影响指数= $\dfrac{\sum x_0 f_1}{\sum f_1}\Big/\dfrac{\sum x_0 f_0}{\sum f_0}$。

三者的关系：

可变构成指数=固定构成指数×结构影响指数

相对数 $$\frac{\sum x_1 f_1}{\sum f_1} \Big/ \frac{\sum x_0 f_0}{\sum f_0} = \frac{\sum x_1 f_1}{\sum f_1} \Big/ \frac{\sum x_0 f_1}{\sum f_1} \times \frac{\sum x_0 f_1}{\sum f_1} \Big/ \frac{\sum x_0 f_0}{\sum f_0}$$

绝对数 $$\frac{\sum x_1 f_1}{\sum f_1} - \frac{\sum x_0 f_0}{\sum f_0} = \left(\frac{\sum x_1 f_1}{\sum f_1} - \frac{\sum x_0 f_1}{\sum f_1}\right) + \left(\frac{\sum x_0 f_1}{\sum f_1} - \frac{\sum x_0 f_0}{\sum f_0}\right)$$

案例分析

在分析社会现象变动情况时，有时仅仅使用总量指标指数或平均指标指数进行分析是不够的，还要把两种指数体系结合起来应用。

某公司下属三个企业工人数、劳动生产率资料如下：

企业名称	工人数/人		劳动生产率/（元/人）		总产值/万元		
	基期 f_0	报告期 f_1	基期 Q_0	报告期 Q_1	基期 Q_0f_0	报告期 Q_1f_1	假定期 Q_0f_1
甲	1 000	1 250	10 000	12 000	1 000	1 500	1 250
乙	1 850	2 300	9 600	11 200	1 776	2 576	2 208
丙	1 050	1 350	11 000	13 000	1 155	1 755	1 485
合计	3 900	4 900	10 080	11 900	3 931	5 831	4 943

1．分析该公司工业总产值变动情况

$$总产值指数=\frac{\sum Q_1 f_1}{\sum Q_0 f_0}=\frac{5\,831}{3\,931}=148.3\%$$

$$\sum Q_1 f_1 - \sum Q_0 f_0 = 5\,831-3\,931=1\,900（万元）$$

该公司工业总产值增长了 48.3%，增加了 1 900 万元的总产值。

总产值的变动情况受工人人数和劳动生产率两个因素变动的影响。因为

总产值=工人人数×劳动生产率

所以

（1）总产值受工人人数变动的影响程度。

$$工人人数指数=\frac{\sum f_1}{\sum f_0}=\frac{4\,900}{3\,900}=125.6\%$$

$$\sum f_1 - \sum f_0 = 4\,900-3\,900=1\,000（人）$$

由于工人人数增加而增加的总产值

$$(\sum f_1 - \sum f_0)\cdot \overline{Q}=（4\,900-3\,900）\times 10\,080=1\,008（万元）$$

上式中，$\sum f_1 - \sum f_0$ 为该公司增加的工人总数，因为工人人数是数量指标，应乘上该公司基期的劳动生产率，即为该公司因工人人数增加而增加的总产值。

计算结果表明，工人人数报告期比基期增长了 25.6%，增加了 1 000 人，由于工人人数增加而增加的总产值为 1 008 万元。

（2）分析总产值受劳动生产率变动的影响程度。

$$该公司劳动生产率指数=\frac{\overline{Q_1}}{\overline{Q_0}}=\frac{\sum Q_1f_1}{\sum f_1}\bigg/\frac{\sum Q_0f_0}{\sum f_0}=\frac{11\,900}{10\,080}=118.1\%$$

$$\frac{\sum Q_1f_1}{\sum f_1}-\frac{\sum Q_0f_0}{\sum f_0}=11\,900-10\,080=1\,820（元）$$

由于劳动生产率的提高而增加的总产值为

$$(\overline{Q_1}-\overline{Q_0})\cdot\sum f=（11\,900-10\,080）\times4\,900=892（万元）$$

式中，$\overline{Q_1}-\overline{Q_0}$ 为由于该公司劳动生产率提高每个工人多生产的产值，因为劳动生产率是质量指标，应乘上报告期的工人人数，即为该公司因劳动生产率提高而增加的产值。

总产值指数、工人人数指数和劳动生产率可变构成指数形成了一个指数体系，即

总产值指数=工人人数指数×劳动生产率可变构成指数

用公式表示

$$\frac{\overline{Q_1}\sum f_1}{\overline{Q_0}\sum f_0}=\frac{\sum f_1}{\sum f_0}\cdot\frac{\overline{Q_1}}{\overline{Q_0}}=\frac{\sum f_1}{\sum f_0}\cdot\frac{\sum Q_1f_1}{\sum f_1}\bigg/\frac{\sum Q_0f_0}{\sum f_0}$$

148.3%=125.6%×118.1%

该公司工业产值增长了 48.3%，是由于该公司的工人人数增长了 25.6%和劳动生产率水平提高了 18.1%两个因素共同作用的结果。

$$\sum Q_1f_1-\sum Q_0f_0=\left[(\sum f_1-\sum f_0)\cdot\bar{Q}\right]+\left[(\bar{Q}_1-\bar{Q}_0)\cdot\sum f\right]$$

1 900=1 008+892

该公司总产值增长了 1 900 万元，是由于工人人数的增加而增加 1 008 万元的产值和劳动生产率的提高而增加 892 万元的产值共同影响的结果。

2. 分析各工厂劳动生产率水平和工人结构的变动对该公司平均劳动生产率及该公司总产值变动的影响

我们可以把劳动生产率指标看成一个平均指标，平均指标受水平和结构两个因素的影响。通过上面的计算，我们已知

$$该公司劳动生产率指数=\frac{\overline{Q_1}}{\overline{Q_0}}=\frac{\sum Q_1f_1}{\sum f_1}\bigg/\frac{\sum Q_0f_0}{\sum f_0}=\frac{\sum Q_1f_1}{\sum f_1}-\frac{\sum Q_0f_0}{\sum f_0}$$

$$=11\,900-10\,080=1\,820（元）$$

（1）该公司劳动生产率受各企业劳动生产率水平变动的影响。

$$固定构成指数=\frac{\sum Q_1f_1}{\sum f_1}\bigg/\frac{\sum Q_0f_1}{\sum f_1}=\frac{11\,900}{10\,088}=118.0\%$$

$$\frac{\sum Q_1f_1}{\sum f_1}-\frac{\sum Q_0f_1}{\sum f_1}=11\,900-10\,088=1\,812（元）$$

由于各企业劳动生产率水平的提高而增加的总产值

$$\left(\frac{\sum Q_1f_1}{\sum f_1}-\frac{\sum Q_0f_1}{\sum f_1}\right)\cdot\sum f_1=1\,812\times4\,900=888（万元）$$

计算结果表明，由于各企业劳动生产率水平的提高，而使该公司的劳动生产率水平提高了 18.0%，每个工人创造的产值报告期比基期增加了 1 812 元。

（2）该公司劳动生产率受工人结构变动的影响。

$$结构影响指数=\frac{\sum Q_0f_1}{\sum f_1}\bigg/\frac{\sum Q_0f_0}{\sum f_0}=100.1\%$$

$$\frac{\sum Q_0f_1}{\sum f_1}-\frac{\sum Q_0f_0}{\sum f_0}=8（元）$$

由于工人结构变动而增加的总产值为

$$\left(\frac{\sum Q_0f_1}{\sum f_1}-\frac{\sum Q_0f_0}{\sum f_0}\right)\cdot\sum f_1=8\times4\,900=3.92（万元）$$

计算结果表明，由于工人人数的结构的变动，使该公司劳动生产率水平提高了 0.1%，平均每个工人创造的产值比原来增加 8 元。

劳动生产率可变构成指数、固定构成指数、结构影响指数形成了一个指数体系。

劳动生产率可变构成指数=固定构成指数×结构影响指数

$$\frac{\sum Q_1f_1}{\sum f_1}\bigg/\frac{\sum Q_0f_0}{\sum f_0}=\frac{\sum Q_1f_1}{\sum f_1}\bigg/\frac{\sum Q_0f_1}{\sum f_1}\times\frac{\sum Q_0f_1}{\sum f_1}\bigg/\frac{\sum Q_0f_0}{\sum f_0}$$

$$118.1\%=118.0\%\times100.1\%$$

该公司劳动生产率提高 18.1%，是由于各企业劳动生产率水平提高使该公司劳动生产率提高 18.0%和工人结构变动使该公司劳动生产率提高 0.1%两个因素共同影响和作用的结果。

$$\frac{\sum Q_1f_1}{\sum f_1}-\frac{\sum Q_0f_0}{\sum f_0}=\left(\frac{\sum Q_1f_1}{\sum f_1}-\frac{\sum Q_0f_1}{\sum f_1}\right)+\left(\frac{\sum Q_0f_1}{\sum f_1}-\frac{\sum Q_0f_0}{\sum f_0}\right)$$

$$1\,820=1\,812+8$$

该公司劳动生产率增加 1 820 元，是由于企业劳动生产率水平的提高而使平均每个工人多创产值 1 812 元和工人结构变动使每个工人多创产值 8 元两个因素共同作用的结果。

综上所述，该公司工业总产值的变动受工人人数和劳动生产率两个因素变动的影响，该公司劳动生产率的变动又受企业劳动生产率水平因素和工人结构两个因素变动的影响，所以该公司工业总产值的变动受工人人数、各企业劳动生产率水平和工人结构三个因素变动的影响，用公式表示如下：

$$\frac{\overline{Q_1}\sum f_1}{\overline{Q_0}\sum f_0}=\frac{\sum f_1}{\sum f_0}\cdot\left(\frac{\sum Q_1f_1}{\sum f_1}\bigg/\frac{\sum Q_0f_1}{\sum f_1}\right)\times\left(\frac{\sum Q_0f_1}{\sum f_1}\bigg/\frac{\sum Q_0f_0}{\sum f_0}\right)$$

$$148.3\%=125.6\%\times118.0\%\times100.1\%$$

该公司工业总产值增长了 48.3%，是由于工人人数增加了 25.6%、劳动生产率水平提高18%和工人人数构成变化使该公司总产值增长了 0.1%三个因素共同影响的结果。

$$\overline{Q_1}\sum f_1-\overline{Q_0}\sum f_0=(\sum f_1-\sum f_0)\cdot\overline{Q_0}+\left(\frac{\sum Q_1f_1}{\sum f_1}-\frac{\sum Q_0f_1}{\sum f_1}\right)\cdot\sum f_1+\left(\frac{\sum Q_0f_1}{\sum f_1}-\frac{\sum Q_0f_0}{\sum f_0}\right)\cdot\sum f_1$$

$$1\,900=1\,008+888+4$$

该公司工业总产值增加 1 900 万元，是由于工人人数增加而增加 1 008 万元、劳动生产率水平提高而增加 888 万元和工人结构变动而增加 4 万元三个因素共同影响的结果。

复习思考

1．统计指数的含义及种类。

2．同度量因素在统计指数中起哪些作用，其固定的一般方法是什么？

3．什么是因素分析，如何对现象总体进行因素分析？

4．什么是指数体系，它有什么具体的作用？

5．什么是数量指标综合指数和质量指标综合指数，编制这两种指数的原则和方法各是什么？

6．统计指数分析中，为什么会出现当同组别的平均数有不同程度的提高时，总体平均数反而下降的现象？

7．综合指数和平均数指数有何联系与区别？

8．总平均指标指数与组平均指标指数的变动方向为什么会有时不一致？

9．简述因素分析的基本方法和步骤？

任务演练

一、单项选择题（在备选答案中选出一个正确答案）

1．指数是表明复杂社会经济现象综合变动的（　　）。

A．绝对数　　B．相对数　　C．平均数　　D．绝对值

2．反映社会经济现象呈规模和水平变动的指数是（　　）。

A．质量指标指数　　B．数量指标指数

C．可变构成指数　　D．结构影响指数

3．在一般情况下，商品销售量指数和工资水平指数的同度量因素分别为（　　）。

A．商品销售量、平均工资水平　　B．单位商品销售价格、职工人数

C．单位商品销售价格、平均工资水平　　D．商品销售量、职工人数

4．产品产量增长 5%，单位成本减少 5%，则总成本（　　）。

A．下降 0.25%　　B．上升 5%　　C．下降 5%　　D．上升 0.25%

5．下列指数中，属于质量指标指数是（　　）。

A．产量指数　　B．商品销售量指数

C．职工人数指数　　D．劳动生产率指数

6．同样多的钱比原来少买 5%的商品，则价格指数为（　　）。

A．95%　　B．105%　　C．95.23%　　D．105.26%

7．综合指数是总指数的（　　）。

A．唯一形式　　B．变通形式　　C．基本形式　　D．简单汇总

8．编制价格指数，一般是用（　　）。

A．基期价格作同度量因素　　B．报告期价格作同度量因素

C．报告期销售量作同度量因素　　D．基期销售量作同度量因素

9．（　　）是质量指标指数。

A．销售额指数　　B．销售量指数　　C．价格指数　　D．工人人数指数

10．若销售量增长 5%，价格增长 2%，则商品销售额增长（　　）。

A．7%　　B．10%　　C．7.1%　　D．15%

11．某厂职工工资总额，今年比去年减少了 2%，平均工资上升了 5%，则职工人数（　　）。

A．减少 3%　　B．增加 7%　　C．增加 10%　　D．减少 6.7%

12．某市 2014 年社会商品零售额为 12 000 万元，2015 年增加到 15 600 万元，零售物价提高 4%，则销售量指数为（　　）。

A．130%　　B．125%　　C．126%　　D．26%

13．商品价值提高后，现在的 100 元只相当于原来的 90 元，则价格指数是（　　）。

A．10%　　B．110%　　C．90%　　D．111%

14．如果居民在维持基期生活水准的情况下，按报告期购买商品多支出 20 元，基期商品销售额为 400 元，则价格指数为（　　）。

A．95%　　B．110%　　C．90%　　D．105%

15．某地区工业总产值 2015 年与 2014 年相比为 110%，同期价格水平提高了 3%，则该地区工业生产指数为（　　）。

A．107%　　B．13%　　C．10%　　D．106.8%

16．商品销售额的实际增加额为 400 元，由于销售量增长使销售额增加 410 元，由于价格（　　）。

A．增长使销售额减少 10 元　　B．增长使销售额增加 205 元

C．降低使销售额减少 10 元　　D．降低使销售额减少 205 元

17．当我们研究各技术工人工资的变动影响全体工人平均工资的变动程度时，应计算（　　）。

A．结构影响指数　　B．可变构成指数　　C．固定构成指数　　D．数量指标指数

18．假定具有两工厂本期和基期某产品的单位成本和产量资料，要计算总平均成本的变动，应采取（　　）。

A．可变构成指数　　B．综合指数　　C．个体指数　　D．算术平均指数

二、多项选择题（在备选答案中，至少有两个正确答案）

1．有四个乡的小麦播种面积报告期为基期的 120%，这个指标是（　　）。

A．个体指标　　B．数量指标指数　　C．质量指标指数　　D．动态指数

E．静态指数

2．某商场全部商品的销售量为上年度的 120%，这是（　　）。

A．总指数　　B．综合指数　　C．数量指标　　D．质量指标指数

E．个体指数

3．某地区某年度零售物价指数为 105%，这是（　　）。

A．个体指标　　B．总指数　　C．数量指标指数　　D．质量指标指数

E．综合指数

4．在计算综合指数时，同度量因素起到（　　）。

A．同度量作用　　B．权数作用　　C．平衡作用　　D．协调作用

E．替代作用

5．下列属于质量指标指数的有（　　）。

A．销售量指数　　B．价格指数

C．单位成本指数　　D．劳动生产率指数

E．人均收入指数

6．下列指数中属于数量指标指数的有（　　）。

A．产量指数　　B．播种面积指数

C．单位成本指数　　　　　　　　　D．职工人数指数

E．物价指数

7．某地区工业企业的劳动生产率指数为 132%，这是（　　）。

A．个体指数　　　B．总指数　　　　C．数量指标指数　　D．质量指标指数

E．综合指数

8．某企业本年度的总成本为 12.9 万元，比去年增加 0.9 万元，单位成本综合降低 3%，则（　　）。

A．产品总成本指数为 107.5%

B．产量指数为 110.82%

C．由于产量变动而增加的总成本为 1.3 万元

D．由于产量变动而增加的总成本为 0.9 万元

E．由于单位成本降低而减少总成本 0.4 万元

9．三种商品的价格指数为 105%，其绝对影响 800 元，则结果表明（　　）。

A．三种商品的价格综合上涨了 50%

B．由于价格上涨使销售额增长了 5%

C．由于价格上涨使居民（购买者）多支出 800 元

D．由于价格上涨使商场多收入 800 元

E．其多种商品价格增加了 800 元

三、判断题（在括号内正确的打"√"，错误的打"×"）

1．广义上的指数是一切动态相对数。（　　）

2．同度量因素是解决多种现象的量不能直接相加而使用的一种媒介因素。（　　）

3．各个体指数之和就是总指数。（　　）

4．在一般情况下，数量指标综合指数的同度量因素应固定在质量指标的基期。（　　）

5．数量指标指数是研究数量指标的变动。（　　）

6．平均数指数是综合指数的变形。（　　）

7．总指数也可称总平均指标指数。（　　）

8．平均数指数是将总指数进行几何平均。（　　）

9．商品周转天数的变动是数量指标指数。（　　）

10．某地区人口的变动是总指数。（　　）

11．价格总指数也称总价格指数。（　　）

12．单位成本指数是总成本指数乘以产量指数。（　　）

13．可变构成指数是两个时期总平均指标之比。（　　）

14．平均数指数也是平均指标指数。（　　）

15．各个体指数的连乘积等于总指数。（　　）

四、技能题

1．某商场销售三种商品有关资料如下：

商品名称	销售量/个		价格/元	
	基期	报告期	基期	报告期
甲	500	550	10	15
乙	600	660	16	12
丙	100	120	50	40

根据以上资料计算：

（1）各种商品的销售量、销售价格的个体指数；

（2）销售量综合指数以及由于销售量的变动而增减的销售额；

（3）价格综合指标以及由于价格的变动而增减的销售额；

（4）将以上的计算结果进行文字分析。

2．某企业生产三种产品的有关资料如下：

产品名称	产量/个		单位成本/元	
	基期	报告期	基期	报告期
甲	200	300	50	45
乙	300	400	60	55
丙	500	550	80	85

根据以上资料计算：

（1）总成本的变动；

（2）单位成本的变动对总成本的影响；

（3）总产量的变动对总成本的影响；

（4）将以上的计算结果进行文字分析。

3．某企业生产三种产品的情况如下：

产品名称	产量/个		价格/元	
	基期	报告期	基期	报告期
甲	50	48	150	180
乙	60	65	200	220
丙	80	100	300	280

根据以上资料，从相对数和绝对数分析总产值的变动及其因素的影响。

4．某地区2000—2005年三类产品收购情况如下：

产品	收购量/个		收购价格/元	
	2000年	2005年	2000年	2005年
甲	400	600	1 500	1 800
乙	800	1 200	200	300
丙	500	750	400	450

根据以上资料计算：

（1）收购价格总指数和由于收购价格变动而增减的收购额；

（2）收购量总指数和由于收购量的变动而增减的收购额；

（3）收购额总指数及增加的绝对值；

（4）将以上的计算结果进行文字分析。

5．某企业三种产品的产值和产量情况如下：

产　品	实际产值/万元		2005 年比 2004 年产量增长%
	2004 年	2005 年	
甲	200	220	+8
乙	150	180	+10
丙	300	280	−5

根据以上资料计算：

（1）三种产品的总产值指数和增加的总产值；

（2）产量总指数及由于产量的变动而增加的产值；

（3）价格总指数及由于价格的变动而增加的产值；

（4）将以上的计算结果进行文字分析。

6．某企业生产三种产品的有关成本资料如下：

产　品	总成本/万元		单位成本增减%
	2004 年	2005 年	
甲	100	130	−2
乙	200	250	−10
丙	400	380	+2

根据以上资料计算：

（1）三种产品总成本的变动；

（2）三种产品单位成本的总变动；

（3）三种产品产量的总变动；

（4）将以上的计算结果进行文字分析。

7．已知某地区 2004 年消费品零售总额为 2 000 亿元，比基期增长 29.8%，剔除物价影响因素，零售总额增长 15%，试测定由于物价变动使居民购买消费品增加的货币支出金额。

8．甲、乙两企业基期和报告期的总产值和职工人数如下：

企　业	基　期		报　告　期	
	总产值/万元	工人数/人	总产值/万元	工人数/人
甲	2 000	100	5 000	200
乙	5 000	40	6 000	300

要求：

（1）计算总平均劳动生产率指数；

（2）对总平均劳动生产率变动进行因素分析；

（3）将以上的计算结果进行文字分析。

9．某地区2005年的农副产品收购额为200亿元，已知农副产品价格2005年比上年提高了20%；由于农副产品提价，农民增加多少收入？

初试牛刀

某企业工人和工资情况如下：

	职工人数/人		平均工资/万元	
	2009年	2010年	2009年	2010年
技术工人	200	300	3	3.5
一般工人	400	1 000	2	2.2

要求分析：

（1）该企业工人工资总额的变动及其因素的影响；

（2）该企业工人总平均工资的变动及其因素的影响；

（3）分析2010年该企业工人工资的动态分析报告。

任务 7 相关分析与回归分析

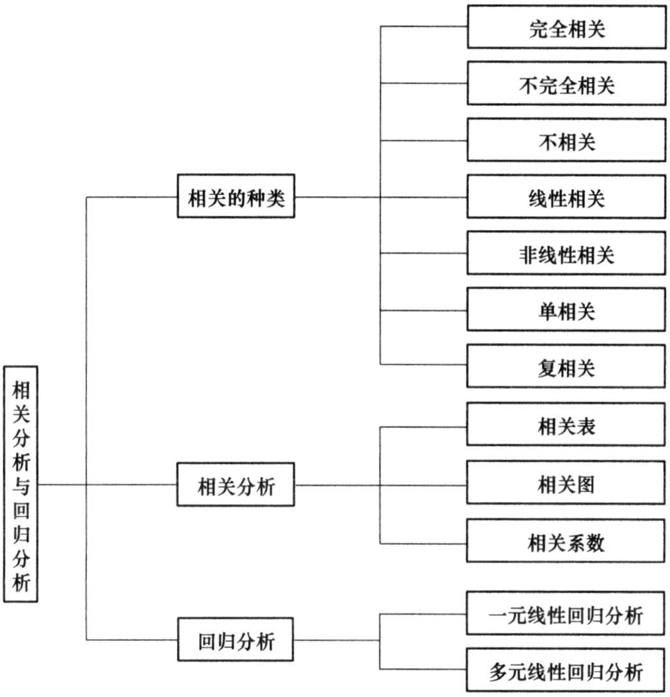

情景再现

某企业从有关资料中发现广告投入和产品销售有着较密切的关系，近几年该企业广告费和销售额资料如下：

年　份	广告投入 x/万元	产品销售额 y/百万元
2006	35	18
2007	52	25
2008	60	30
2009	72	38
2010	85	41
2011	80	44
2012	95	49
2013	100	52
2014	105	60
合计	684	357

通过分析得出结论：企业广告费和销售额之间具有高度的线性相关关系，并建立了销售额回归预测方法为 $\hat{y}=-3.3721+0.5667x$。这是一个回归分析在经济领域应用的典型案例，通过模型进行相关预测，为企业广告费用决策提供科学依据。

思考：

线性相关是什么意思？高度线性相关关系的判断依据是什么？回归预测模型是怎样建立的呢？通过对本任务内容的学习，以上问题都将会得到解决。

从广义上讲任何现象之间都相互联系、彼此依存，但是，它们之间的联系有多大？依存关系有多强？只要有足够的资料，理论上都可以计算出来。本次任务的学习目标在于提供从数量上研究现象之间（两种现象）相互联系的最基本分析方法。

知识目标

（1）相关关系与函数的区别与联系。

（2）相关的种类。

（3）相关系数的作用、计算及根据相关系数判断相关程度的方法及其应用。

（4）回归分析的概念和特点。

（5）简单线性回归方程的建立和应用。

能力目标

（1）相关系数的计算及其相关程度大小的判别。

（2）建立简单回归模型。

（3）应用建立的回归模型对社会经济现象进行分析、推算、预测。

思考导学

（1）为什么要进行相关分析？

（2）为什么要建立回归方法？

（3）相关分析与回归分析有怎样的关系？

7.1 相关的概念和种类

7.1.1 相关关系

无论是自然界还是人类社会，许多现象之间都是相互依存、相互制约、相互联系的。直接或间接地存在着一定数量依存关系，现象间存在着的这种相互依存、相互制约的数量关系，一般可以分为两种类型：一类是确定性的函数关系，它是数学研究的内容；另一类是不确定的相关关系，它是经济领域研究的内容。

1．确定性的数量关系（函数关系）

这类关系表现为现象之间存在着严格的数量依存关系，即当给定一个单位的自变量 x 与其完全对应的有一个因变量 y 值，这种完全对等的数量关系，一般可用数量公式表达出来：圆面积（y）与半径（r）的关系可表示为 $y=\pi r^2$，半径 r 是自变量，圆面积 y 是因变量，当给定自变量 r，r 变动，与之对应的因变量 y 随之而变动，类以于这种一一对应的数量依存关系，是函数关系。

2．不完全确定性的数量关系（相关关系）

这类关系表现为现象之内存在着不完全的数量依存关系，即当给定一个单位自变量 x，与之对应的有一个因量 y，但因变量 y 不是一个完全确定的值，而是一个在平均值上左右摆动的值，如施肥量（化肥）和亩产量的关系，将一块地绝对均匀地分成三等份，其光照、水分、种子、农药、土质、栽培技术都完全相同的情况，如表 7-1 所示。

表 7-1 施肥与亩产资料

施肥（x）	亩产（y）/千克			平均亩产 $\bar{y}$ /千克
	甲 地 块	乙 地 块	丙 地 块	
10	800	820	840	820
15	930	910	950	930
20	1 250	1 350	1 300	1 300
25	1 010	1 000	990	1 000

由此可以看出，在其他条件不变的情况下，亩产的高低依存于施肥量的多少。一般情况施肥多，亩产就高，其亩产量不是一个完全确定的值，而是在平均亩产左右摆动的值。还有收入和消费、广告费和销售额、父母的身高和儿女的身高等，现象之间的这种客观存在而又不确定的数量依存关系，就是我们通常所指的相关关系。

小思考

判断下列的关系哪些是函数关系，哪些是相关关系？

（1）正方形的边长与面积之间的关系。

（2）员工年收入水平与体重之间的关系。

（3）机器设备的使用时间与维修费用之间的关系。

7.1.2 相关的种类

对现象之间存在的相关关系，可从不同角度上进行分类。

1．按现象间的相关程度不同可分为完全相关、不完全相关、不相关

对现象之间的相关程度一般都是通过相关系数 r 反映出来，当相关系数 $r=\pm1$ 时，说明两现象之间完全相关，即函数关系。例如圆面积决定于半径 r，即圆面积为 πr^2；当相关系数 $-1<r<+1$ 且 $r\neq0$ 时，说明两现象之间是不完全确定的关系，即相关关系。例如，销售收入和销售利润、劳动生产率与成本之间的关系等，都属这种关系。当相关系数 $r=0$，则两个现象之间不相关，如美国的人均收入与我国的人均消费等。

2．按相关的方向不同分为正相关和负相关

当两个现象之间自变量 x 增加，因变量 y 增加或自变量 x 减少，因变量 y 减少，为一、三象限，相关系数 $r>0$。如收入高，消费就高；投资规模大，回报就越高等，就属于正相关。正相关如图 7-1 所示。

两个现象之间自变量 x 增加，因变量 y 减少或者自变量 x 减小，因变量 y 增加，两变量反向变动时，变动方向为二、四象限，则相关系量小于 0。如当总成本一定时，产量越高，则单位成本越低，受教育程度越高，则犯罪率就越低，交通法规知识越少，则交通事故越多等，就属于负相关。负相关如图 7-2 所示。

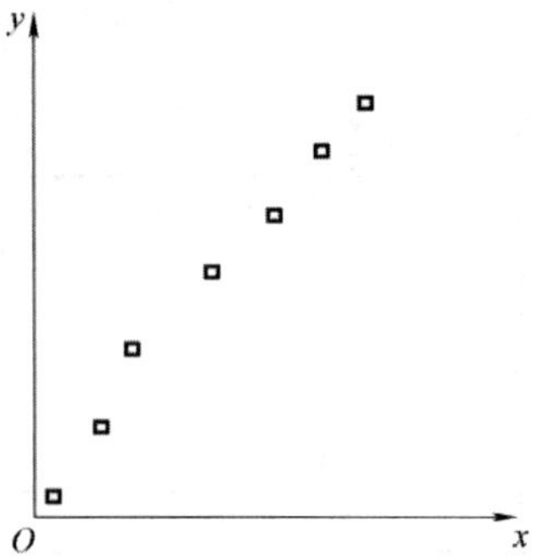

图 7-1　正相关

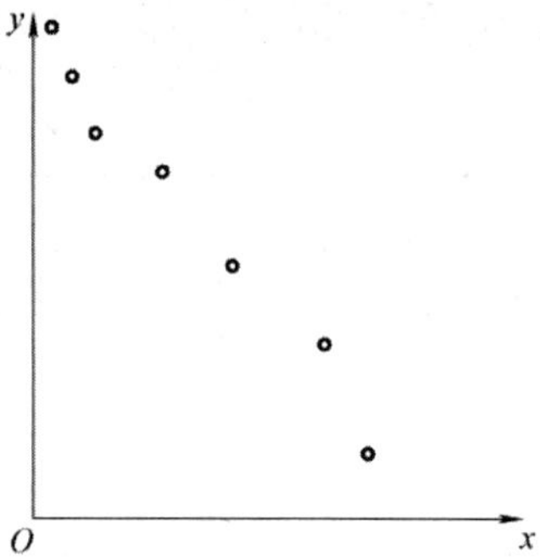

图 7-2　负相关

3．按相关的因素的多少分为单相关和复相关

两个因素之间的相关关系叫单相关（x，y），如收入和消费之间的关系，研究三个或三个以上的因素之间的相关关系，叫复相关（即 x，y，z，…），如亩产的高低取决于施肥、种子、农药、土壤、气候、光照、PH 值、栽培技术、田间管理等，这里我们只研究单相关。

4．按相关的形式分为线性相关和非线性相关

线性相关一般是直线相关，根据其情况可拟合成直线方程 $y=a+bx$，如图 7-3 所示。

非线性相关一般是曲线相关，根据情况可拟合成不同的曲线方程，如图 7-4 所示，如产品的寿命周期和销售之间的关系，这里我们只研究直线相关。

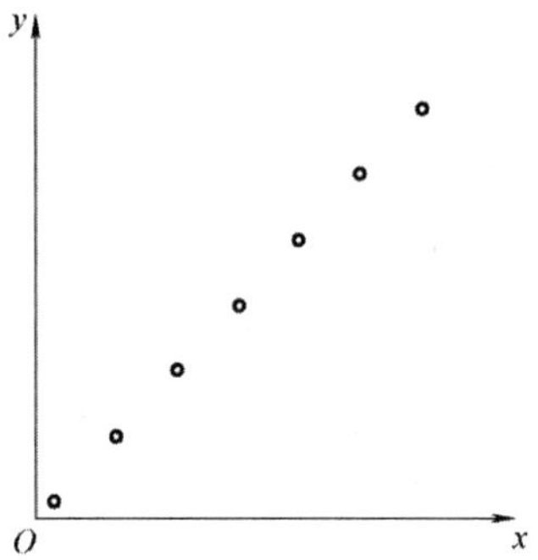

图 7-3　线性相关

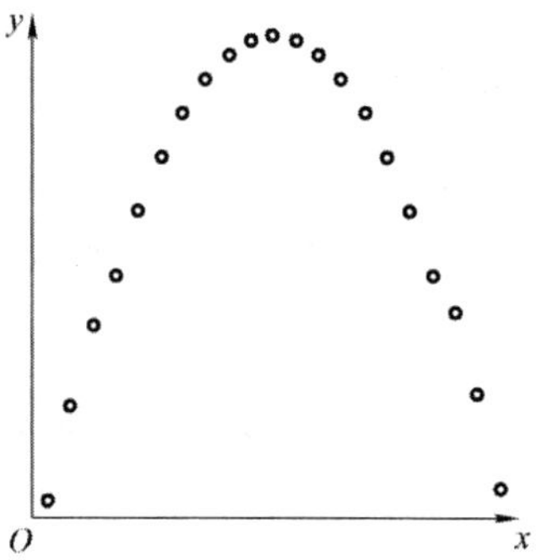

图 7-4　非线性相关

小思考

沃尔玛通过数据分析发现，男性顾客在购买婴儿尿片时，常常会顺便搭配几瓶啤酒来犒劳自己，于是将啤酒和尿布放在一起销售，结果尿片和啤酒的销量都大幅提升。这时啤酒和尿布之间有什么样的相关关系？

7.2　相关系数

什么是相关系数呢，相关系数是研究和判断两个现象之间密切程度的指标，如何反映其密切程度呢，根据前面所讲述内容主要是通过标准差反映，即对两个变量之间求标准差。

（1）对自变量 x 求标准差

$$\sigma_x=\sqrt{\frac{\sum(x-\bar{x})^2}{n}}$$

（2）对因变量 y 求标准差

$$\sigma_y=\sqrt{\frac{\sum(y-\bar{y})^2}{n}}$$

（3）对自变量 x 和因变量 y 求标准差

$$\sigma_{xy}=\sqrt{\frac{\sum(x-\bar{x})(y-\bar{y})}{n}}$$

则相关系数$\left(r=\frac{\sigma_{xy}^2}{\sigma_x\sigma_y}\right)$为

$$r=\frac{\sum(x-\bar{x})(y-\bar{y})}{n\sqrt{\frac{\sum(x-\bar{x})^2}{n}}\sqrt{\frac{\sum(y-\bar{y})^2}{n}}}$$

将 n 约掉得到

$$r=\frac{\sum(x-\bar{x})(y-\bar{y})}{\sqrt{\sum(x-\bar{x})^2}\sqrt{\sum(y-\bar{y})^2}}$$

将上式化简，得到

$$r=\frac{n\sum xy-\sum x\sum y}{\sqrt{n\sum x^2-(\sum x)^2}\sqrt{n\sum y^2-(\sum y)^2}}$$

例：有 5 个企业的生产规模和单位成本的有关资料，如表 7-2 所示。

表 7-2　5 个企业的生产规模和单位成本的有关资料

产量 x/万件	单位成本 y/元	x^2	y^2	xy
20	17.2	20^2	17.2^2	20×17.2
30	15.8	30^2	15.8^2	30×15.8
40	15.1	40^2	15.1^2	40×15.1
50	14.5	50^2	14.5^2	50×14.5
70	13.6	70^2	13.6^2	70×13.6
$\sum x$=210	$\sum y$=76.2	$\sum x^2$=10 300	$\sum y^2$=1 168.70	$\sum xy$=3 099

选择 5 个企业，n=5。

$$r=\frac{n\sum xy-\sum x\sum y}{\sqrt{n\sum x^2-(\sum x)^2}\sqrt{n\sum y^2-(\sum y)^2}}$$

$$=\frac{5\times 3\,099-210\times 76.2}{\sqrt{5\times 10\,300-210^2}\sqrt{5\times 1168.7-76.2^2}}=-0.968$$

相关系数为–0.968 说明企业的规模和生产产品单位成本是高度相关，仅是如此吗？正因为如此，在进行相关分析后，应注意如下几点。

（1）我们研究的相关系数只是研究两个变量（x，y）之间的密切程度，即单相关，如果是多个变量（x，y，z，…），在这里我们无能为力。

（2）自变量 x 和因变量 y 是不确定的（随机的）两个变量无须分辨哪个是自变量和因变量，其计算相关系数的结果相同，或将横坐标（x 轴）和纵坐标（y 轴）转换，其密切程度是不变的。

（3）相关系数的大小只能判断是否有直线相关关系及其关系的密切程度，不能作为非直线关系的判断依据，例如：当相关系数很小，甚至为零时，只能说明不存在直线相关关系而不能说明现象之间不存在相关关系。

（4）在计算和分析相关系数 r 和资料中的计量单位是无关的。在表 7-2 中，自变量 x 单位是万件，因变量 y 是元，在计算和分析中这些单位都弱化，或根本未考虑。

（5）相关系数可反映两现象（两变量）之间的变动方向，如果相关系数 $r>0$，其在一、三象限方向变动，如果相关系数 $r<0$，则在二、四象限方向变动。

（6）相关系数的取值范围（$-1\leqslant r\leqslant +1$）如下。

① 当相关系数 r 越接近±1 时，则相关的程度越高，当相关系数 $r=\pm 1$，则完全相关，即函数关系。

② 当相关系数越接近于 0 时，则相关的程度越低，当相关系数 $r=0$，则不相关。

③ 当 $0<|r|<0.3$ 时，为弱相关；

当 $0.3<|r|<0.5$ 时，为低度相关；

当 $0.5<|r|<0.8$ 时，为显著相关；

当 $0.8<|r|<1$ 时，为高度相关。

当两种现象之间显示高度相关时，必须进行进一步分析，即回归分析。

7.3 回归分析

所谓回归分析，是指对具有显著或高度相关关系的物或现象之间数量变化的一般关系进行测定，建立一个相关的数学表达式，以便从一个已知量去推断另一个与之联系的未知量，进而进行估计预测的统计方法，根据回归分析方法得出的数学表达式称为回归方程。这可以是直线方程，也可以是曲线方程，主要就具体性质而定，本节便对直线回归分析的方法作一介绍，这是由于：一是直线回归方程，相比较曲线方程而言较为简单；二是许多曲线可以通过变量变换的方法，以直线方程的形式来表示。

1．直线回归方程的建立

直线回归方程的一般形式是

$$y_c=a+bx$$

其中，a，b 是待定参数，根据实际资料计算而得出，很显然一旦得到 a 和 b 的参数值，能够表明变量之间的数量关系的回归直线就被确定下来了。

a，b 参数的确定方法很多，但经济领域最常见的是用最小二乘法原理求得 $\sum(y-y_c)^2$ 为最小值。

因为 $y_c=a+bx$，要求所示 $\sum[y-(a+bx)]^2$ 为最小值。

分别对 a，b 求偏导，得

$$\begin{cases}\sum y=na+b\sum x\\ \sum xy=a\sum x+b\sum x^2\end{cases}$$

解上述立方程组，得

$$\begin{cases}b=\dfrac{n\sum xy-\sum x\sum y}{n\sum x^2-(\sum x)^2}\\ a=\dfrac{\sum y}{n}-b\dfrac{\sum x}{n}\end{cases}$$

用上式求出的 a，b 值，代入 $y_c=a+bx$，就得到所求回归直线方程，这样两个变量之间的一般的数量关系就确定了。

小知识

回归的由来

英国著名生物学家兼统计学家高尔顿为了研究父代与子代身高的关系，高尔顿收集了 1 078 对父亲及其儿子的身高数据。他发现这些数据的散点图大致呈直线状态，也就是说，总的趋势是父亲的身高增加时，儿子的身高也倾向于增加。但是，高尔顿对试验数据进行了深入的分析，发现了一个很有趣的现象——回归效应。因为当父亲高于平均身高时，他们的儿子身高比他更高的概率要小于比他更矮的概率；父亲矮于平均身高时，他们的儿子身高比他更矮的概率要小于比他更高的概率。它反映了一个规律，即这两种身高父亲的儿子的身高，有向他们父辈的平均身高回归的趋势。对于这个一般结论的解释是：大自然具有一种约束力，使人类身高的分布相对稳定而不产生两极分化，这就是所谓的回归效应。

例：某地 10 个企业的工作劳动生产率与企业的利润率，如表 7-3 所示。

表 7-3　某地 10 个企业的工作劳动生产率与企业的利润率

工作劳动生产率 x/万元	利润率 y /（%）	x^2	xy
0.8	5.5	0.64	4.4
1.0	6.0	1.00	6.0
1.0	6.5	1.00	6.5
1.0	7.0	1.00	7.0
1.2	8.0	1.44	9.6
1.2	8.5	1.44	10.2
1.4	9.0	1.96	12.6
1.6	10.5	2.56	16.8
1.8	12.5	3.24	22.5
2.0	14.0	4.00	28.0
Σx=13	Σy=87.5	Σx^2=18.28	Σxy=123.6

选择 10 个企业，n=10。

设 $y_c=a+bx$，则

$$b=\frac{n\sum xy-\sum x\sum y}{n\sum x^2-(\sum x)^2}=\frac{10\times123.6-13\times87.5}{10\times18.28-13^2}=7.14$$

$$a=\frac{\sum y}{n}-b\frac{\sum x}{n}=\frac{87.5}{10}-7.14\times\frac{13}{10}=-0.53$$

所配合的直线方程为

$$y_c=-0.53+7.1x$$

其图形如图 7-5 所示。

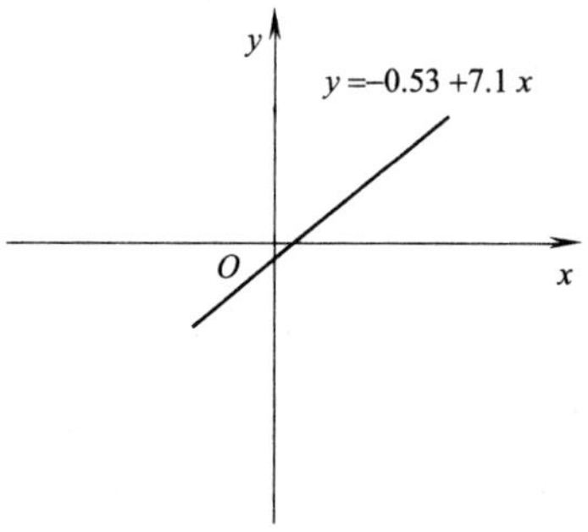

图 7-5　直线图形

例：有 6 个企业有关资料，如表 7-4 所示。

产量 x/千件	单位成本 y/元	x^2	xy
2	52	4	104
3	54	9	162
4	52	16	203
4	48	16	192
5	48	25	240
6	46	36	276
Σx=24	Σy=300	Σx^2=106	Σxy=1 182

根据以上资料建立回归直线方程。

选择 6 个企业，n=6。

设 $y_c=a+bx$，则

$$b=\frac{n\sum xy-\sum x\sum y}{n\sum x^2-(\sum x)^2}=\frac{6\times 1182-24\times 300}{6\times 106-24^2}=-1.8$$

$$a-\frac{\sum y}{n}-b\frac{\sum x}{n}=\frac{300}{6}-(-1.8\times\frac{24}{6})=57.2$$

所拟合的直线回归方程为

$$y_c=57.2-1.8x$$

其图形如图 7-6 所示。

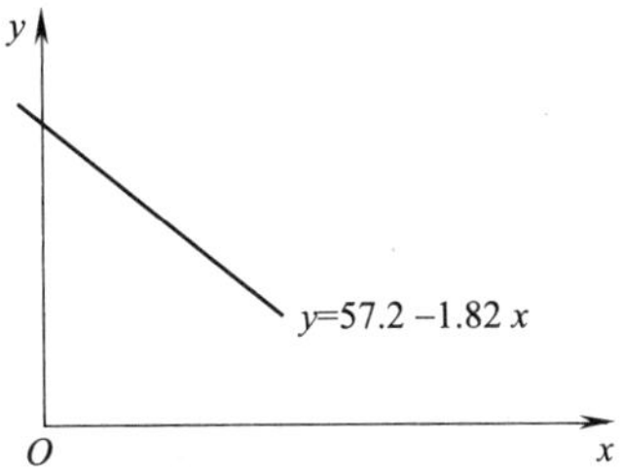

图 7-6　直线图形

在进行回归分析中，应注意如下几点。

（1）在回归分析中，必须先确定自变量 x 和因变量 y，例如，父母的身高决定儿女的身高，劳动生产率决定于利润率或成本，哪个是决定因素，哪个是被决定因素，决不能因果颠倒。

（2）在回归分析中自变量 x 是确定的，因变量 y 是随机的，就像父母的身高对孩子未来身高的影响是不能完全确定（随机）的。

（3）在配合直线回归方程的计算过程中与计量单位无关，但在分析的过程中，一定要将其计量单位联系起来。

（4）关于参数 a，b 的含义。

a：数学上称截距，经济学上称起始值（基础水平）。

b：数学上称斜率，经济学上称回归系数，表明平均每增加一个单位的自变量 x 时，因变量 y 平均增减多少。

前例的拟合直线回归方程 $y_c=-0.53+7.1x$ 表明：劳动生产率每增加 10 000 元时，利润率平均提高 7.1%。

后例的拟合直线回归方程 $y_c=57.2-1.8x$ 表明：当产量每增加 1 000 件，单位成本平均下降 1.8 元；当产量每增加 500 件，单位成本平均下降 0.9 元。

注意，分析中一定要求将计量单位联系起来。

（5）利用所拟合的直线方程 $y_c=a+bx$ 进行推算。

如前例：当劳动生产率达到 30 000 万元时，利润率可达到 $y_c=-0.53+7.1\times 3=20.77\%$。

如后例：当产量达到 10 000 件时，则单位成本可达到 y_c=57.2−1.8×10=29.2（元）。

注意，所拟合的直线方程 $y_c=a+bx$，是将实际资料拟合为一条平均直线，故推算的结果只是一个平均值。

（6）回归系数和相关系数的联系。

① 变动的方向相同，如果 $r>0$，b 一定>0，一、三象限方向变动；如果 $r<0$，b 一定<0，二、四象限方向变动，反之亦然。

② 可相互推算：即 $r=b\dfrac{\sigma_x}{\sigma_y}$ 或 $b=r\dfrac{\sigma_y}{\sigma_x}$。

2．计算估计标准误差

估计标准误差是用来说明说明回归方程代表性大小的统计分析指标，它是衡量因变量 y 的实际值和估计值 $\hat{y}$ 离差一般水平的分析指标，用 S_{yx} 表示。估计标准误差是衡量因变量的估计值和观测值之间平均误差大小的指标。利用此指标可以说明回归方程的代表性。其计算原理与标准差基本相同。

7.4 实训应用：用 Excel 计算相关系数和进行回归分析

Excel 是个功能十分强大的软件，能够利用它判断社会经济现象之间相关方向和相关程度，绘制相关散点图，进行相关系数的确定和相关分析及预测。

1．利用 Excel 绘制散点图

实训项目：相关散点图的绘制。

实训目的：熟练运用 Excel 进行散点图的绘制。

实训要求：熟悉相关关系的表现形式、散点分布图的表现。

实训资料：某行业 12 家企业产量（千件）和生产费用（万元）的数据资料，如表 7-5 所示。根据资料，利用 Excel 绘制关于产量和生产费用之间关系的散点图。

表 7-5 某行业 12 家企业产量和生产费用统计表

企 业 编 号	产量/千件	生产费用/万元
1	40	120
2	42	140
3	50	150
4	55	155
5	65	145
6	78	150
7	84	165
8	100	169
9	116	170
10	125	180
11	130	175
12	140	189

操作步骤：启动 Excel 2003，建立一个工作簿。

操作一：录入数据资料。在工作表 A1:C13 区域输入表 7-5 的数据资料，如图 7-7 所示。

操作二：选择图表。单击“插入”菜单，选择“图表”命令，弹出“图表类型”对话框，如图 7-8 所示，并在“标准类型”中选择“XY 散点图”，在右侧的“子图表类型”中选择一种图样，然后单击“下一步”按钮进入“图表源数据”对话框。

操作三：图表源数据设定。在打开的对话框中，如图 7-9 所示，单击“数据区域”空白框右侧的数据区域标识，选定 B2:C13 数据区域。确定“数据区域”产生在“行”还是“列”，这里选择“列”。单击“图表源数据对话框”中的“系列”图表，用选定“数据区域”相同的办法，选定 X 值的数据区域范围为 B2:B13，Y 值的数据范围为 C2:C13。单击“下一步”按钮进入“图表选项”对话框。

操作四：图表设定。在打开的对话框中，在“图表标题”中输入“某行业生产费用与产量散点图”，在“数值（X）轴”中输入“产量/千件”，在“数值（Y）值”中输入“生产费用/万元”，如图 7-10 所示。还可以根据需要对网格线、图例进行设置。设置完成后可以单击“下一步”按钮进入“图表位置”对话框，选择绘制图表插入位置，最后单击“完成”按钮便得到输出结果图，如图 7-11 所示。

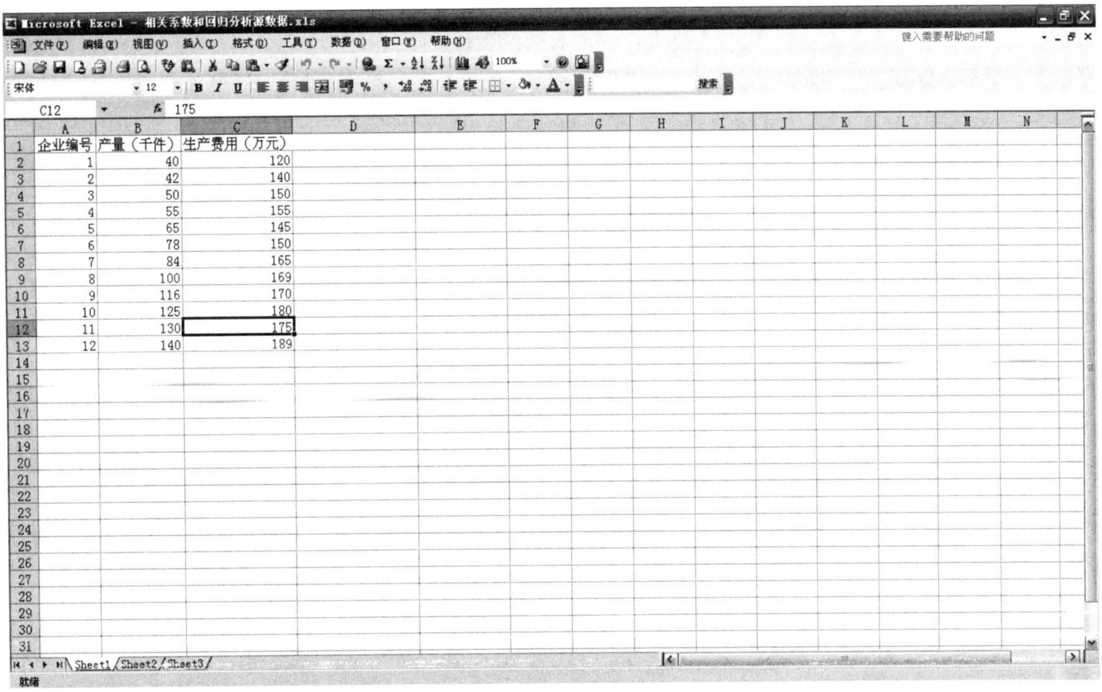

企业编号	产量（千件）	生产费用（万元）
1	40	120
2	42	140
3	50	150
4	55	155
5	65	145
6	78	150
7	84	165
8	100	169
9	116	170
10	125	180
11	130	175
12	140	189

图 7-7 输入数据资料

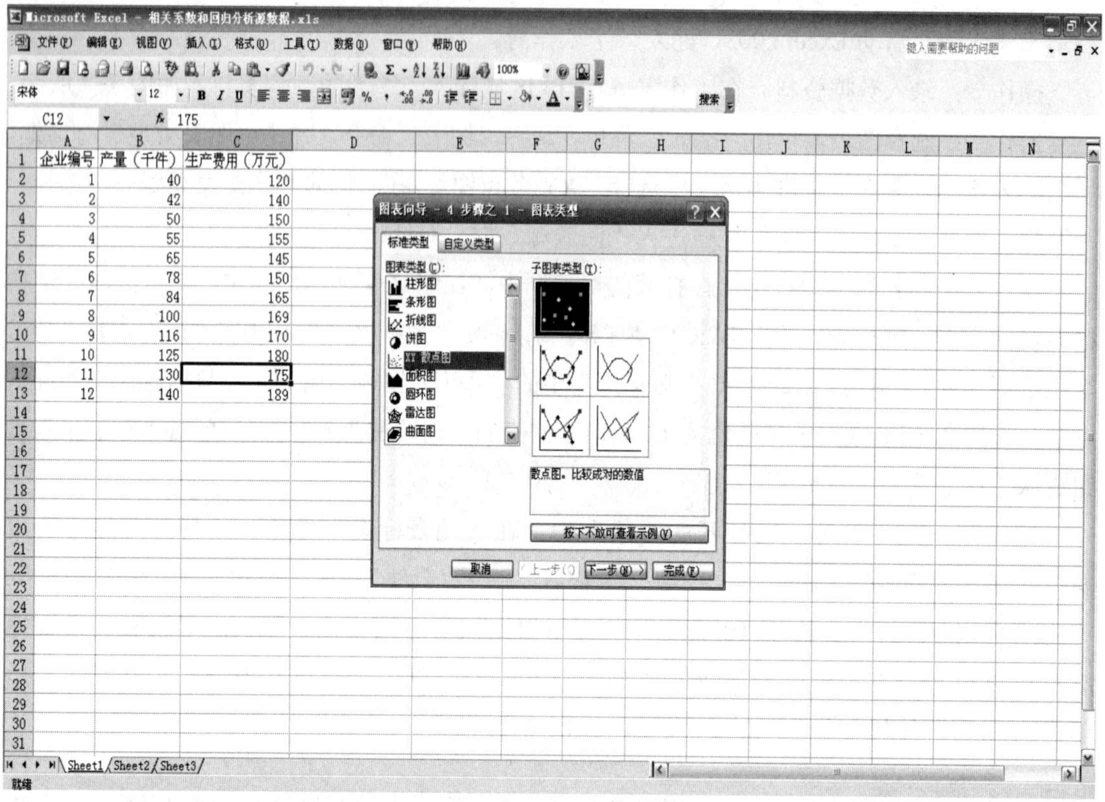

图 7-8 “图表类型”对话框

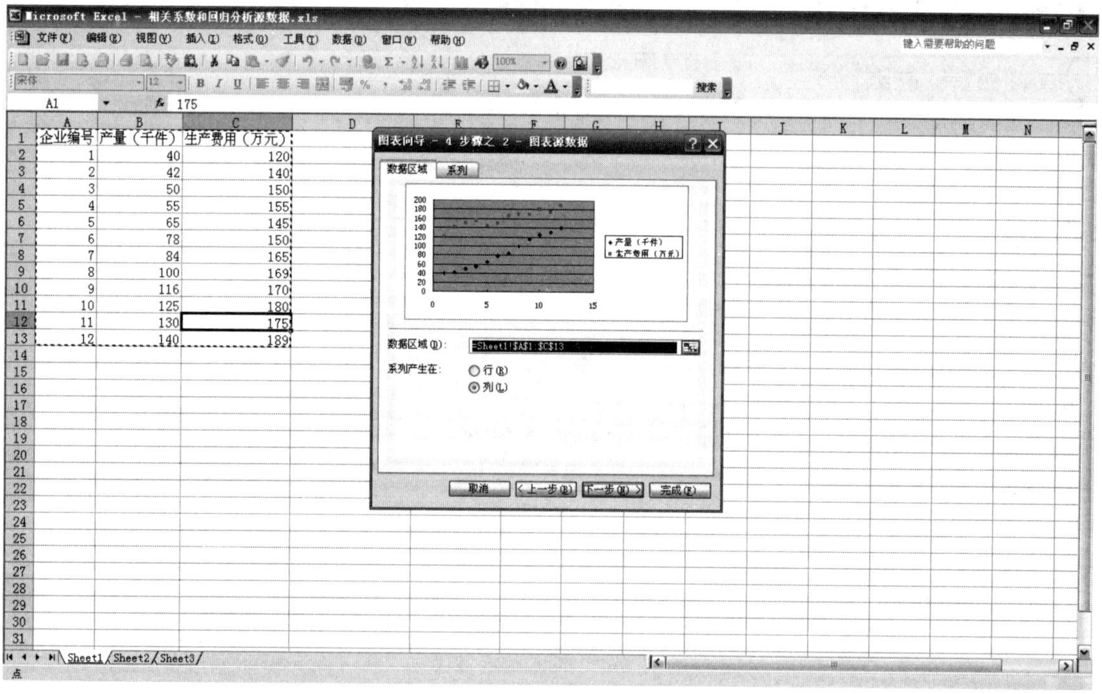

图 7-9 “图表源数据”对话框

图 7-10　“图表选项”对话框

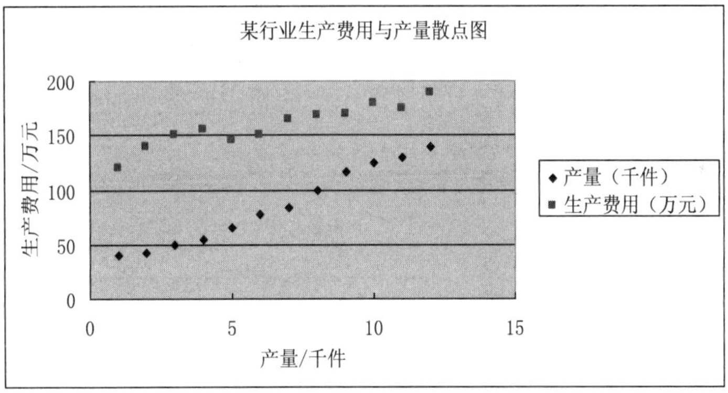

图 7-11　生产费用与产量散点图输出结果

2．相关系数

实训项目：相关散点图的绘制。

实训目的：熟练运用 Excel 进行散点图的绘制。

实训要求：熟悉相关关系的表现形式、散点分布图的表现。

实训资料：根据表 7-1 资料。利用 Excel 计算产量和生产费用之间的相关系数。

操作步骤：

操作一：录入数据资料，如图 7-12 所示。

操作二：插入函数。操作一完成后在表中任选一空格存放相关系数的返回值。单击“插入”菜单，从中选择“函数”命令后，打开“插入函数”对话框，将“或选择类别”选为“统计”，将“选择函数”选为“CORREL”，如图 7-12 所示。完成后单击“确定”按钮。

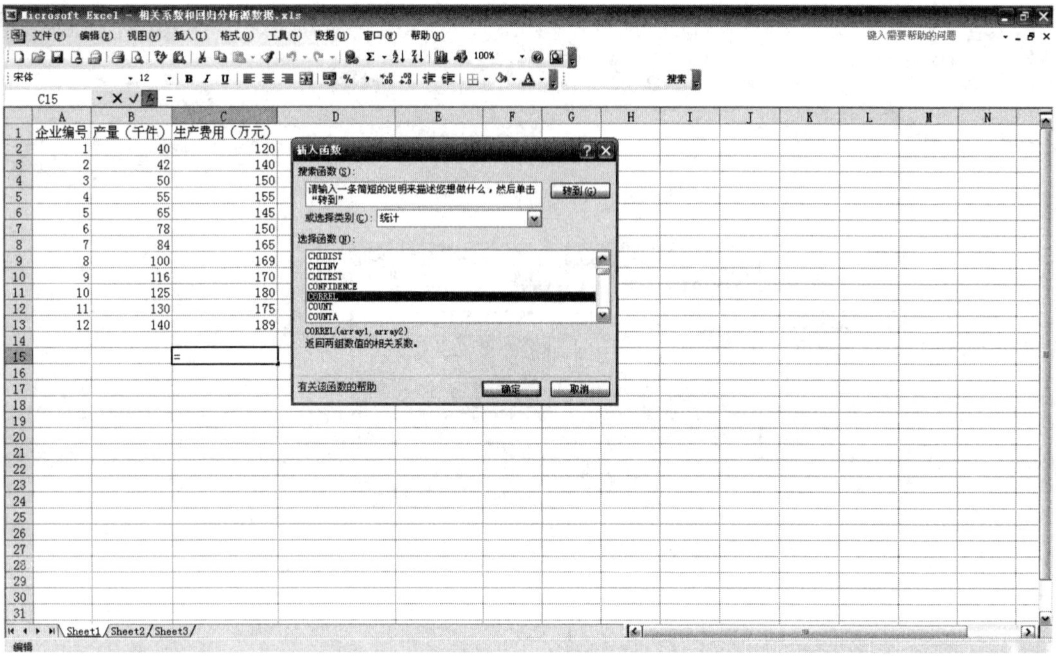

图 7-12 “插入函数”对话框

操作三：在数组区域内导入数据。上一步单击“确认”按钮后，可以看到函数 CORREL（array1，array2）返回两组数值的相关系数，分别单击 array1 和 array2 右侧的数据区域标识，将数据区域分别选为 B2:B13 和 C2:C13 就导入了产量和生产费用的数据，完成后单击“确认”按钮，返回相关系数值，如图 7-13 所示。

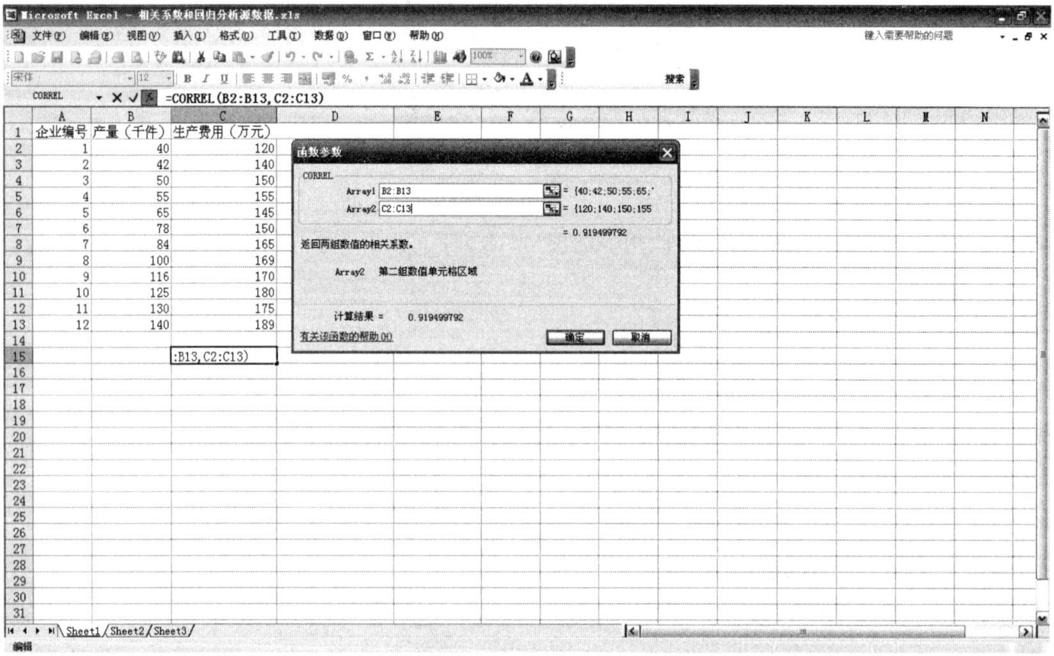

图 7-13 相关系数返回值

从上面的计算结果可以得出相关系数返回值为 0.919 499 792，所以该行业产量和生产费用两变量间存在着“高度正相关”关系。

3．简单直线回归分析

实训项目：简单直线回归分析并预测。

实训目的：运用 Excel，确定简单直线回归参数和回归方程，并用建立的回归方程进行分析和预测。

实训要求：掌握参数估计和回归方程等相关知识。

实训资料：根据表 7-1 资料，利用 Excel 建立简单直线回归方程，并根据所给资料进行预测。

操作步骤如下。

操作一：相关系数的判定和简单回归模型的确定。从上面的计算结果可知相关系数返回值为 0.919 499 792，该行业产量和生产费两变量间存在着“高度正相关”关系。在简单直线回归分析中，y 为因变量，x 为自变量，假定简单直线回归模型为 $y=a+bx$，参数 a 为在 y 轴上的截距，b 是拟合直线的斜率。

操作二：回归参数的确定。首先确定 a，选定一个存放 a 的单元格，单击“插入”菜单，选择“函数”命令，打开“插入函数”对话框，如图 7-14 所示。将“或选择类别”选为“统计”，将“选择函数”选为“INTERCEPT”，然后单击“确定”按钮。

以 x 代表表 7-5 中的产量，y 代表表 7-5 中的生产费用。

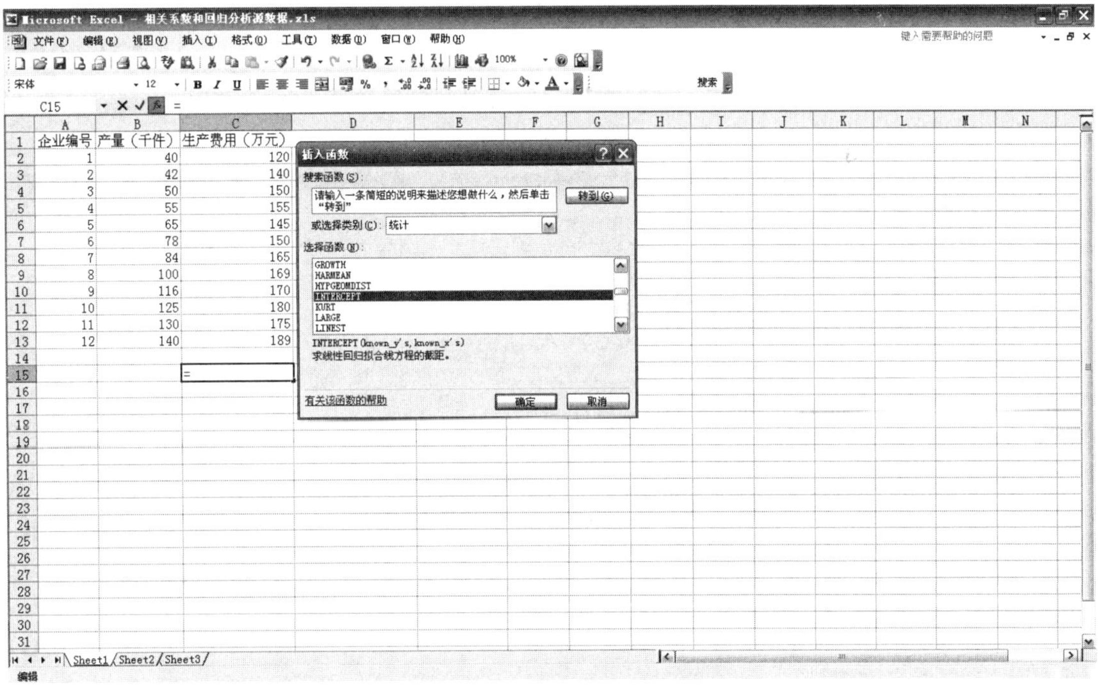

图 7-14 “插入函数”对话框

操作三：“函数参数”对话框的设置。打开“函数参数”对话框。在 known_y's 和 known_x's 处分布导入因变量和自变量的数据范围 C2:C13 和 B2:B13，然后单击“确定”按钮，得到返回值 $a=116.868\,5201$，如图 7-15 所示。

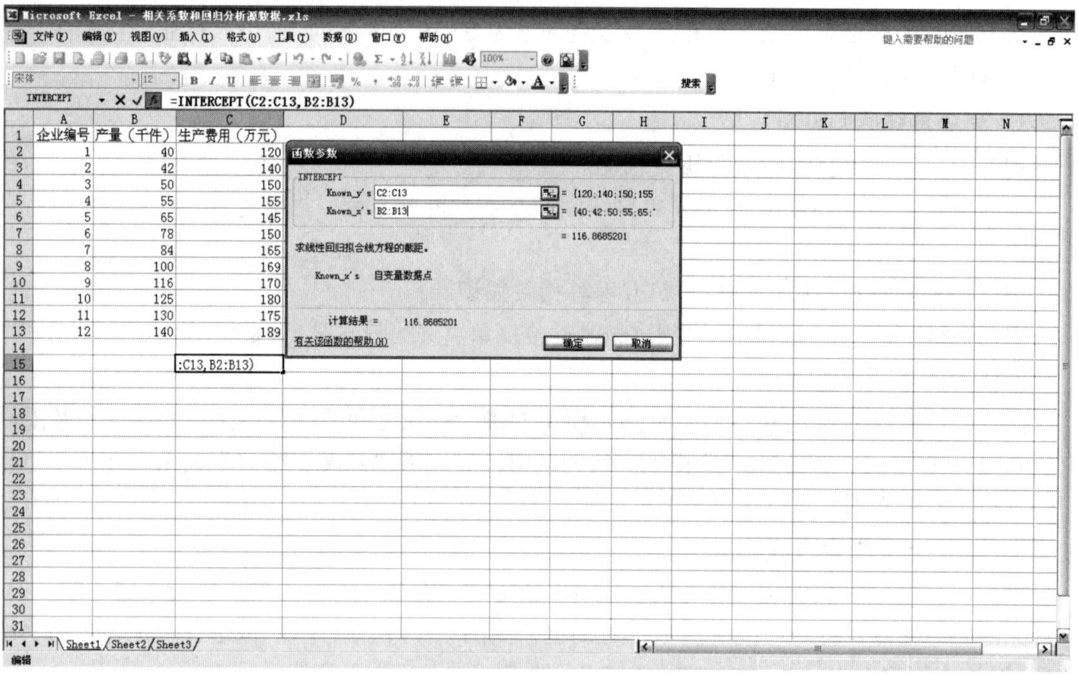

图 7-15　输出 a 的返回值

操作四：b 值和回归方程的确定。确定 b 的值和 a 值的方法相同，只需将图 7-14“选择函数”选为“SLOPE”，然后单击“确定”按钮，就可以得到 b 的返回值 $b=0.493\,246\,594$，如图 7-16 所示。将 a 和 b 的值代入回归方程，便可以得到简单线性回归方程：

$$y=a+bx=116.868\,520\,1+0.493\,246\,594x\text{。}$$

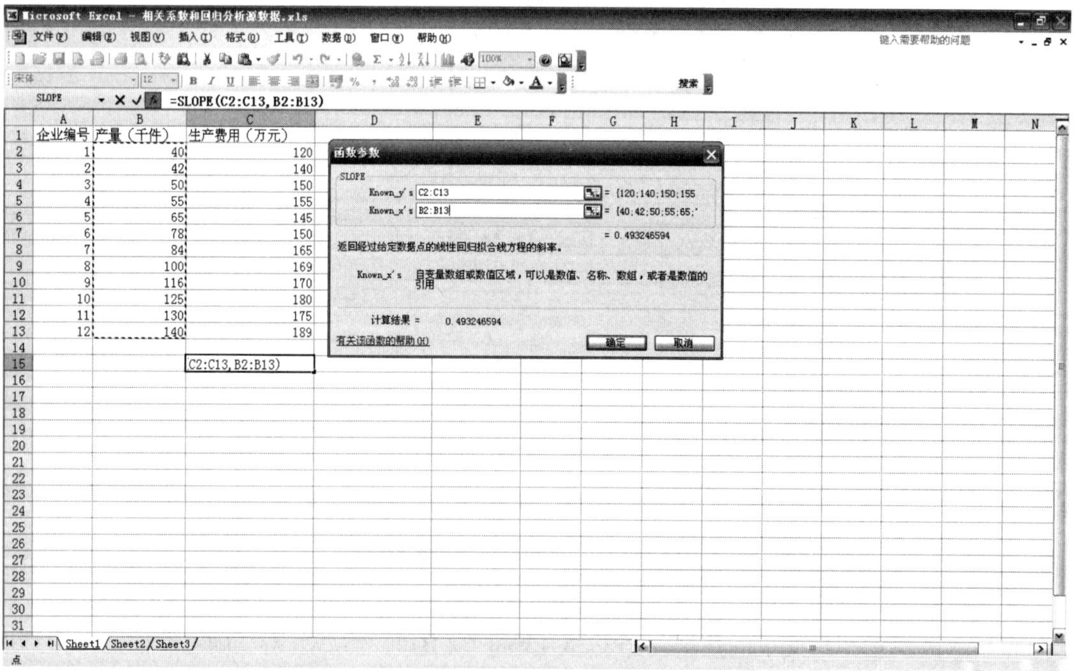

图 7-16　输出 b 的返回值

操作五：进行预测。根据给定的变量值 x，利用统计函数“FORCAST”便可以得到因变量 y 的预测值。方法同图 7-14 参数 a 的估计，只需要将“选择函数”选为“FORCAST”，假若因变量 x 为 160，然后单击“确定”按钮，便可以得到 y 的预测值为 195.78 798。

4．实战演练

以下是某地区居民人均 GDP 和年消费支出的数据资料：

某地区 2000—2009 年居民人均 GDP 和年消费支出情况　　（元）

年　份	人均 GDP	年消费支出	年　份	人均 GDP	年消费支出
2000	45 000	31 000	2005	60 010	48 300
2001	49 000	35 000	2006	67 000	49 000
2002	55 000	41 000	2007	71 000	51 000
2003	54 000	42 000	2008	72 100	51 200
2004	61 000	48 000	2009	78 000	53 100

请用 Excel 完成以下任务：

（1）计算相关系数，并指出两个指标联系的密切程度和相关方向。

（2）拟合线性回归方程，并预测当人均 GDP 达到 10 万元时，年消费支出是多少。

任务小结

1．相关分析

（1）相关关系数和函数关系的区别。

（2）相关的种类。

① 按相关程度分 ⇓ 相关系数 r
- 完全相关　$r=\pm1$ ⇒ 函数关系
- 不完全相关　$-1<r<1$ ⇒ 相关关系
- 不相关　现象之间无关系

② 按相关的方向不同
- 正相关　同向变动，方向一、三象限
- 负相关　反向变动，方向二、四象限

③ 按相关的因素多少分
- 单相关　两因素 x，y
- 复相关　三个或三个以上 x，y，z，…

④ 按相关的形式分
- 线性相关 ⇒ 直线相关
- 非线性相关 ⇒ 曲线相关

（3）相关系数 r。

$$r=\frac{n\sum xy-\sum x\sum y}{\sqrt{n\sum x^2-(\sum x)^2}\sqrt{n\sum y^2-(\sum y)^2}}$$

（4）回归分析。

2．回归的含义

（1）回归的含义。

（2）回归直线方程的建立⇒最小二乘法，即

$$y=a+bx$$

$$\begin{cases} b=\dfrac{n\sum xy-\sum x\sum y}{n\sum x^2-(\sum x)^2} \\ a=\dfrac{\sum y}{n}-b\dfrac{\sum x}{n} \end{cases}$$

（3）回归分析中应注意的内容。

特别注意：① 回归系数 b 的含义；

② 如何利用所配合的直线。

回归方程 $y_c=a+bx$ 进行推算。

案例分析

××铸造厂的成本分析

最近几年来，铸造厂根据成本管理，提高经济效益，在降低原材料和能源消耗，提高劳动生产率以及溶液节支等方面，都取得了较为显著的成绩，单位成本明显下降，基本扭转了亏损的局面，但是各月单位成本起伏仍然很大，为了控制成本波动并指导今后的生产经营，该厂有关部门专题进行了产品成本分析。

1．资料的搜集、整理与分析

首先研究产量与单位成本的关系。

近 15 月产量与单位成本

年月	产品产量/吨	单位成本/元	出厂价格/元
上年 1 月	810	670	750
2 月	547	780	750
3 月	900	620	750
4 月	530	800	750
5 月	540	780	750
6 月	800	675	750
7 月	820	650	730
8 月	850	720	730
9 月	600	735	730
10 月	690	720	730
11 月	700	715	730
12 月	860	610	730
今年 1 月	920	580	720
2 月	840	630	720
3 月	1 000	570	720

从以上资料可以看出，该产品单位成本波动很大，在近 15 个月中，最高的是上年 4 月份单位成本达到 800 元，最低的是今年 3 月份单位成本为 570 元，差距 230 元，2、4、5、9 等月份产品成本均高于出厂价，而今年的 3 月毛利率又达到 20.8%［（720–570）/720］。

为什么成本的波动如此之大呢？从以上资料可以看出，单位成本的波动与产量有关，上年度 4 月份产量最低而成本最高，而今年 3 月份产量最高，而成本最低，从亏损的各个月中，产量普遍偏低，这显然是个数据效益问题。从成本习性的分析中，成本可分为固定成本和变动成本，就目前情况看在成本的构成中，固定成本所占的比重较大。如果每月产量大，那么单位成本产品中的固定成本部分就小；如果产量小，那么产品成本中的固定成本部分就高，而变动成本原材料和人工工资对该企业的成本影响不是最大的，是前期的管理工作好，已得到了有效的控制。

为了寻找其内在的规律，以指导今后的工作，现进行相关分析，并建立相应的模型。

现将 15 个月产量资料排序（从小到大）如下。

产量和单位成本的成本分析表

序　号	产量 x/吨	单位成本 y/元	x^2	y^2	xy
1	530	800	530^2	800^2	800×530
2	540	780	540^2	780^2	540×780
3	547	780	547^2	780^2	547×780
4	600	735	600^2	735^2	600×735
5	690	720	690^2	720^2	690×720
6	700	715	700^2	715^2	700×715
7	800	675	800^2	675^2	800×675
8	810	670	810^2	670^2	810×670
9	820	650	820^2	650^2	820×650
10	840	630	840^2	630^2	840×630
11	850	620	850^2	620^2	850×620
12	860	610	860^2	610^2	860×610
13	900	620	900^2	620^2	900×620
14	920	580	920^2	580^2	920×580
15	1 000	570	$1\,000^2$	570^2	1 000×570
合计	Σx=11 407	Σy=10 155	Σx^2=8 990 409	Σy^2=6 952 775	Σxy=7 568 260

（1）通过产量和单位成本计算相关系数 r

$$r=\frac{n\sum xy-\sum x\sum y}{\sqrt{n\sum x^2-(\sum x)^2}\sqrt{n\sum y^2-(\sum y)^2}}$$

$$=\frac{15\times 7\,568\,260-11\,407\times 10\,155}{\sqrt{15\times 8\,990\,409-11\,407^2}\sqrt{15\times 6\,952\,775-10\,155^2}}=-0.98$$

相关系数为–0.98，说明单位成本和产量之间存在高度的负相关。

（2）建立产品产量和单位成本之间的回归模型（直线型）

$$y_c=a+bx$$

用最小平方法确定 a，b 两个参数，即

$$\begin{cases} b=\dfrac{\sum xy-\dfrac{1}{n}\sum x\sum y}{\sum x^2-\dfrac{1}{n}(\sum x)^2}=\dfrac{7\,568\,260-\dfrac{1}{15}\times 11\,407\times 10\,155}{8\,990\,409-\dfrac{1}{15}\times 11\,407^2}=-0.49 \\ a=\dfrac{\sum y}{n}-b\dfrac{\sum x}{n}=\dfrac{10\,155}{15}-(-0.49\times\dfrac{11\,407}{15})=1\,049 \end{cases}$$

其一元回归直线模型为

$$y_c=1\,049-0.49x$$

以上计算结果表明，产品产量每增加 1 吨，单位成本平均可下降 0.49 元。

当产量为 600 吨时，单位成本平均可达到 y_c=1 049−0.49×600=755（元）。当产量为 1 000 吨时，单位成本平均可达到 y_c=1 049−0.49×1 000=559（元）。

2．分析报告

扩大生产规模是降低成本的重要途径

最近几年来该厂狠抓成本管理，提高经济效益基本上扭转了亏损局面，特别是变动成本部分（原材料工资、各种销售费用、税金等）都控制得非常到位，但是各月单位成本波动仍然很大，有的月份出现亏损，自去年 1 月到今年 3 月的 5 个月份中，有 4 个月的单位成本超过了出厂价，出现亏损。更多的月份由于单位成本低，可获得 10%～20%的利润率。

各月单位成本产生波动的原因是什么呢？从资料可以看出，单位成本与产量的高低呈高度相关，其相关系数达到了−0.98，即产量和单位成本之间的关系又是如何依存的呢？根据部分情况建立了回归方程 y_c=1 049−0.49x，回归方程表明，产量每增加 1 吨，单位成本可下降 0.49 元。

从资料可以看出，以目前的价格 720 元，如果产量小于 700 吨，那么单位成本多半高于了出厂价格；当产量为 700 吨时，则单位成本为

$$y_c=1\,049-0.49\times 700=706\text{（元）}$$

其单位成本小于出厂价，应该有利可图，由此可见产量 700 吨为分水岭，即月产量达到 700 吨以上的规模，按目前的出厂价 720 元，可以保持较好的经济效益。

为什么生产规模上去了，单位成本又下来了呢，抓成本控制已是几年的事了，变动成本部分已经达到相对较好的水平，而固定成本摊销部分只能通过增加产量（扩大生产规模）摊销单位成本。

复 习 思 考

1．什么是相关关系，它与函数关系有何不同？

2．什么是相关系数，如何根据相关系数制约现象之间的相关程度？

3．回归分析和相关分析的区别和联系如何？

4．什么是回归系数，它的意义是什么？

5．什么是正相关、负相关？试举例说明。

6. 拟合回归方程 $y_c=a+bx$ 有什么要求？
7. 回归方程中参数 a，b 的经济含义是什么，如何进行总体 y 值的推断？
8. 简述相关的种类。
9. 在进行相关分析和回归分析时，应分别注意哪些问题？

任务演练

一、单项选择题（在备选答案中选出一个正确答案）

1. 若自变量 x 的值减小时，因变量 y 的值增加，则两变量之间的关系为（　　）。

A. 正相关　　B. 负相关　　C. 不相关　　D. 函数关系

2. 下面现象的关系属于相关关系的是（　　）。

A. 圆面积与半径单位之间的关系

B. 价格不变时，销售额和销售量之间的关系

C. 收入越高，其生活消费支出也就越高

D. 正方形的面积和边之间的关系

3. 如果自变量 x 和因变量 y 之间的相关系数为-1，则说明两个变量之间（　　）。

A. 不相关　　B. 相关程度很低

C. 相关的程度很高　　D. 完全相关

4. 若物价上涨，商品的需求量相应减小，则物价与商品需求量之间的关系为（　　）。

A. 不相关　　B. 正相关　　C. 负相关　　D. 复相关

5. 相关系数越接近于 0，表明两现象之间关系（　　）。

A. 越强　　B. 越弱　　C. 完全相关　　D. 正相关

6. 和相关分析相比，回归分析要求（　　）。

A. 两个变量都是随机的

B. 两个变量都是非随机的

C. 自变量 x 是随机的，因变量是非随机的

D. 自变量 x 是非随机的，因变量 y 是随机的

7. 每 1 吨铸铁成本（元）炼铸件的废品率（%）是变动的，回归方程 $y_c=56+8x$，这意味着（　　）。

A. 废品率每增加 1%，成本平均每吨增加 64 元

B. 废品率每增加 1%，成本平均每吨增加 8 元

C. 废品率每增加 1%，总成本平均每吨增加 64 元

D. 废品率每增加 1%，则平均每吨增加为 56 元

8. 若要证明两变量之间线性相关程序越高，则计算出的相关系数越接近于（　　）。

A. ±1　　B. 0　　C. 0.5　　D. 2.5

9．相关系数 r 的取值范围是（　　）。

A．$-1\leq r\leq +1$　　B．0～1 之间

C．大于 1　　D．小于 1

10．直线回归方程 $y=10+5x$ 表示，当自变量 x 每增加一个单位，因变量 y（　　）。

A．平均增加 10 个单位　　B．平均增加 15 个单位

C．平均增加 5 个单位　　D．不能确定

二、多项选择题（在备选答案中，至少有两个正确答案）

1．相关系数等于 0，说明两个变量之间的关系（　　）。

A．完全不相关　　B．高度相关

C．不相关　　D．显著相关

E．低度相关

2．若两个变量之间的相关系数为±1 时，则两个变量（　　）。

A．相关程度弱　　B．完全相关

C．函数关系　　D．不完全相关

E．不相关

3．直线回归方程 $y_c=a+bx$ 中的 b 称回归系数，而回归系数的作用是（　　）。

A．可确定两变量之间的因果数量关系

B．可确定两变量的变动方向

C．可确定两变量相关的密切程度

D．可检查回归方程 $y_c=a+bx$ 的代表性

E．可确定当自变量 x 每增加一个单位时，因变量平均增减多少

4．根据资料所拟合的直线方程 $y_c=a+bx$，可（　　）。

A．反映两个变量之间的变动方向

B．利用所拟合的回归方程进行推算

C．通过自变量 x，推算因变量平均可能值

D．a 为截距，b 为回归系数

E．反映回归系数的经济含义

5．单位成本（元）依产量（千件）变化的回归方程为 $y_c=78-2x$，这表示（　　）。

A．产量为 1 000 件，单位成本 76 元

B．产量为 1 000 件，单位成本 78 元

C．产量每增加 1 000 件时，单位成本下降 2 元

D．产量每增加 1 000 件时，单位成本下降 78 元

E．当单位成本 72 元时，产量为 3 000 件

6．用相关系数表示两现象线性相关密切程度时，其值（　　）。

A．越接近于±1，现象间的相关关系越密切

B. 越接近于0，现象间的相关关系越弱
C. 越接近于−1，现象之间的相关关系越弱
D. 越接近于1，现象间的正相关关系越强
E. 相关系数为−1，表明现象间无相关关系

7. 在回归分析中（　　）。
A. 需要确定哪个是自变量，哪个是因变量
B. 自变量 x 是确定的，因变量 y 是随机的
C. 回归系数 b 可是正，也可以是负
D. 回归系数的数值范围在−1到+1之间
E. 利用回归方程可用来推算或预测

三、判断题（在括号内正确的打“√”，错误的打“×”）

1. 文化程度与犯罪率之间呈负相关关系。（　　）
2. 相关系数是研究两个变量之间的密切程度的指标。（　　）
3. 劳动生产率和生产单位成本之间呈负相关。（　　）
4. GDP和人民收入呈正相关。（　　）
5. 相关系数可以取一切自然数。（　　）
6. 回归直线方程 $y=a+bx$ 也可用于多因素（变量）。（　　）
7. 回归系数可反映两变量之间的变动方向。（　　）
8. 回归分析中的自变量 x 和因变量 y 都是随机的。（　　）
9. 在回归分析中，也可以不和计量单位相联系。（　　）
10. 相关系数 r 和回归系数变动方向可以不一致。（　　）

四、技能题

1. 某企业固定资产与总产值（单位：万元）如下：

企业序号	生产性固定资产价值	总产值	企业序号	生产性固定资产	总产值
1	318	524	6	502	928
2	910	1 019	7	314	605
3	200	638	8	1 210	1 618
4	409	815	9	1 022	1 354
5	415	913	10	1 225	1 685

要求：
（1）计算相关系数，说明两现象之间的相关方向和程度；
（2）编制直线回归方程；
（3）指出方程参数的经济意义；
（4）估计生产性固定资产（自变量）为1 400万元时，总产值（因变量）的可能值；
（5）对该企业固定资产的规模和企业的生产规模之间的关系作一个简要的分析。

2．假定某企业工业生产投入和产出的资料如下：

投入/万元	18	22	13	20	15	14
产出/万件	17.2	20.9	11.6	18.7	14.1	12.9

要求：

（1）计算相关系数，指出投入和产出指标之间的联系的密切程度和相关方向；

（2）拟合投入和产出的线性回归方程，指出回归系数的经济意义；

（3）当投入达到 30 万元时，产出可以达到多少；

（4）对该企业的工业生产投入和产出之间的关系作一个简要的分析。

3．生产费用和产品产量有一定关系，现从某一行业随机抽取 12 个企业，所得产量与生产费用的资料如下：

企业编号	产量 x/千件	生产费用 y/万元	企业编号	产量 x/千件	生产费用 y/万元
1	40	130	7	84	165
2	42	150	8	100	170
3	50	155	9	116	167
4	55	140	10	125	180
5	65	150	11	130	175
6	78	154	12	140	185

要求：

（1）计算相关系数，指出产量和生产费用之间的相关关系和相关程度；

（2）列出以产量为自变量，生产费用为因变量的直线回归方程，并指出所计算参数 a，b 的经济意义；

（3）估计产量为 150 千件时，生产费用应为多少；

（4）对 12 个企业的产量和生产费用之间的关系作一个简要的分析。

任务 8 国民经济核算体系概述

情景再现

2009 年是新世纪以来中国经济发展最为困难的一年，面对百年不遇的国际金融危机的严重冲击和极其复杂的国内外形势，党中央、国务院审时度势，科学决策，带领全国人民万众一心，共克时艰，坚持实行积极的财政政策和适度宽松的货币政策，全面实施并不断完善应对国际金融危机的一揽子计划，较快扭转了经济增速明显下滑的局面，实现了国民经济总体回升向好。初步测算，全年国内生产总值 335 353 亿元，按可比价格计算，比上年增长 8.7%，增速比上年回落 0.9 个百分点。分季度看，一季度增长 6.2%，二季度增长 7.9%，三季度增长 9.1%，四季度增长 10.7%。分产业看，第一产业增加值 35 477 亿元，增长 4.2%；第二产业增加值 156 958 亿元，增长 9.5%；第三产业增加值 142 918 亿元，增长 8.9%。

资料来源：人民网，2010 年 01 月 21 日

思考：

（1）国民经济的发展速度通常用什么指标来衡量？

（2）国内生产总值和增加值的含义是什么？这两个指标是怎样计算出来的？

（3）第一产业、第二产业、第三产业各包含哪些部门？

本任务介绍国民经济核算体系的概念、内容及国民经济中的基本分类。通过本任务的学习，使学生明确国民经济核算体系的作用，了解核算的方法和内容，掌握国内生产总值的计算方法。

知识目标

（1）掌握国民经济核算的含义。

（2）掌握国民经济中的基本分类。

（3）掌握国民经济核算体系的基本结构。

（4）掌握国内生产总值的含义及计算方法。

能力目标

（1）掌握三次产业划分。

（2）掌握国民经济行业划分。

（3）掌握物质生产部门与非物质生产部门分类。

思考导学

（1）什么是国民经济核算？

（2）联合国曾公布和推荐的国民经济核算标准是哪两种？

（3）三种产业部门分类的关系如何？

8.1 国民经济核算体系的基本理论

8.1.1 国民经济核算的定义

国民经济核算简称国民核算，是对国家或地区国民经济运行过程及结果的系统描述，是以整个国民经济运行或社会生产全过程为对象的宏观核算。

国民经济核算体系揭示社会再生产的生产、分配、交换和消费的全过程，全面反映国民经济各部门、各地区之间内在的联系，为国家实施宏观管理与调控提供了重要的依据。

小知识

国民经济核算是统计核算、会计核算、业务核算这三大核算的综合核算。

国民经济核算体系作为国际标准是20世纪50年代开始形成的，由于各国经济运行机制和经济管理体制不同，形成了“国民账户体系”（System of National Accounts, SNA）和“物质产品平衡表体系”（System of Material Product Balance, MPS）两种不同的国民经济核算体系，曾在相当长时期里并存发展。前者将国民生产总值（Gross National Product，GNP）和国内生产总值（Gross Domestic Product，GDP）作为主要指标。

1．物质产品平衡表体系

物质产品平衡表体系是为适应对国民经济实行高度集中的计划管理的需要，由前苏联首先建立起来的，以后逐渐为东欧各国、古巴、蒙古等国所采用。它以物质产品的生产、分配、交换和使用为主线来核算物质产品再生产过程，核算范围包括农业、工业、建筑业、货物运输及邮电业、商业等物质生产部门，核算方法主要采用平衡法，由一系列平衡表所组成。独联体和东欧各国为适应向市场经济过渡，已放弃继续使用这一体系。

2．国民账户体系

国民账户体系适用于市场经济条件下的国民经济核算，首创于英国，继而在经济发达国家推行，现已为世界上绝大多数国家和地区所采用。它以全面生产的概念为基础，把国民经济各行各业都纳入核算范围，将社会产品分为货物和服务两种形态，完整地反映全社会生产活动成果及其分配和使用的过程，并注重社会再生产过程中资金流量和资产负债的核算。它运用复式记账法的原理，建立一系列宏观经济循环账户和核算表式，组成结构严谨、逻辑严密的体系。

MPS 和 SNA 都是适应国家宏观经济管理需要而建立和发展起来的国民经济核算体系，但它们是不同的经济体制和经济运行机制下的产物，因而在核算的范围、内容和方法上都有很大差异。

（1）在核算范围上，MPS 限于物质产品的核算，把非物质生产性的服务活动排除在生产领域之外；SNA 的核算范围覆盖整个国民经济各部门，不受物质生产领域的局限，因而能完整地反映全社会的经济活动。

（2）在核算内容上，MPS 主要反映物质产品的生产、交换和使用的实物运动；SNA 除核算货物和服务的实物流量外，还注重收入支出和金融交易等资金流量和资产负债存量的核算，能更好地反映社会再生产中实物运动与价值运动交织在一起的复杂的运动过程。

（3）在核算方法上，MPS 主要采用平衡表法，侧重每个平衡表内部门的平衡，但平衡之间的联系不够严谨；SNA 主要采用复式记账法，通过账户体系把社会再生产各环节、国民经济各部门紧密衔接起来，能更好地反映国民经济运行中的内在联系，提高了国民经济核算的科学水平。近几年来，随着世界市场经济的迅速发展，国际上加快了国民经济核算体系一体化的进程，1993 年联合国统计委员会通过了新修订的 SNA，它将成为适用于世界各国的统一的国际标准。

8.1.2 基本概念

1. 常住单位

中国地图常住单位也称常住机构单位。在中国的经济领土上具有经济利益中心的经济单位称为中国的常住单位。这里所说的经济领土由中国政府控制的地理领土组成，它包括中国大陆的领陆、领水、领空以及位于国际水域，但中国具有捕捞和海底开采管辖权的大陆架和专属经济区；它还包括中国在国外的所谓领土“飞地”，即位于其他国家，通过正式协议为中国政府所拥有或租借、用于外交等目的、具有明确边界的地域，如中国驻外使馆、领馆用地；不包括中国地理边界内的“飞地”，即位于我国地理领土范围内，通过正式协议为外国政府所拥有或租借、用于外交等目的、具有明确边界的地域，如外国驻华使馆、领馆用地及国际组织用地。一经济单位在我国的经济领土范围内具有一定的场所，如住房、厂房或其他建筑物，从事一定规模的经济活动并超过一定时期（一般以一年为操作准则），则该经济单位在我国具有经济利益中心。

一个法人企业，如果它的全部经济活动发生在中国经济领土范围内，那么它就是中国的常住单位。一个企业虽然它的经济活动并非全部发生在中国的经济领土范围内，但在中国经济领土内建立了一个子企业，从事生产经营活动一年以上，则该子企业也是中国的一个常住单位。一个住户，如果它在中国的经济领土范围内拥有住房，该住房为它的主要住所，则认为是中国的常住单位。一个政府单位是它行使管辖权的经济领土范围内的常住单位。中央政府组成单位，包括位于国外的使馆、领馆等，均为中国的常住单位。

2．生产范围

国民经济核算的生产范围包括以下三部分。

第一，生产者提供或准备提供给其他单位的货物或服务的生产。

第二，生产者用于自身最终消费或固定资本形成的所有货物的自给性生产。

第三，自有住房提供的住房服务和付酬家庭雇员提供的家庭服务的自给性生产。

生产范围包括所有货物的生产，不论是对外提供的货物还是自产自用的货物，而服务的生产，则基本上限于对外提供的部分，自给性服务，除了自有住房服务和付酬家庭雇员提供的家庭或个人服务外，则被排除在生产范围之外。被排除在生产范围之外的自给性服务是指住户成员为本住户提供的家庭或个人服务，如清扫、做饭、照顾老人、教育儿童等。

3．消费范围

生产范围决定消费范围，用于最终消费的货物和服务只能是生产范围内所包括的货物和服务。生产范围包括所有货物的生产和除住户成员为本住户提供的家庭或个人服务之外的所有服务的生产，从而消费范围也限于包括在上述生产范围内的货物和服务。

4．资产范围

国民经济核算中的资产是根据所有权的原则界定的经济资产，也就是说，资产必须为某个或某些单位所拥有，其所有者因持有或使用它们而获得经济利益。根据这个定义，金融资产和由生产过程创造出来的固定资产、存货等，以及某些不是经过生产过程创造出来的自然产生的资产（如土地、矿藏、森林、水资源资产等），只要某个或某些单位对这些资产有效地行使所有权，并能够从中获得经济利益，都属于资产范畴。资产范围中不包括诸如大气或公海等无法有效地行使所有权的那些自然资源与环境，以及尚未发现或难以利用的矿藏，即一定时期内，鉴于它们本身的状况和现有的技术不能为其所有者带来任何经济利益的资源与环境。

5．流量、存量

中国国民经济核算体系基本框架流量是指某一时期发生的量，存量是指某一时点的量。期初存量与本期流量之和，形成期末存量。经济中的许多流量都有与其直接对应的存量，如金融资产流量与金融资产存量相对应，但也有一些流量没有直接对应的存量，如进出口、工资等。

6．市场价格

市场价格是市场上买卖双方认定的成交价格，生产者价格和购买者价格都是市场价格。

生产者价格等于生产者生产单位货物和服务向购买者出售时获得的价值，包括开给购买者发票上的增值税或类似可抵扣税。该价格不包括货物离开生产单位后所发生的运输费用和商业费用。

购买者价格是购买者购买单位货物和服务所支付的价值，包括购买者按指定的时间和地点取得货物所发生的运输和商业费用。购买者价格等于生产者价格加上购买者支付的运输和商业费用，再加上购买者缴纳的不可扣除的增值税和其他税。

7．部门分类

1）机构单位和机构部门分类

机构单位是指有权拥有资产和承担负债，能够独立地从事经济活动并与其他实体进行交易的经济实体。机构单位具有以下基本特点。

（1）有权独立拥有货物和资产，能够与其他机构单位交换货物或资产的所有权。

（2）能够作出直接负有法律责任的经济决定和从事相应的经济活动。

（3）能以自己的名义承担负债、其他义务或未来的承诺，并能签订契约。

（4）能够编制出包括资产负债表在内的一套在经济和法律上有意义的完整账户。

在现实经济生活中，具备机构单位条件的单位主要有两类，一类是住户，一类是得到法律或社会承认的法律实体或社会实体。

2）同类机构单位构成机构部门

国民经济核算体系把所有常住机构单位划分为四个大的机构部门，即非金融企业部门、金融机构部门、政府部门和住户部门。由非常住单位组成的国外部门也视同为机构部门。

3）非金融企业与非金融企业部门

非金融企业指主要从事市场货物生产和提供非金融市场服务的常住企业，它主要包括从事上述活动的各类法人企业。所有非金融企业归并在一起，就形成非金融企业部门。

4）金融机构与金融机构部门

金融机构指主要从事金融媒介以及与金融媒介密切相关的辅助金融活动的常住单位，它主要包括中央银行、商业银行和政策性银行、非银行信贷机构和保险公司。所有金融机构归并在一起，就形成金融机构部门。

5）政府单位与政府部门

政府单位指在我国境内通过政治程序建立的、在一特定区域内对其他机构单位拥有立法、司法和行政权的法律实体及其附属单位。政府单位的主要职能是利用征税和其他方式获得的资金向社会和公众提供公共服务；通过转移支付，对社会收入和财产进行再分配。它主要包括各种行政单位和非营利性事业单位。所有政府单位归并在一起，就形成政府部门。

6）住户与住户部门

住户指共享同一生活设施、部分或全部收入和财产集中使用、共同消费住房、食品和其他消费品与服务的常住个人或个人群体。所有住户归并在一起，就形成住户部门。

7）非常住单位与国外部门

所有不具有常住性的机构单位都是非常住单位。将所有与我国常住单位发生交易的非常住单位归并在一起，就形成国外部门。对于国外部门来说，并不需要核算它的所有经济活动，只需核算它与我国常住机构单位之间的交易活动。

8）产业活动单位和产业部门分类

产业部门分类是按照主产品同质性的原则对产业活动单位进行的部门分类。所谓产业活动单位是指在一个地点，从事一种或主要从事一种类型生产活动并具有收入和支出会计核算资料的生产单位。产业活动单位是为生产核算而设立的，其目的在于比较准确地反映各种类型产业活动的生产规模、结构等。

产业活动单位应同时具备以下 3 个条件。

（1）地点的唯一性。如果一个单位在不同的地点从事生产活动，哪怕是同一种类型生产活动，也要划分为不同的产业活动单位。

（2）生产活动的单一性。一个产业活动单位要么只从事一种类型生产活动，要么虽然允许有一种以上的生产活动，但主要活动在单位的增加值中占有绝对大的比重，也就是说，所有次要活动的总体规模与主要活动相比是很小的。

（3）具有收入和支出会计核算资料。

8.1.3 核算原则

1. 权责发生制原则

在国民经济核算中，各种交易的记录时间是按照权责发生制原则来确定的，即交易在债权债务发生、转移或取消的时间记录。这一原则适用于各种交易，包括同一机构部门内部的交易。权责发生制原则意味着交易在其实际发生时记录，而不是在相应的收入与支付发生时记录。

2. 估价原则

在国民经济核算中，各种交易、资产和负债的记录价格，遵循以下规定，凡发生货币支付的交易，都按交易双方认定的成交价格，即市场价格来估价；没有发生货币支付的交易，如同一机构单位内部的交易（如自制设备、自给性消费等），按市场上相同货物和服务的市场价格或按所发生的实际成本来估价。一般来说，货物和服务产出按生产者价格估价；大多数货物和服务的使用（如中间消耗、固定资产形成和最终消费）按购买者价格估价。固定资产存量按编制资产负债表时的现价估价，而不是按原购置价格估价。

8.1.4 国民经济核算体系的作用影响

1. 国民经济核算是反映国民经济运行状况的有效工具

国民经济是一个极其复杂的运行系统，不同部门、不同环节之间存在着复杂的经济联系，准确地了解和把握这个系统是不容易的，需要借助一种行之有效的工具，国民经济核算就是这样一种工具。它通过一系列科学的核算原则和方法把描述国民经济各个方面的基本指标有机地组织起来，为复杂的国民经济运行过程勾画出一幅简明的图像，大大提高了人们了解和把握经济运行的能力。

2. 国民经济核算是宏观经济管理的重要依据

社会主义市场经济条件下的宏观经济管理主要是通过规划、计划和一系列宏观经济政策来引导和协调国民经济持续、健康、稳定和快速发展。国民经济核算提供的关于整个国民经济运行状况的系统而详细的数据是制订这些规划、计划和政策的重要依据。如果没有国民经济核算提供的有关生产、收入分配、消费、投资、对外经济往来等方面的基础数据，中长期规划和年度计划，财政政策、金融政策、产业政策、收入分配政策、对外经济政策等一系列经济政策的制定是不可想象的。

3. 国民经济核算是制定和检验国民经济计划的科学方法

国民经济计划和规划涉及一系列宏观经济指标，这些指标所代表的经济现象彼此之间不是孤立的，而是具有内在的经济联系。为了符合经济发展的客观规律，计划和规划指标数量的确定也必须满足这种内在联系。国民经济核算系统地反映了相关指标之间的内在联系，因而是制订和检验国民经济计划的科学方法。

4. 国民经济核算是微观决策的重要依据

在社会主义市场经济条件下，企业和居民住户需要进行生产、消费和投资决策，国民经济核算也是他们的重要决策依据之一。国民经济核算部门能否提供准确和丰富的国民经济核算信息直接影响到他们的决策和决策的科学性。

5. 国民经济核算影响到我国的经济利益和政治利益

国民经济核算数据在一定程度上决定了中国承担的国际义务和享受的优惠待遇，决定了中国在国际社会所能发挥的作用。例如，联合国根据连续六年的国民生产总值和人均国民生产总值来决定一个国家的会费；世界银行根据人均国民生产总值来决定一个国家所能享受的硬贷款、软贷款等优惠待遇；国际货币基金组织根据国民生产总值、黄金与外汇储备、进出口额、出口额占国民生产总值的比例等因素来决定一个国家在基金的份额，进而决定在基金的投票权、分配特别提款权的份额及向基金借款的份额。

6. 国民经济核算影响到党和政府的声誉

国民经济核算提供的关于国民经济运行状况的数据既是制定新的宏观经济政策的重要依据，也是检验过去的宏观经济政策科学性的手段。

7. 国民经济核算是经济统计的基本框架

不同类型的经济统计必须建立在一个统一的基本框架下，彼此之间才能表现出一致性，才能发挥出整体功能作用。国民经济核算就是这样的基本框架，它对各种不同类型经济统计的基本概念、基本分类和指标设置提出了统一的要求，从而使得这些经济统计在满足国民经济核算要求的同时，实现彼此之间的相互衔接，使整个经济统计形成一个统一的整体，增强其应用功能。

8. 国民经济核算是协调经济统计数据的重要手段

如果孤立地看每种类型经济统计数据，很难发现它本身所存在的问题以及它与有关其他类型经济统计数据是否一致。当我们把各种不同类型经济统计数据放在国民经济核算这个统一的基本框架下时，就很容易发现和解决问题，并实现不同类型经济统计数据之间的相互衔接。

8.1.5 国民经济中的基本分类

1. 国民经济行业分类（GB/T 4754—2011）

A：农、林、牧、渔业。

B：采矿业。

C：制造业。

D：电力、热力、燃气及水生产和供应业。

E：建筑业。

F：批发和零售业。

G：交通运输、仓储和邮政业。

H：住宿和餐饮业。

I：信息传输、软件和信息技术服务业。

J：金融业。

K：房地产业。

L：租赁和商务服务业。

M：科学研究和技术服务业。

N：水利、环境和公共设施管理业。

O：居民服务、修理和其他服务业。

P：教育。

Q：卫生和社会工作。

R：文化、体育和娱乐业。

S：公共管理、社会保障和社会组织。

T：国际组织。

2. 国家标准《经济类型分类与代码》（GB/T 12402—2000）

经济类型分类与代码如表 8-1 所示。

表 8-1 经济类型分类与代码

代　码	经济类型	说　明
10	内资	资金主要来源于内地的经济组织
11	国有全资	全部资产（资金）归国家所有，并按国家有关规定登记注册的非公司制的经济组织（不含有限责任公司中的国有独资公司和联营中的国有联营）和国家政党机关
12	集体全资	全部资产归集体所有，并按国家有关规定登记注册的经济组织（不含有限责任、股份合作和联营中的集体联营）
13	股份合作	以合作制为基础，由职工共同出资入股，吸收一定比例社会资产投资组建；实行自主经营，自负盈亏，共同劳动，按劳分配与按股分红的一种集体经济组织
14	联营	两个及以上相同或不同的经济类型的经济组织，按自愿、平等、互利原则共同投资组成的非公司型经济组织
15	有限责任公司	根据国家有关规定登记注册，由两个以上，五十个以下股东共同出资，每个股东以其所认缴的出资额对公司承担有限责任，公司以其全部资产对其债务承担有限责任的经济组织。包括国有独资公司及其他有限责任公司

续表

代　码	经济类型	说　明
16	股份有限公司	根据国家有关规定登记注册，其全部注册资本由等额股份构成并通过发行股票筹集资本，股东以其认购的股份对公司承担有限责任，公司以其全部资产对其债务承担责任的经济组织
17	私有	由自然人投资设立或由自然人控股，以雇佣劳动为基础的赢利性经济组织
18	其他内资	以上未包括的内资经济类型
19	港澳台投资	资本（资金）部分（达国家规定比例以上）或全部来源于港澳台的经济组织
20	内地和港澳台合资	港澳台地区投资者与内地经济组织依照国家有关规定，按合资合同规定的比例投资设立、分配利润和分担风险的经济组织
21	内地和港澳台合作	港澳台地区投资者与内地经济组织依照国家有关规定，按合作合同的约定进行投资或提供条件设立、分配利润和分担风险的经济组织
22	港澳台独资	依照国家有关规定，在内地由港澳台地区独资者全额投资设立的经济组织
23	港澳台投资股份有限公司	根据国家有关规定，经外经贸部依法批准设立，其中港澳台投资者的股本占公司注册资本 25%以上的股份有限公司
24	其他港澳台投资	以上未包括的港、澳、台投资经济组织
25	国外投资	资本（资金）部分（达到国家规定比例以上）或全部来源于国外的经济组织
26	中外合资	国外法人或个人与内地经济组织依照国家有关规定，按合资合同规定比例投资设立、分配利润和分担风险的经济组织
27	中外合作	依照国家有关规定，按合作合同的约定进行投资或提供条件设立、分配利润和分担风险的经济组织
28	外资	依照国家有关规定，在内地由外国投资者全额投资设立的经济组织
29	国外投资股份有限公司	根据国家有关规定，经外经贸部依法批准设立，其中外资的股本占公司注册资本 25%以上的股份有限公司
30	其他国外投资	以上未包括的国外投资的经济组织
31	其他	以上未包括的经济组织

小知识

三大需求：通常所说的“三大需求”指的是投资、消费、出口，被称为拉动国民经济的“三驾马车”。统计分析中，主要通过固定资产投资、社会消费品零售总额、自营出口总额这三项指标来观察。

“三大需要”的来源，需要从国内生产总值的核算方法来说明。从支持法角度讲，国内生产总值最终满足三方面需求：资本形成总额（包括固定资本形成和存货）、最终消费支出（包括居民消费和政府消费）和净出口（出口—进口），其主要内容就可以概括为投资、消费、出口。目前，经济学界经常使用“三大需求”来分析研究经济问题和发展趋势。

8.2　国民经济核算体系的基本结构

核算体系在整体结构上把国民经济循环中实物运动和资金运动、经济流量与经济存量紧密联系起来，它主要由社会再生产核算表和经济循环账户两部分组成。

1．社会再生产核算表

基本表包括国内生产总值及其使用表、投入产出表、资金流量表、国际收支平衡表和资产负债表。这五大核算表彼此衔接，联成一体，构成社会再生产过程的系统描述，但它们又是各自具有相对独立性的子体系。

（1）国内生产总值及其使用表：以国内生产总值为核心指标，核算社会生产、分配和消费、投资、进出口等社会再生产中的基本总量，为研究和制定经济发展目标提供依据。

（2）投入产出表：全面、系统地反映社会产品生产与使用的结构，揭示生产过程中各部门之间相互依存和相互制约的经济技术联系，为研究产业结构、研究生产和使用平衡状况、研究价格政策等提供定量分析依据。

（3）资金流量表：从资金方面描述国民经济运行状况，侧重反映包括国家、集体和个人在内的全社会各种资金在各部门之间的分配流向和流量，为制定分配政策、财政政策和金融政策，加强宏观调控提供依据。

（4）国际收支平衡表：反映对外经济往来的各种联系，为制定对外经济政策、分析影响国际收支平衡的基本经济因素，采取相应的调控措施提供依据。

（5）资产负债表：以经济存量为对象，对各种资产和负债进行全面、系统核算，反映一个国家、一个地区在一定时点上的资产和负债的规模、结构，为搞清国民财产“家底”、调整产业结构、研究和制定投资政策提供基础数据。

2. 经济循环账户

经济循环账户是按照经济循环中主要环节设置的，它包括国民经济账户、机构部门账户、产业部门账户和经济循环矩阵。经济循环账户采用复式记账方法，把基本核算表中各种流量和存量的基本指标连接起来，形成一套逻辑严密、结构严谨的账户体系，系统地描述国民经济循环过程及国民经济各部门间的内在联系。

基本核算表与经济循环账户之间既相互联系，又各具特点，它们都是对国民经济运行状况的描述，但侧重点不同。每个基本表都是对国民经济某一方面的完整描述，五张表构成了相对独立的五个部分。它们可服务于经济管理中某些特殊领域或专业性需要，另一方面它们又作为我国国民经济核算体系的组成部分，构成一个有机整体——既有流量，又有存量；既有实物流量，又有资金流量；既有国内经济活动，又有对外经济往来。

经济循环账户侧重于对经济循环过程的核算，其中每个账户是严格按生产、分配、消费、积累这个过程构造的，每个账户通过平衡项相互衔接，既完整反映了经济循环过程中每个环节的基本内容，又清楚地反映了各环节之间的相互联系。

8.3 国民经济核算主要经济指标

在国民经济核算体系中涉及许多的经济指标，可以用一种或几种指标来反映经济运行情况，判断宏观经济形势。这里为大家介绍一些常见的经济指标。

（1）国内生产总值是指一个国家或地区在一定时期内国民经济各部门增加值的总额。反映一个国家总体经济形势的好坏，与经济增长密切相关，主要由消费、私人投资、政府支出、净出口额四部分组成。被大多数西方经济学家视为“最富有综合性的经济动态指标”。该指标是宏观经济中最受关注的经济统计数字，它被认为是衡量国民经济发展情况最重要的一个指标。

（2）国民生产总值由国内生产总值（GDP）和国际收入两部分组成。国际上判断一国宏观经济形势的好坏，最常见的经济指标就是国内生产总值和经济增长率（GDP 增长率）。

（3）消费者物价指数（Consumer Price Index，CPI）是反映与居民生活有关的产品及劳务价格统计出来的物价变动指标，通常作为观察通货膨胀水平的重要指标。

（4）生产者物价指数（Producer Price Index，PPI）是衡量工业企业产品出厂价格变动趋势和变动程度的指数，是反映某一时期生产领域价格变动情况的重要经济指标，也是制定有关经济政策和国民经济核算的重要依据。

（5）利率（Intrestrate）是借出资金的回报或使用资金的代价。一国利率的高低对货币汇率有着直接影响。高利率的货币由于回报率较高，则需求上升，汇率升值；反之，则贬值。美国的联邦基金利率由美联储的会议来决定。

（6）第一产业、第二产业、第三产业占国内生产总值的比例，第一产业是指种植业与养殖业，也就是通常讲的“大农业”；第二产业是指采掘业、制造业（工业）、建筑业；第三产业是指除第一、二产业以外的其他行业，包括：交通运输、仓储和邮政业，信息传输、计算机服务和软件业，批发和零售业，住宿和餐饮业，金融业，房地产业，租赁和商务服务业，居民服务和其他服务业，教育、卫生、社会保障和社会福利业等。

（7）固定资产投资额是以货币表现的建造和购置固定资产活动的工作量，它是反映固定资产投资规模、速度、比例关系和使用方向的综合性指标。全社会固定资产投资按经济类型可分为国有、集体、个体、联营、股份制、外商、港澳台商、其他等。按照管理渠道，全社会固定资产投资总额分为基本建设、更新改造、房地产开发投资和其他固定资产投资四个部分。

（8）社会消费品零售总额（Social Retail Goods）指各种经济类型的批发零售贸易业、餐饮业、制造业和其他行业对城乡居民和社会集团的消费品零售额和农民对非农业居民零售额的总和。它反映一定时期内人民物质文化生活水平的提高情况，反映社会商品购买力的实现程度，以及零售、市场的规模状况。是研究人民生活水平、社会零售商品购买力、社会生产、货币流通和物价的发展变化趋势的重要资料。

（9）货币存量或者说流通量，M_0=流通中的现金；狭义货币（M_1）=M_0+企业活期存款+机关团体部队存款+农村存款+个人持有的信用卡类存款；广义货币（M_2）=M_1+城乡居民储蓄存款+企业存款中具有定期性质的存款+信托类存款+其他存款。M_1 反映着经济中的现实购买力；M_2 不仅反映现实的购买力，还反映潜在的购买力。若 M_1 增速较快，则消费和终端市场活跃，出现通货膨胀；若 M_2 增速较快，则投资和中间市场活跃，出现资产泡沫。

（10）外汇储备（Foreign Exchange Reserve）又称为外汇存底，指一国政府所持有的国际储备资产中的外汇部分，即一国政府保有的以外币表示的债权。是一个国家货币当局持有并可以随时兑换外国货币的资产。狭义而言，外汇储备指一个国家的外汇积累；广义而言，外汇储备是指以外汇计价的资产，包括现钞、黄金、国外有价证券等。外汇储备是一个国家国际清偿力的重要组成部分，同时对于平衡国际收支、稳定汇率有重要的影响。

（11）投机性短期资本又称游资（Refugee Capital）或叫热钱（Hot Money）或不明资金，只为追求最高报酬以最低风险而在国际金融市场上迅速流动的短期投机性资金。在外汇市场上，由于此种投机性资金常自有贬值倾向货币转换成有升值货币倾向的货币，增加了外汇市场的不稳定性，因此，只要预期的心理存在，唯有让升值的货币大幅波动或实行外汇管制，才能阻止这种投机性资金的流动。

（12）外商直接投资（Foreign Direct Investment，FDI）是一国的投资者跨国境投入资本或其他生产要素，以获得利润或稀缺生产要素为目的的投资活动。

（13）贸易顺差（Favorable Balance of Trade）或逆差。在一定的时间里（通常按年度计算），贸易的双方互相买卖各种货物，甲方的出口金额大过乙方的出口金额，或甲方的进口金额少于乙方的进口金额，其中的差额，对甲方来说，就叫作贸易顺差，对乙方来说，就叫作贸易逆差。

（14）工业增加值是指工业企业在报告期内以货币形式表现的工业生产活动的最终成果；是工业企业全部生产活动的总成果扣除了在生产过程中消耗或转移的物质产品和劳务价值后的余额；是工业企业生产过程中新增加的价值。各部门增加值之和即是国内生产总值，它反映的是一个国家（地区）一定时期内所生产的和提供的最终产品和服务的市场价值的总和。

（15）通货膨胀是指用某种价格指数衡量的一般价格水平的上涨。为了抑制通货膨胀，政府往往会采取紧缩型的货币和财政政策。就宏观经济形势好坏而言，最佳状态是温和通胀，即在经济高增长的同时保持通货温和膨胀。

（16）就业率，也会被引述为失业率，其高低往往是由经济增长率和通胀率的高低决定的，政府往往根据就业率的高低来制定各项财经政策，而这些政策又会对股市产生直接和间接的影响。

（17）国际收支是一国对其他国家在一定时期进行的商品、劳务和金融资产交易的记录。国际收支包括经常项目收支和资本项目收支两部分。经常项目收支主要包括贸易、劳务和单方面转移。一国国际收支状况最直接的作用结果是汇率。一国国际收支顺差，则该国货币坚挺，有升值潜力；反之长期逆差则货币疲软，货币有贬值可能。

（18）房屋开工率，一般新屋兴建分为两种，个别住屋与群体住屋。新屋开工率与建筑许可的增加，理论上对于美元来说，偏向利多，不过仍须合并其他经济数据一同作考量。每月的 16 日至 19 日间公布。

（19）设备使用率（Capacity Utilization）是工业总产出对生产设备的比率。涵盖的范围包括生产业、矿业、公用事业、耐久财、非耐久财、基本金属工业、汽车和小货车业及汽油八个项目。代表上述产业的产能利用程度。当设备使用率超过 95%以上，代表设备使用率接近极限，通货膨胀的压力将随产能无法应付而急速升高，在市场预期利率可能升高的情况下，对美元是利多。

反之如果产能利用用率在 90%以下，且持续下降，表示设备闲置过多，经济有衰退的现象，在市场预期利率可能降低情况下，对美元是利空。每月中旬公布前一个月的数据。

（20）耐久财订单（Durable Good Orders），所谓耐久财是指不易耗损的财物，如汽车、飞机等重工业产品和制造业资本财。其他诸如电器用品等也是。耐久财订单代表未来一个月内制造商生产情形的好坏，数据与货币汇率呈正相关，但需要注意其国防定单所占的比重。耐久财订单由美国商务部统计，一般在每月的 22 日至 25 日晚上 21：30 或 23：00 公布。

（21）采购经理人指数（Purchase Management Index）是衡量制造业的重要指标。考察制造业在生产、新定单、商品价格、存货、雇员、定单交货、新出口定单和进口等方面。数据以 50 为强弱分界点，在以上表示制造业向好对货币有利；反之则意味着衰退，对货币不利。数据由供应管理协会（ISM）编制，每月初某日 23：00 公布。

（22）商业库存（Inventories）包括工厂存货、批发业存货、零售业存货。主要用以评估生产循环状况。存货低于适当水准，将增加生产，经济向好，对货币有利；反之则不利。数据由美国商务部编制，每月中旬某日 21：30 或 23：00 公布。

（23）个人收入（Personal Income）代表个人从各种所得来源获得的收入总和。包括工资薪水、社会福利、支出储蓄、股利收入等。数据提高，代表经济好转，消费可能增加，有利于本国货币；反之则不利。由美国经济研究局编制，每月月初某日 21：30 公布。

（24）领先指标，由股价、消费品定单、周均失业救济金索求、建筑批则、消费者预期、制造厂商交货定单变动、货币供应、销售业绩、敏感原料价格变动、厂房设备定单、平均工作周等项目构成，是观察未来 6～12 个月内经济走向的指标。数据好，汇率上升；反之则下降。

（25）趸售（批发）物价指数（Wholesale Price Index，WPI），是根据大宗物资批发价格的加权平均价格编制而得的物价指数。包括在内的产品有原料、中间产品、最终产品与进出口品，但不包括各类劳务。讨论通货膨胀时，最常提及的三种物价指数之一，观察方法与 CPI、PPI 基本相同。每月中旬公布前一个月的数据。

（26）资本账收支，主要描述一国的长、短期资本流动情况，包括长期资本、非流动性短期私人资本、特别提款权、误差与遗漏以及流动性短期私人资本等项目。资本项目在金融日益国际化、自由化的今天，影响不亚于经常账项目，金融市场对外开放程度越高，影响越大。其对汇率的影响的观察方法与经常账基本相同。

（27）经常项目收支，经常账为一国收支表上的主要项目，内容记载一国与外国包括因为商品/劳务进出口、投资所得、其他商品与劳务所得以及片面转移等因素所产生的资金流出与流入的状况。如果为正数，为顺差，有利本国货币；反之，则不利于本国货币。此数据由美国商务部编制，每月中旬某日 21：30 公布。

（28）贸易赤字（Trade Dificit），国际间的贸易是构成经济活动的重要环节。当一国出口大于进口时称为贸易顺差；反之，称逆差。美国的贸易数据一直处于逆差状态，重点是在赤字的扩大或缩小。赤字扩大不利于美元，反之则有利。此数据由美国商务部编制，每月中、下旬某日晚间 21：30 公布前一个月数字。

国际上通用的四个常见经济指标是国民生产总值、通货膨胀、就业率和国际收支平衡。

小知识

GNP 比 GDP 更能反映地区竞争实力

国内生产总值与国民生产总值之间的主要区别在于，GDP 强调的是创造的增加值，它是“生产”的概念，GNP 则强调的是获得的原始收入。一般而言，各国的国民生产总值与国内生产总值两者相差数额不大，但如果某国在国外有大量投资和大批劳工的话，则该国的国民生产总值往往会大于国内生产总值。

以 GDP 或者 GNP 作为经济政策的主要追求目标，在一定的 GDP 水平下，会导致本国人民的富裕程度不同。如果强调 GDP，就会出现诸如四川民工在深圳打工，把 GDP 留在了深圳，把利润带回了四川；在深圳设厂的企业，也把 GDP 留在了深圳，把利润带回了本国或者本地区。如果强调 GNP 则意味着本国企业公民在国内或国外都实实在在地给自己挣了钱。这一方面的典型案例是新苏南模式和温州模式的比较。据《第一财经日报》报道，2004 年随着苏州经济一路高歌，GDP 总量首超深圳，新苏南模式似乎达到了中国经济发展样板的制高点。但这些掩盖不了新苏南模式的缺陷，被比喻为“只长骨头不长肉”，GDP 上去了，政府的财政收入上去了，可老百姓的口袋仍是鼓不起来，利润的大头被外企拿走，本地人拿的只是一点打工钱。2004 年苏州的 GDP 是温州的两倍，但苏州老百姓的人均收入几乎只及温州的一半。看来，更能反映一个国家、一个地区竞争实力的是 GNP，而不是 GDP。

任务小结

国民经济核算时对国民经济运行过程及结果的核算，是认识国情国力的重要工具，是为国民经济宏观调控提供决策依据的重要手段。

（1）国民经济核算体系有两层含义：一是指为进行国民经济核算而制订的标准和规范；二是指全面系统反映国民经济运行的核算资料。

（2）联合国曾公布和推荐的国民经济核算标准有两种：物质产品平衡表体系（MPS）和国民账户体系（SNA）。目前绝大多数国家采用 SNA 体系。

（3）我国的国民经济核算体系包括基本核算表、国民经济账户和附属表三部分。

（4）国内生产总值（GDP）是指一国（或地区）所有常住单位在核算期内生产活动的最终成果。国内生产总值有三种表现形态，即价值形态、收入形态和产品形态。在国民经济核算中，国内生产总值的三种表现形态表现为三种计算方法，即生产法、收入法和支持法。

（5）本任务在介绍的与国内生产总值有关的总值指标还有国民总收入、国内生产净值和国民净收入。

复习思考

1．MPS 和 SNA 的含义是什么，两种有何区别？

2．如何理解 GDP 的含义，它有几种计算方法，如何计算？

3．说明国民总收入和国内生产总值的关系。

任务演练

目的：了解我国国民经济运行情况。

要求：登录 http://www.stats.gov.cn/网站，查阅统计数据、统计公报、统计分析，了解我国目前的国民经济运行情况。

步骤：

1．登录 http://www.stats.gov.cn/网站。

2．单击“统计公报”，通过查阅“年度统计公报”“人口普查公报”等，了解我国及各地经济、人口等方面的基本情况。

3．单击“统计数据”，通过查阅“年度数据”中的“国民经济核算”，选择年份，可以查阅统计年鉴，了解国民经济的运行情况。

任务9 SPSS的应用与统计分析

SPSS软件是一种专业的统计分析软件，具有强大的数据分析功能，并能以文字、表格、图形混排的形式充分展现分析结果。通过本任务学习应达到以下目标。

知识目标

（1）了解SPSS进入和退出等基本操作。

（2）掌握SPSS的基本窗口和菜单安排。

（3）熟练地掌握SPSS的基本相关操作。

（4）熟练掌握各种统计分析方法。

能力目标

（1）熟练掌握SPSS数据输入方法。

（2）熟练运用SPSS进行各种统计分析。

思考导学

（1）怎样将杂乱的数据转换为SPSS数据文件？

（2）怎样对SPSS数据文件进行各种统计分析？

9.1 SPSS软件概述

SPSS是Statistical Package for the Social Science的英文缩写，意思是社会科学统计软件包。

SPSS也是Statistical Product and Service Solutions的英文缩写，意思是统计产品与服务解决方案。

社会科学统计软件包（SPSS）是世界著名的统计分析软件之一。20世纪60年代末，美国斯坦福大学的三位研究生研制开发了统计分析软件SPSS，并于1975年在芝加哥成立了专门研发和经营SPSS软件的SPSS公司。1994年到1998年间，SPSS公司陆续并购了一系列的软件公司，并将其各自的主打产品收购于SPSS麾下，从而使SPSS由原来单一的统计分析软件发展为一种综合性产品。为此，SPSS公司已将原英文名称更改为Statistical Product and

Service Solutions，即统计产品与服务解决方案。目前，SPSS 已广泛应用于通信、医疗、银行、证券、保险、制造、商业、市场研究、科研教育等多个行业和领域，成为世界上最流行、应用最广泛的专业统计分析软件。

SPSS 适合于多种操作系统，国内常用的是适用于 DOS 和 Windows 的版本。SPSS for Windows 因其界面友好、功能强大而受到越来越多使用者的喜爱。

本任务以 SPSS 13.0 for Windows 为例，在以下的叙述中简称为 SPSS。

9.1.1　SPSS 软件的基本特点和功能

SPSS 使用 Windows 的窗口方式展示各种管理和分析数据的方法，使用对话框展示出各种功能选择项，只要掌握一定的 Windows 操作技能，并了解统计分析原理，而无须通晓统计分析的各种具体算法，即可得到统计分析结果，为特定的科研工作服务。

SPSS 的基本功能包括数据管理、统计分析、图表分析、输出管理等。SPSS 具有强大的图形功能，不但可以得到数字结果，还可以根据数据的分析，通过各种直观、漂亮的统计图，形象地显示分析结果。

SPSS 可将自身的数据保存成多种格式的数据文件，常见的格式有 SPSS 格式文件、Excel 格式文件、dbf 格式文件、文本格式文件等。另外，SPSS 能够直接打开各种类型的数据文件，常见的格式有 SPSS 格式文件、Excel 格式文件、ASCⅡ码数据格式文件等。

9.1.2　SPSS 软件的启动和退出

作为 Windows 操作系统的应用软件产品，SPSS 安装的基本步骤与其他常用软件是基本相同的。

安装成功后，只需按以下顺序操作即可启动运行 SPSS 软件：“开始”→“程序”→“SPSS 13.0 for Windows”。

退出 SPSS 的方法与退出一般常用软件的方法基本相同，有以下两种常用的退出方法。

（1）“File”→“Exit”。

（2）直接单击 SPSS 窗口右上角的“关闭”按钮。

在退出 SPSS 之前，一般会提示用户以下两个问题。

（1）是否将 Data Editor 窗口中的数据存储到磁盘上，文件扩展名为.sav。

（2）是否将 Viewer 窗口中的分析结果存储到磁盘上，文件扩展名为.spo。

这时，用户应根据实际情况，将 SPSS 数据文件或结果文件存储到选定的磁盘上，并输入用户名。

9.1.3　SPSS 软件的操作环境

SPSS 软件在运行时有多个窗口，各窗口有各自的作用。初学者需要熟悉其中两个主要的窗口，它们是数据编辑窗口和结果输出窗口。

1．数据编辑窗口

启动 SPSS 后，屏幕首先显示的就是数据编辑窗口，如图 9-1 所示。

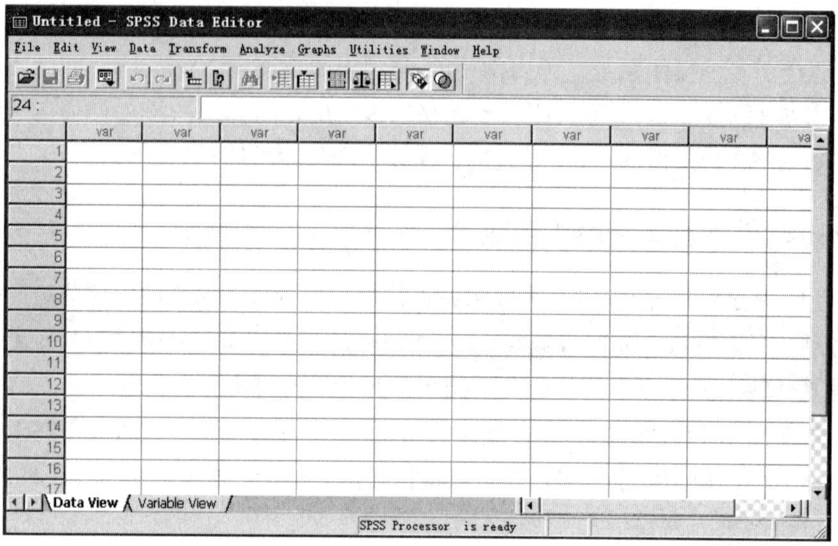

图 9-1　SPSS 数据编辑窗口

数据编辑窗口在软件启动时自动打开，关闭数据编辑窗口意味着退出 SPSS。

数据编辑窗口的窗口标题为 SPSS Data Editor，该窗口的主要功能是 SPSS 数据的录入、编辑，变量属性的定义、编辑。这些数据通常以 SPSS 数据文件的形式保存在计算机磁盘上，其文件扩展名为.sav。

.sav 文件格式是 SPSS 独有的，一般无法通过其他常用软件如 Word、Excel 等打开。

数据编辑窗口由主菜单栏、工具栏、当前数据栏、数据编辑区、系统状态显示栏组成。

1）主菜单栏

菜单项对应的功能如表 9-1 所示。

表 9-1　主窗口菜单及功能

菜 单 名	功　能	注　释
File	文件操作	对 SPSS 相关文件进行基本管理（如打开、保存等）
Edit	数据编辑	对数据编辑窗口中数据进行基本编辑（如剪切、复制等）
View	窗口外观状态管理	对 SPSS 窗口外观等进行设置
Data	数据的操作和管理	对数据编辑窗口中的数据进行加工整理
Transform	数据基本处理	对数据编辑窗口中的数据进行基本处理
Analyze	统计分析	对数据编辑窗口中的数据进行统计分析和建模
Graphs	制作统计图形	对数据编辑窗口中的数据生成各种统计图形
Utilities	实用程序	SPSS 的辅助功能
Window	窗口管理	对 SPSS 的多个窗口进行管理
Help	帮助	实现 SPSS 的联机帮助

2）工具栏

为使操作更加快捷和方便，SPSS 将主菜单栏中一些常用的功能以图形按钮的形式组织在工具栏中，用户可以直接单击工具栏上的某个按钮完成其相应的功能。

3）当前数据栏

当前数据栏的左侧部分显示了当前活动单元格对应的观测序号和变量名，右侧部分显示了当前活动单元格中的数据值。

4）数据编辑区

数据编辑区也可称为数据显示区，是数据编辑窗口的主体部分，用以显示和管理 SPSS 数据内容和数据结构。在数据编辑区中有两个视图界面，分别是 Data View（数据视图）和 Variable View（变量视图），变量视图如图 9-2 所示。通过数据编辑区最下一栏中的 Data View 标签和 Variable View 标签在两个视图界面之间进行切换。数据视图界面用以录入和编辑管理 SPSS 数据，变量视图界面用以定义和编辑 SPSS 数据的结构。

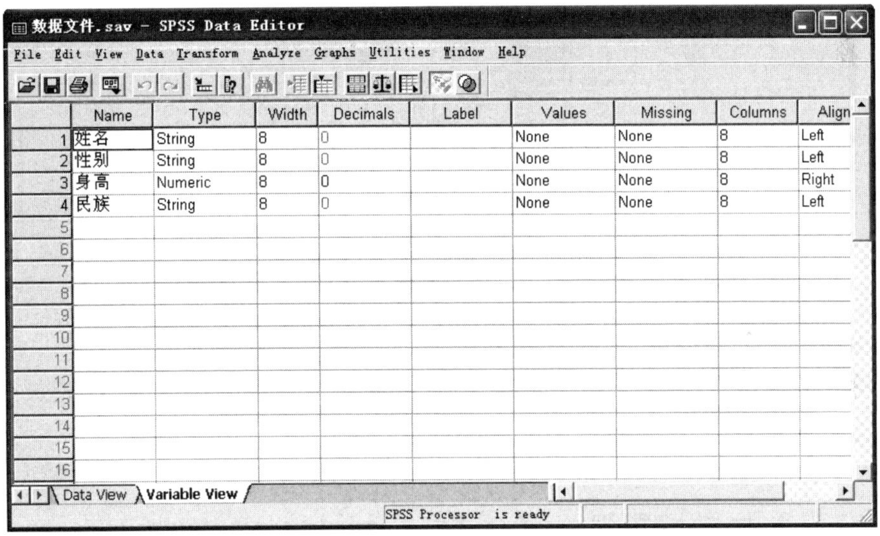

图 9-2　变量视图界面

5）系统状态显示栏

系统状态显示栏用来显示系统的当前运行状态。“SPSS Processor is ready”是系统正等待用户操作的意思。通过 View 主菜单栏下的 Status Bar 选项可将系统状态区设置成显示和不显示两种状态。

2. 结果输出窗口

结果输出窗口如图 9-3 所示。结果输出窗口的窗口标题为 SPSS Viewer，该窗口的主要功能是显示 SPSS 统计分析结果、报表及图形。SPSS 统计分析的所有输出结果都显示在该窗口中，并且大多数 SPSS 统计分析结果都以表格或图形的形式显示出来。输出结果通常以 SPSS 输出文件的形式保存在计算机磁盘上，其文件扩展名为.spo。

.spo 文件格式是 SPSS 独有的，一般无法通过其他如 Word、Excel 等软件打开。

结果输出窗口的右侧部分显示 SPSS 统计分析结果，左侧部分是导航窗口，用来显示输出结果的目录，可以通过单击目录来展开右边窗口的分析结果。

结果输出窗口通常有以下两种创建及打开方式：第一，在进行第一次统计分析时，由 SPSS 自动创建并打开；第二，在 SPSS 运行过程中由用户手工创建或打开，所选择的菜单为："File" → "New" → "Output"；"File" → "Open" → "Output"。

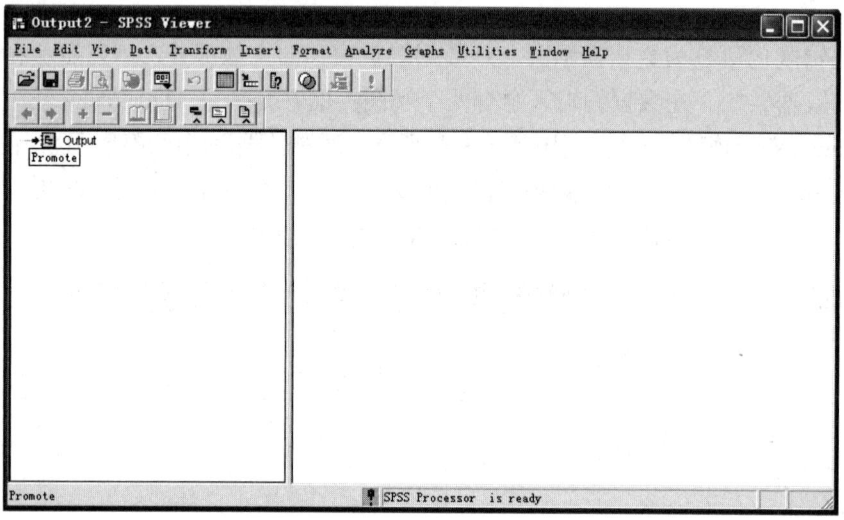

图 9-3　SPSS 结果输出窗口

SPSS 的数据编辑窗口是专门负责输入和管理待分析数据的，而输出窗口则负责接收和管理统计分析结果。数据的输入和结果的输出是在不同窗口中进行的，这点与 Excel 等其他有统计分析功能的软件有较大不同。

9.2　数据录入与数据获取

9.2.1　SPSS 数据文件

建立 SPSS 数据文件是利用 SPSS 软件进行数据分析的首要工作。SPSS 数据文件是一种有别于其他文件如 Word 文档、文本文档的有特殊性的文件，这种特殊性主要表现在它是一种包含了结构的数据文件，即 SPSS 数据文件由数据的结构和数据的内容两部分组成，其中数据的结构记录了数据类型、数据长度等必要情况，数据的内容则记录了那些待分析的具体数据。因此，SPSS 数据文件不能像一般文本文件那样可以直接被大多数编辑软件读取，而只能在 SPSS 软件中打开。

建立 SPSS 数据文件时应完成两项任务：第一，首先在数据编辑窗口的变量视图中描述 SPSS 数据的结构；第二，在数据编辑窗口的数据视图中录入并编辑 SPSS 数据的内容。

9.2.2 定义变量

SPSS 数据的结构是对 SPSS 每列变量及其相关属性的描述。

SPSS 中的变量共有 10 个属性，分别是变量名（Name）、变量类型（Type）、长度（Width）、小数位宽（Decimals）、变量名标签（Label）、变量值标签（Values）、缺失值（Missing）、列显示宽度（Columns）、对齐方式（Align）、计量尺度（Measure）。其中，变量名和变量类型是用户必须要定义的两个属性，其他的属性可以暂时采用系统默认值。下面仅就变量名和变量类型的定义加以说明。

1．变量名

变量名是变量存取的唯一标志。在 SPSS 数据编辑窗口的变量视图中，在“Name”列下相应行的位置输入变量名即可，输入后的变量名将显示在数据视图中列标题的位置上。

SPSS 变量名有其特定的起名规则。

（1）变量名的字符个数不多于 8 个。

（2）首字符以英文字母开头，后面可以跟除了空格及！、？、*之外的字母或数字，且下划线不能作为变量名的最后一个字母。

（3）变量名不区分大小写字母。

（4）允许汉字作为变量名，汉字总数不能超过 4 个。

（5）变量名不能与 SPSS 内部具有特定含义的保留字相同，如 ALL、BY、AND、NOT、OR 等。

（6）SPPS 有默认的变量名，以字母“VAR”开头，后面补足 5 位数字，如 VAR00030、VAR00120 等。

为方便记忆，变量名最好与其代表的数据含义相对应。如果变量名不符合 SPSS 的起名规则，系统会自动给出错误提示信息。

2．变量类型

数据类型（Type）是指每个变量取值的类型。SPSS 中有三种基本数据类型，分别为数值型、字符型和日期型。相应的类型会有系统默认的长度、小数位宽等。

1）数值型

SPSS 中数值型有以下五种不同的表示方法。

Ⅰ．标准型（Numeric）

标准型是 SPSS 最常用的类型，也是默认的数据类型，默认的长度为 8 位，包括正负符号位、小数点和小数位在内，小数位宽默认为 2 位。

Ⅱ．逗号型（Comma）

逗号型用圆点来分隔整数部分和小数部分，整数部分从个位开始每 3 位以一个逗号相隔，且逗号型默认的长度为 8 位，小数位宽为 2，如 1,234.56。用户在输入逗号型数据时，可以不输入逗号，SPSS 将自动在相应位置上添加逗号。

Ⅲ．圆点型（Dot）

圆点型用逗号来分隔整数部分和小数部分，整数部分从个位开始每 3 位以一个圆点相隔，且圆点型默认的长度为 8 位，小数位宽为 2，如 1.234,56。用户在输入圆点型数据时，可以不输入圆点，SPSS 将自动在相应位置上添加圆点。

Ⅳ．科学计数法型（Scientific Notation）

科学计数法型的默认长度为 8 位，包括正负符号为、字母 E 和两位幂次数字。例如，0.000 8 用科学计数法记为 8.0E-04。

Ⅴ．美元符号型（Dollar）

美元符号型主要用来表示货币数据，它在数据前加美元符号 $。美元符号型数据的显示格式有很多，SPSS 会以菜单方式将其显示出来供用户选择。

Ⅵ．自定义类型（Custom Currency）

自定义类型可供用户根据需要自己定制数据的表现形式。

2）字符型（String）

字符型变量由一个字符串组成，区分大小写，不能参加数学运算。字符型数据在 SPSS 命令处理过程中应用一对双引号引起来，但在输入数据时不应输入双引号，否则，双引号将会作为字符型数据的一部分。

3）日期型（Data）

日期型数据用来表示日期或者时间。日期型的显示格式有很多种，SPSS 将以菜单的方式列出来供用户选择。

9.2.3 SPSS 数据的录入

SPSS 数据的结构定义好后就可以将具体的数据输入到 SPSS 以最终形成 SPSS 数据文件。单击 Data View 标签，进入数据编辑窗口的数据视图界面，准备进行 SPSS 数据的录入操作。

数据编辑窗口中黑框框住的单元为当前数据单元，它是当前正在录入或者修改数据的单元。录入数据时应首先确定当前数据单元，即将鼠标指到某个数据单元上，然后单击鼠标左键。

数据的录入可以以个案为单位进行录入，即横向录入；也可以以变量为单位进行录入，即纵向录入。录入完一个数据之后按 Tab 键，使当前单元右侧一个单元成为活动单元，这样就实现了横向录入；录入完一个数据之后按 Tab 键，则当前单元下方的单元成为活动单元格，从而可以实现纵向录入。

在 SPSS 数据中，每一行代表一个个案（Case）、一个观测、一个个体、一个样品，一个事件。例如，在进行问卷调查时，问卷上的每一个人就是一个个案；每一列代表一个变量，如问卷上的每一项、每一个问题就是一个变量。

9.2.4 SPSS 数据的保存

SPSS 数据整理好后，需要将数据编辑窗口中的数据以文件的形式保存到磁盘中。

SPSS 能够将数据编辑窗口中的数据保存成多种格式的数据文件。常见的格式有 SPSS 文件格式、Excel 文件格式、文本格式本件等。

SPSS 数据文件保存的操作步骤如下。

（1）选择菜单：“File”→“Save”或“File”→“Save As”，弹出图 9-4 所示的窗口。

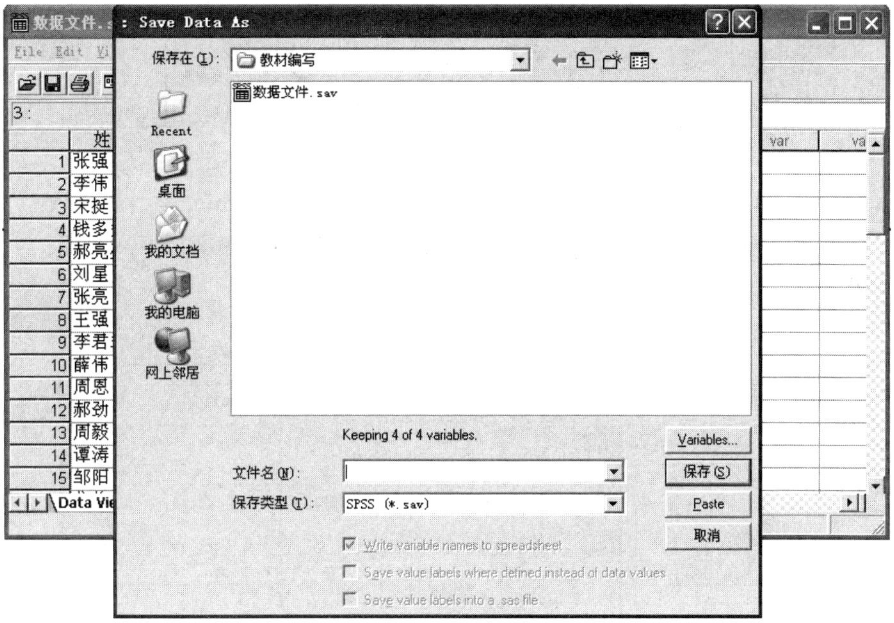

图 9-4 数据保存窗口

（2）给出盘符、路径、文件名，并根据需要选择数据文件的格式。

在图 9-4 所示的窗口中：“Variables”按钮的作用是允许用户指定保存哪些变量，不保存哪些变量。变量名前画叉的变量将被保存到磁盘中。

数据文件的格式通过“保存类型”后的下拉框选择。

如将数据保存为 Excel 文件格式，【Write variables names to spreadsheet】选项呈可选状态，它的作用在于指定是否将 SPSS 变量名写到 Excel 工作表的第一行上。

9.2.5 读取其他格式的数据文件

SPSS 可以读取和调用多种不同格式的数据文件，这里仅就 SPSS 对 Excel 文件的读取方法进行介绍。操作如下。

（1）选择菜单：“File”→“Open”→“Data”。出现“Open File”对话框，如图 9-5 所示，并在文件类型下拉列表中选择“Excel（*.xls）”。

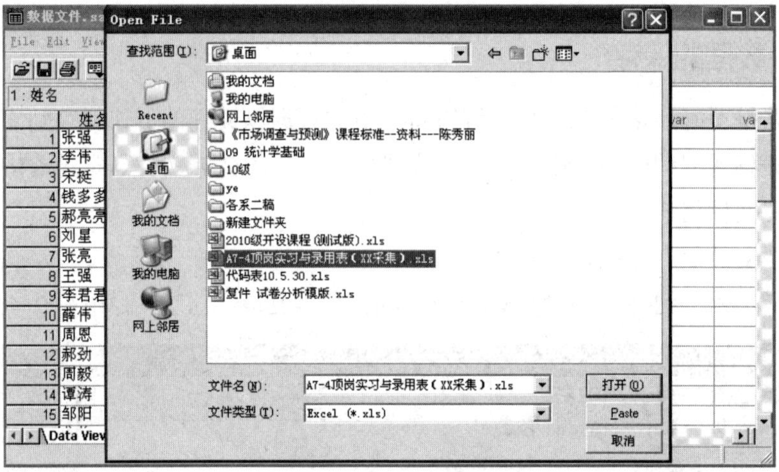

图 9-5 “Open File”对话框

（2）选择要打开的 Excel 文件，单击“打开”按钮，出现图 9-6 所示的窗口。

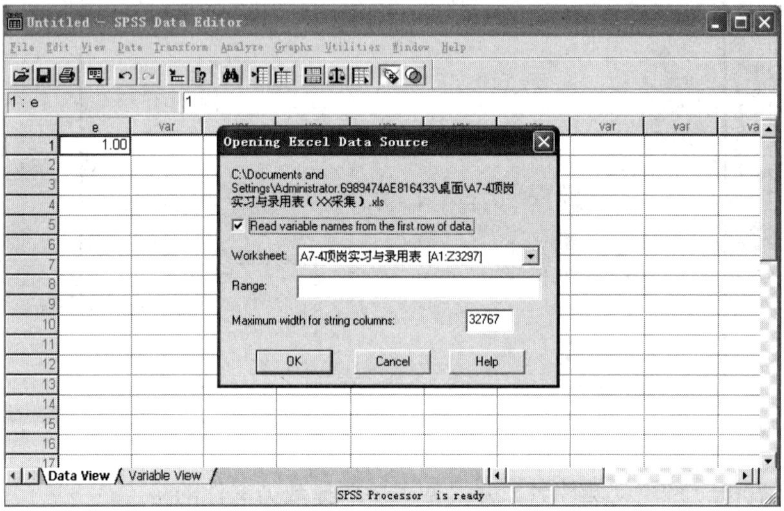

图 9-6 “Opening Excel Data Source”对话框

若选中“Read variable names from the first row of data”复选框，表示将 Excel 数据表中第一行的有效字符作为 SPSS 变量名。

“Worksheet”下拉表的作用是选择被读取数据所在的 Excel 工作表。

“Range”输入框用于限制被读取数据在 Excel 工作表中的位置。

9.3 统计描述

9.3.1 频数分析

对数据的分析通常是从基本统计分析入手的，而基本统计分析往往是从频数分析开始的。频数分析的第一个基本任务是编制频数分布表。

频数分析的第二个基本任务是绘制统计图。统计图是一种最为直接的数据刻画方式。

SPSS 频数分析的基本操作步骤如下。

（1）选择菜单：“Analyze”→“Descriptive Statistics”→“Frequencies”。出现图 9-7 所示的窗口。

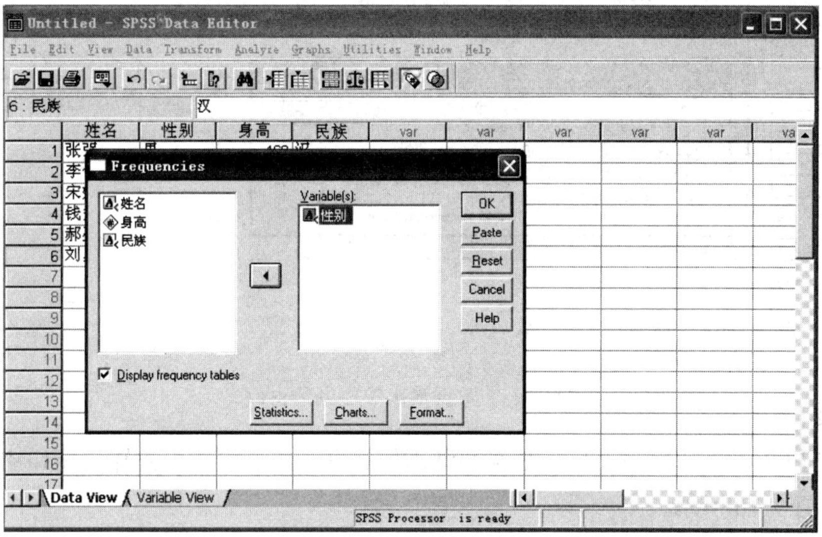

9-7　频数分析窗口

（2）选择待分析的变量到“Variable（s）”框中，这里选择身高。

（3）选择“Display frequency tables”项，SPSS 将编制频数分布表，否则，将不显示频数分布表。

（4）按“Charts”按钮，出现图 9-8 所示的窗口，选择所需统计图形。

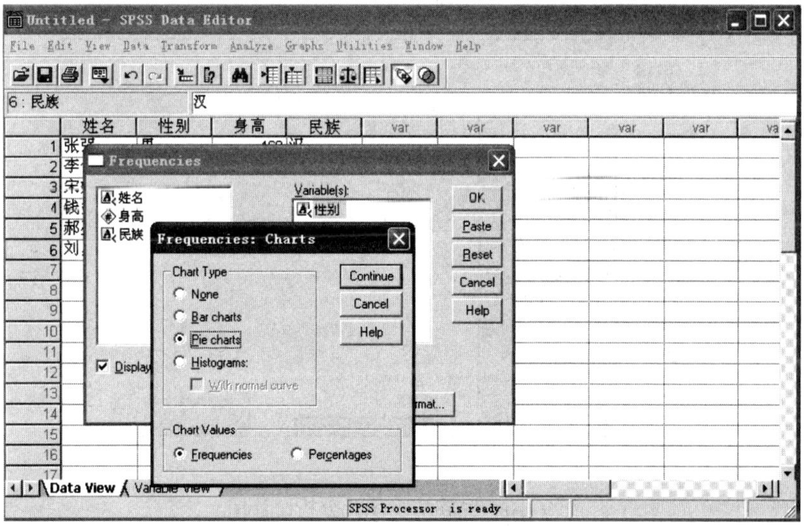

图 9-8　频数分析中的绘图窗口

（5）按“Format”按钮，出现图 9-9 所示的窗口，调整频数分布表中数据的输出顺序。

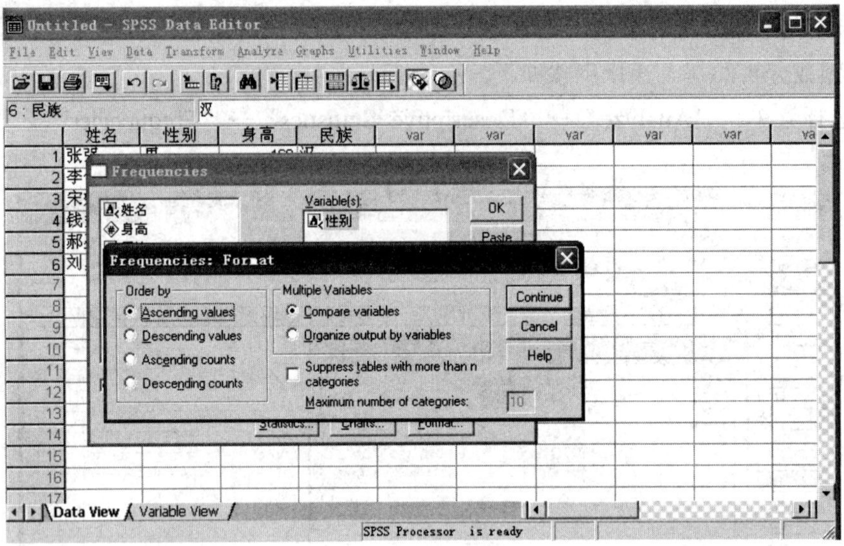

图 9-9　数据输出顺序调节窗口

至此，SPSS 将自动编制频数分布表并画出统计图，结果将输出到输出窗口中，分析结果如表 9-2 和图 9-10 所示。

表 9-2　频数分布表——民族情况频数分布表

		Frequency	Percent	Valid Percent	Cumulative Percent
	汉	17	85.0	85.0	85.0
	回	1	5.0	5.0	90.0
	满	2	10.0	10.0	100.0
	Total	20	100.0	100.0	

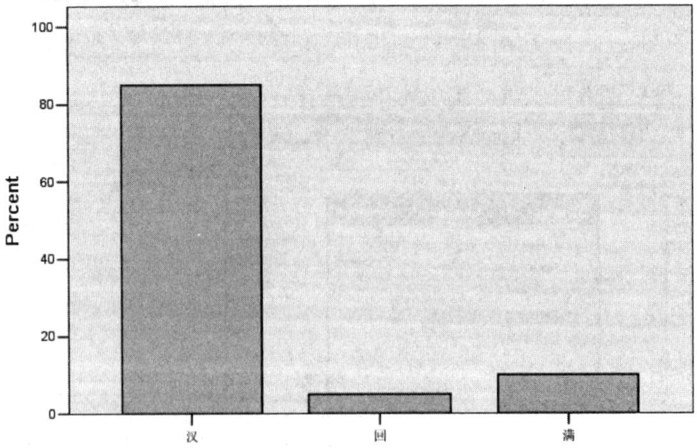

图 9-10　民族情况统计分析统计图

单击图 9-7 中的“Statistics”按钮，出现图 9-11 所示的窗口，该窗口中提供了一次列的基本统计描述指标。

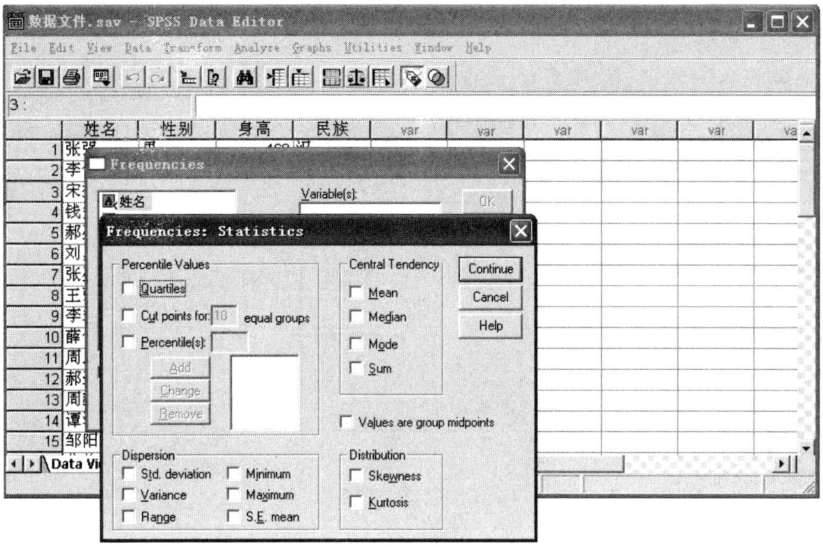

图 9-11　“Frequencies Statistics”窗口

9.3.2　集中趋势的描述指标（平均数）

例：某高校某班 20 名男同学的身高数据（单位：厘米）如下所示：

168	172	170	166	175	171	169	168	172	180
166	169	174	172	168	175	172	167	166	182

求：平均身高。

操作步骤如下。

（1）选择菜单：“Analyze”→“Descriptive Statistics”→“Frequencies”，如图 9-12 和图 9-13 所示。

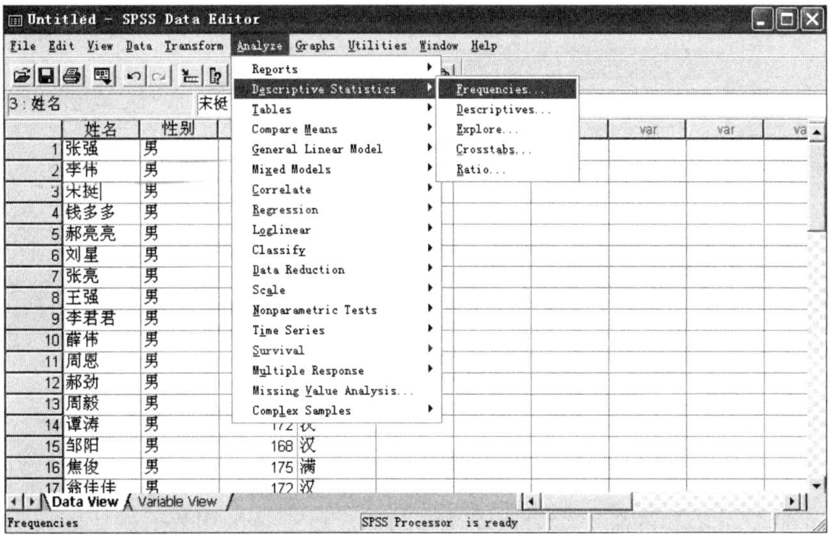

图 9-12　“Frequencies”选项

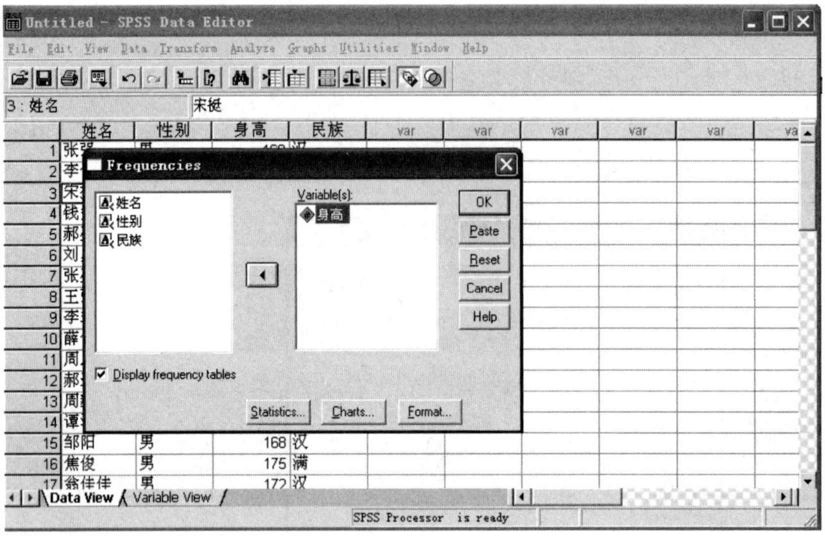

图 9-13 “Frequencies”对话框

（2）欲求 20 名男同学的平均身高，在图 9-13 中，将对话框左侧变量列表中的“身高”选中，单击▶按钮使之添加到右侧的“Variables（s）”框中。

（3）单击图 9-13 下方的“Statistics”按钮，出现图 9-14 所示的窗口，在“Central Tendency”框中选择“Mean”，然后单击“Continue”按钮返回“Frequencies”对话框，单击“OK”按钮，SPSS 开始计算。

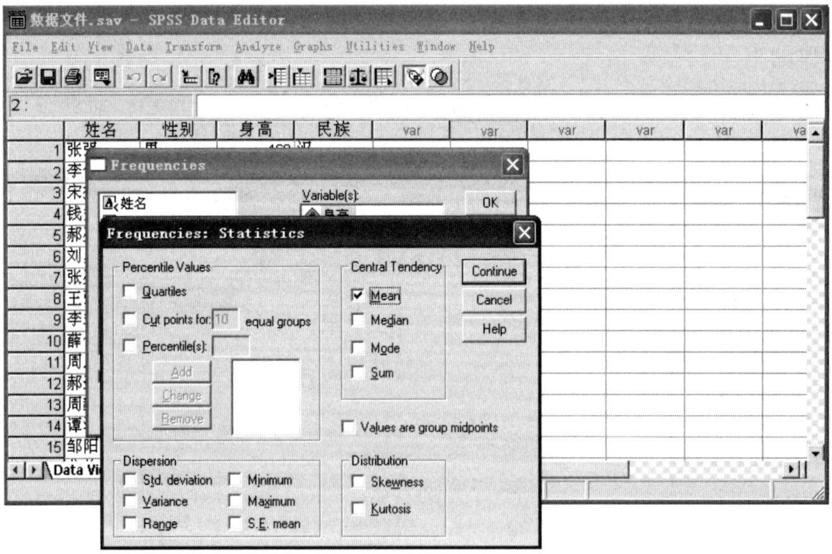

图 9-14 在“Frequencies：Statistics”对话框中选择“Mean”

（4）计算结果如图 9-15 所示，平均身高为 171 厘米。

中位数、众数及求和等集中趋势描述指标的操作过程与平均数的操作过程基本相同，这里不再重复。

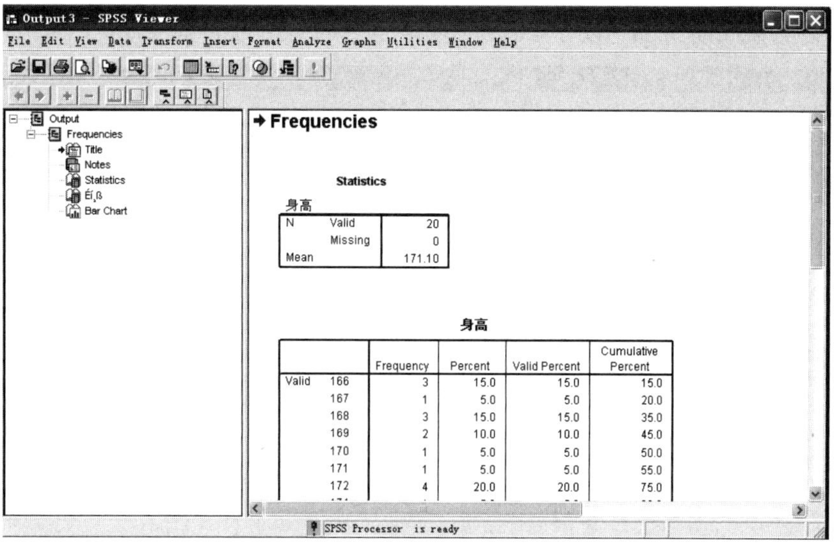

图 9-15　平均数计算结果

9.3.3　离散趋势的描述指标（全距）

例：数据如前例中所示，求 20 名男同学身高的全距。

操作步骤如下。

（1）选择菜单：“Analyze”→“Descriptive Statistics”→“Frequencies”，如图 9-12 和图 9-13 所示。

（2）欲求 20 名男同学身高的全距，在图 9-13 中，将对话框左侧变量列表中的“身高”选中，单击▶按钮使之添加到右侧的“Variables（s）”框中。

（3）单击图 9-13 下方的“Statistics”按钮，在“Dispersion”框中选择“Range”，出现图 9-16 所示的窗口，然后单击“Continue”按钮返回“Frequencies”对话框，单击“OK”按钮，SPSS 开始计算。

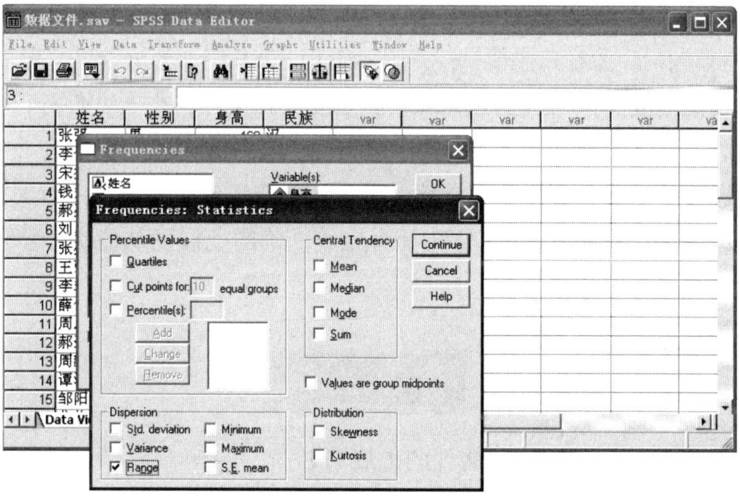

图 9-16　在“Dispersion”框中选择“Range”

（4）计算结果如图 9-17 所示，20 名男同学身高的全距为 16 厘米。

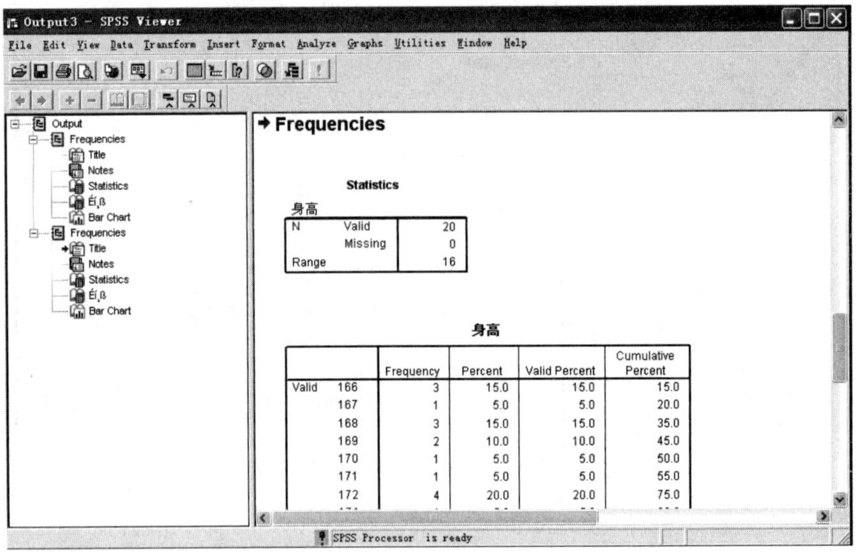

图 9-17　全距计算结果

标准差等离散趋势描述指标的操作过程与全距的操作过程基本相同，这里不再重复。

任务小结

“易学，易用，易普及”已成为 SPSS 软件最大的竞争优势之一，也是广大数据分析人员对其偏爱有加的主要原因。而大量成熟的统计分析方法、完善的数据定义操作管理、开放的数据接口以及灵活的统计表格和统计图形，更是 SPSS 软件长盛不衰的重要法宝。

SPSS 软件运行时有多个窗口，各窗口有各自的作用。但作为初学者，只需先熟悉两个主要窗口即可，它们是数据编辑窗口和结果输出窗口。SPSS 数据编辑窗口是 SPSS 的主程序窗口，该窗口的主要功能是定义 SPSS 数据的结构、录入编辑和管理待分析的数据；SPSS 结果输出窗口是 SPSS 的另一个主要窗口，该窗口主要功能是显示管理 SPSS 统计分析结果、报表和图形。

SPSS 可以直接读取其他格式的数据文件，如 Excel 文件、文本文件等；但.sav 文件格式是 SPSS 独有的，一般无法通过其他如 Word、Excel 等软件打开。

SPSS 可以进行平均数、中位数、众数、全距、标准差等基本统计分析的操作。通过基本统计方法，可以对所要分析数据的总体特征有比较准确的把握，从而进一步选择其他更为深入的统计分析方法。

复习思考

1．.sav、.spo 分别是 SPSS 哪类文件的扩展名？

2．SPSS 有哪两个主要窗口，它们的作用和特点各是什么？

3．你认为 SPSS 软件的优势是什么？

实训模拟练习题（上机操作）

1．请将下面的数据转换成 SPSS 数据文件，并保存为.sav 文件格式。

某厂某组工人的基本情况

编　号	性　别	年　龄	月收入/元
01 001	男	28	2 500
01 002	男	25	2 300
01 003	女	23	2 300
01 004	男	22	2 000
01 005	女	22	2 000
01 006	男	25	2 800
01 007	男	29	3 000
01 008	男	31	3 000
01 009	男	32	3 000
010 010	男	26	2 800
010 011	女	28	2 800
010 012	女	30	3 000
010 013	男	28	2 500
010 014	男	33	3 300
010 015	女	32	3 000
010 016	男	30	2 800
010 017	男	35	3 500
010 018	女	25	2 500
010 019	女	29	2 800
010 020	男	25	2 500

2．请同学们针对当前学校或社会关心的热点问题，以小组形式设计一份调查问卷并进行调查。在 SPSS 中录入所获得的调查数据形成一份 SPSS 数据文件（变量的类型应包括字符型和数值型）；对问卷中某一个问题的数据进行描述性统计分析（集中趋势描述指标和离中趋势描述指标）；根据问卷中另一个问题的数据得到相应的统计分析表并画出统计图。

习题参考答案

任务1　任务演练答案

一、单项选择题

1．B　2．B　3．A　4．C　5．C
6．C　7．B　8．D　9．C　10．D

二、多项选择题

1．ABCE　2．ABEF　3．ACDEF　4．ABCD　5．ABDE
6．BCE　7．BDF　8．ADE

三、判断题

1．×　2．√　3．×　4．×　5．√
6．√　7．√　8．√　9．×　10．×
11．×

初试牛刀答案

1．质量指标，数量指标，质量指标，数量指标，数量指标；一个完整的指标时间包括时间、空间、指标名称、指标数值、计量单位、计算方法。

2．人口普查的总体是具有中华人民共和国国籍的公民，总体单位是具有中华人民共和国国籍的每一位公民。

任务2　任务演练答案

一、单项选择题

1．C　2．D　3．A　4．C　5．D
6．C　7．B　8．C　9．A　10．A
11．D　12．B　13．C　14．B　15．D

二、多项选择题

1．AD　2．BCE　3．BCE　4．BCDE　5．ABE
6．CE　7．ACD　8．ABCDE　9．ABD

三、判断题

1．√　2．×　3．×　4．√　5．√
6．√

任务3　任务演练答案

一、单项选择题

1．C　2．D　3．A　4．D　5．B
6．B　7．A　8．A　9．C　10．C

二、多项选择题

1．ABCE　2．ABC　3．ABE　4．BDE　5．ABC
6．BCD　7．ABCE　8．BC　9．ABC　10．BCD

三、判断题

1．×　2．×　3．√　4．√　5．√
6．√　7．√　8．√　9．√　10．√
11．×　12．×　13．×　14．×

四、综合技能题

1．

某班学生年龄分配数列

年　龄	人　数	比重/（%）
16	4	8
17	11	22
18	20	40
19	9	18
20	6	12
合　计	50	100

2．～5．（略）

任务4　任务演练答案

一、单项选择题

1．C　2．D　3．B　4．C　5．A
6．B　7．B　8．D　9．D　10．B
11．D　12．D　13．D

二、多项选择题

1．ACD　2．ABE　3．ABD　4．ADE　5．ABDE

三、判断题

1．×　2．√　3．√　4．×　5．×

四、综合技能题

1．正指标 6 200 个/42 万人，逆指标 42 万人/6 200 个。

2．244 110:241 275。

3．超额 12.7%完成任务；超额 8.3%完成任务。

4．超额 1.85%完成任务；超额 1%完成任务。

5．超额 25%完成任务。

6．各指标的计划完成程度分别为 108%、119.6%、101.9%、97.9%。

7．平均保险金额 79 元/人。

8．各地区平均价格分别为 2 元/吨、2.1 元/吨、2.03 元/吨、1.9 元/吨；总平均价格 1.98 元/吨。

9．平均销售价格 16.8 元/千克。

10．平均工资 680 元/人；标准差 129 元；标准差系数 19%；全距 400 元。

任务 5　任务演练答案

一、单项选择题

1．D	2．D	3．C	4．D	5．A
6．D	7．D	8．B	9．D	10．B

二、多项选择题

1．BCD	2．ABE	3．ABCE	4．ACD

三、计算与技能题

1．83.75 万件；28 万件。

2．1 季度平均人数 494 人；2 季度平均人数 501 人；上半年平均人数 498 人。

3．第一季度平均职工人数 740 人。

4．平均成品油库存量 65 吨。

5．114.3%。

6．第一季度平均工人人数 510 人；0.64 万元/人；1.92 万元/人。

7．平均发展水平 142.8 万元；平均增长量 17.5 万元；平均增长速度 $\sqrt[4]{1.7}-1$。

任务 6　任务演练答案

一、单项选择题

1．B	2．B	3．B	4．A	5．D
6．D	7．C	8．C	9．C	10．C

11. D　12. B　13. D　14. D　15. D
16. C　17. C　18. A

二、多项选择题

1. ABD　2. ABC　3. BD　4. AB　5. BCDE
6. ABD　7. BD　8. ABCE　9. BCD

三、判断题

1. ×　2. √　3. ×　4. √　5. √
6. √　7. ×　8. ×　9. ×　10. ×
11. ×　12. ×　13. √　14. ×　15. ×

四、技能题

1.（1）甲商品的销售量个体指数为 $K_{q甲}=110\%$，
甲商品的价格个体指数为 $K_{p甲}=150\%$；
乙商品的销售量个体指数为 $K_{q乙}=110\%$，
乙商品的价格个体指数为 $K_{p乙}=75\%$；
丙商品的销售量个体指数为 $K_{q丙}=120\%$，
丙商品的价格个体指数为 $K_{p丙}=80\%$。

（2）销售量综合指数 $\overline{K_q}=112.6\%$，由于销售量增长了 12.6%，而使销售额增长了 2460 元。

（3）价格综合指数 $\overline{K_p}=95.1\%$，由于价格降低了 4.9%，而使销售额降低了 1 090 元。

2.（1）总成本的变动
相对数 $\overline{K_{qp}}=121\%$，绝对数 14 250 元。

（2）单位成本的变动对总成本的影响
相对数 $\overline{K_p}=99\%$，绝对数−750 元。

（3）总产量的变动对总成本的影响
相对数 $\overline{K_p}=122\%$，绝对数 15 000 元。

3.（1）总产值的变动
相对数 $\overline{K_{qp}}=117\%$，绝对数 7 440 元。

（2）产量的变动对总产值的影响
相对数 $\overline{K_q}=115\%$，绝对数 6 700 元。

（3）价格的变动对总产值的影响
相对数 $\overline{K_p}=101\%$，绝对数 740 元。

分析： 报告期总产值是基期总产值的 117%，总产值增加 7 440 元，这一变动是由价格和产量这两个因素共同作用的结果，其中产量增加 15%，使总产值增加 6 700 元，价格增长 1%，使总产值增加 740 元。

4. (1) 收购价格总指数 $\overline{K_p}=123\%$，由于收购价格增长了 23%，而使收购额增加了 337 500 元。

(2) 收购量总指数 $\overline{K_p}=150\%$，由于收购量增长了 50%，而使收购额增加了 480 000 元。

(3) 收购额总指数 $\overline{K_{pq}}=185\%$，绝对数 817 500 元。

5. (1) 三种产品的总产值指数 $\overline{K_{qp}}=104.5\%$，增加的总产值为 30 万元。

(2) 产量总指数：$\overline{K_q}=102.5\%$，由于产量增长 2.5%，而使总产值增加 16 万元。

(3) 价格总指数为 $\overline{K_p}=102.1\%$，绝对量 14 万元。

6. (1) 三种产品总成本的变动 $\overline{K_{qp}}=109\%$，绝对量 60 万元。

(2) 三种产品单位成本的总变动 $\overline{K_p}=97.1\%$，绝对量−23 万元。

(3) 三种产品产量的总变动 $\overline{K_q}=111.9\%$，绝对量 83 万元。

7. 由于物价变动使居民购买消费品增加的货币支出金额为 390 亿元。

8. (1) 总平均劳动生产率指数（可变指数）

$$\bar{K}_{可变}=44\%,\quad \frac{\sum Q_1 f_1}{\sum f_1}-\frac{\sum Q_0 f_0}{\sum f_0}=-28(万元)$$

(2) $\bar{K}_{可变}=\bar{K}_{固定}\times\bar{K}_{结构}$

$$\bar{K}_{固定}=26.5\%,\quad \frac{\sum Q_1 f_1}{\sum f_1}-\frac{\sum Q_0 f_1}{\sum f_1}=-61(万元)$$

$$\bar{K}_{结构}=166\%,\quad \frac{\sum Q_0 f_1}{\sum f_1}-\frac{\sum Q_0 f_0}{\sum f_0}=33(万元)$$

9. 农民增加的收入为 33 亿元。

初试牛刀答案

(1) $\overline{K_{xf}}=232\%$，$\sum x_1 f_1-\sum x_0 f_0=1\,850$(万元)

影响因素：① $\overline{K_f}=207\%$，$\sum x_0 f_1-\sum x_0 f_0=1\,500$(万元)

② $\overline{K_x}=112\%$，$\sum x_1 f_1-\sum x_0 f_1=350$(万元)

(2) $$\bar{K}_{可变}=109\%,\quad \frac{\sum x_1 f_1}{\sum f_1}-\frac{\sum x_0 f_0}{\sum f_0}=0.2(万元)$$

$$\bar{K}_{固定}=112\%,\quad \frac{\sum x_1 f_1}{\sum f_1}-\frac{\sum x_0 f_1}{\sum f_1}=0.27(万元)$$

$$\bar{K}_{结构}=97\%,\quad \frac{\sum x_0 f_1}{\sum f_1}-\frac{\sum x_0 f_0}{\sum f_0}=-0.07(万元)$$

(3) 2010 年该厂工人总平均工资比 2009 年增长了 9%，增加的工资是 0.2 万元，这是由于人员结构调整和各组平均工资调整共同作用的结果，其中由于人员结构调整使工人的总平均工资增加了 0.27 万元，各组平均工资调整使工人的总平均工资减少了 0.07 万元。

任务 7　任务演练答案

一、单项选择题

1. B　2. C　3. D　4. C　5. B
6. D　7. B　8. A　9. A　10. C

二、多项选择题

1. AC　2. BC　3. BE　4. ABCDE　5. AC
6. ABD　7. ABCE

三、判断题

1. √　2. √　3. √　4. √　5. ×
6. ×　7. √　8. ×　9. ×　10. ×

四. 技能题

1.（1）0.955，正向高度相关　（2）y=360+0.996x　（4）1 754（万元）
2.（1）0.998，正向高度相关　（2）y=−1.232+1.008x　（3）29（万件）
3.（1）0.92，正向高度相关　（2）y=124.15+0.42x　（3）187（万元）